세계가 감탄한
한국의 신기

최준식 지음

소나무

세계가 감탄한
한국의 신기

초판 발행일   2012년 4월 9일
2쇄 발행일   2019년 2월 1일

지은이 | 최준식
펴낸이 | 유재현
출판감독 | 강주한
마케팅 | 유현조
디자인 | 박정미

펴낸곳 | 소나무
등록 | 1987년 12월 12일 제2013-000063호
주소 | 경기도 고양시 덕양구 대덕로 86번길 85(현천동 121-6)
전화 | 02-375-5784
팩스 | 02-375-5789
전자우편 | sonamoopub@empas.com
전자집 | blog.naver.com/sonamoopub1

ⓒ 최준식, 2012

ISBN 978-89-7139-080-1 03910

소나무 머리 맞대어 책을 만들고, 가슴 맞대고 고향을 일굽니다.

세계가 감탄한
한국의 신기

글 싣는 순서

부정 거리 | 판을 열며   7

첫 번째 판 | 신기의 근본 — 무교에 관해

첫째 거리 | 서설 — 한국인의 신기란?   13

둘째 거리 | 무교는 한국인에게 어떤 의미일까?   29
    아직도 무당을 찾는 한국인   30
    무교는 가장 한국적인 종교   32
    여성이 중심이 된 유일한 종교 의례   38
    무교가 꼭 필요했던 유교   55

셋째 거리 | 한국 종교사에서 바라보는 무교의 위치   63
    권력에 밀려 미신으로 전락한 무교   64
    한국의 종교 전통은 유불선이 아니다   77
    무교는 과거의 종교가 아니다   84
    한국의 전통 종교는 '유불선'의 순서로 말할 수 없다   93
    시대별로 달라지는 한국의 종교 현황   99

넷째 거리 | 무교는 우리에게 왜 중요할까?   107
    무교의 특징은?   108
    한국인들의 일상 속 카오스   118
    무교의 나라, 한국   124
    생활에서 보이는 무교의 직접적인 흔적   127
    무교와 관계된 무형문화재들   135

두 번째 판 | 신기가 펼친 한국의 현대 문화

다섯째 거리 | 노는 데 귀재인 한국인들   145
    한국인들의 술 먹고 노는 이야기   149
    한국인들의 기이한 음악 사랑   156
    노래와 춤에 신들린 한국인들   161
    한국인들의 끝이 없는 놀이 정신을 정리하며   169

여섯째 거리 | 한류 이야기   177
    한류가 대체 뭐길래?   178
    여러 한류 이야기   187
    한류의 미래는?   205

일곱째 거리 | 한류 성공의 비밀은?   213
    한류를 주목해야 하는 이유   215
    한류는 왜 성공했을까?   225
      - 사람들이 잘 모르는 가장 큰 이유
    한식 세계화가 필패일 수밖에 없는 이유   235
    한류 성공의 또 다른 이유   241
      - 유교와 한류
    한류 설명을 마치며, 작은 결론   270

여덟째 거리 | 한국인의 신기가 발흥된 그 밖의 현장은?   275
    대중문화에서 보이는 한국인의 신기   276
    인터넷에서 보이는 한국인의 신기   310
    한국인의 신기를 보여주는 그 외의 현장들   320

뒷전 거리 | 판을 닫으며   339

그래도 다하지 못한 이야기   349

| 부정 거리 |

판을 열며

아마도 지구상에 한국 사회처럼 역동적인 곳도 드물 겁니다. 한국은 하루하루가 다르게 변합니다. 한국인들은 무엇을 하든 아주 빠르게 합니다. 이전에는 엉성하게 했는데 이제는 빠르게 하면서도 잘합니다. 이것은 한국인들의 내면에 힘이 넘치기 때문에 가능한 일일 것입니다. 힘이 없어 비실비실 대면 어떻게 일을 빨리할 수 있겠습니까? 저는 한국인의 이 기운을 신기(神氣)라고 명명했습니다. 신명이라고 표현해도 되겠습니다. 한국인들은 실로 신기가 가득한 사람들입니다.

한국인의 독특한 기운인 신기에 대해서는 제가 몇 년 전에 단행본을 출간한 적이 있습니다. 2007년에 나온『한국인을 춤추게 하라』(사계절)가 그것인데, 이제 5년 정도 지난 뒤에 보니 이 책을 버전업해야겠다는 느낌이 들었습니다. 이 책에서는 신기만을 집중적으로 다룬 것이 아니고 공간 지각력 같은 우뇌성적인 능력을 크게 다루었습니다. 얼굴 박사인 조용진 교수님에 따르면 한국인들은 세계에서 우뇌가 가장 많이 발달한 사람이라고 합니다. 그래서 그 부분에 초점을 맞추어 글을 썼습니다.

그러다 보니 신기 자체에 대한 논의가 부족했습니다. 신기가 무엇인지, 또 어떻게 발현되는지 등에 대한 설명이 부족했던 것입니다. 그래서 이번 책에서는 신기에 대해서만 집중적으로 다루었습니다. 그리고 지난 책에서는 한국인이 지닌 신기의 근간이 되는 무교에 대해서도 세세하게 다루지 못했습니다. 신기에 대해 집중적으로 쓴다면 무교에 대해서도 자세히 설명해야 합니다. 무교는 흔히 무속이라는 폄칭(貶稱)으로 불리고 있습니다마는 이것은 잘못된 칭호입니다. 무교는 엄연한 종교이기 때문에 그렇게 불러서는 안 됩니다. 그 때문에 종교학계에서는 무교라 말합니다. 이번에는 바로 이 무교에 대해 자세히 볼까 합니다. 제가 무교에 대해서도 『무교 – 권력에 밀린 한국인의 근본 신앙』(모시는사람들)이라는 책을 낸 적이 있습니다만 이번 책에서 서술하는 무교는 위의 책에서 본 무교와는 다를 것입니다.

이 책의 반은 무교에 대한 것입니다. 전통에 관한 것이지요. 그런데 과거를 보았으면 이 과거와 연결된 현재를 보아야 합니다. 그래서 그다음에는 이 무교에 근간을 둔 신기의 기운이 현대에 와서 어떻게 발현되었는지에 대해 보았습니다. 이 부분에서 저는 원래 한류, 대중가요, 춤, 영화, 인터넷 등을 모두 한 장씩 다루려고 했는데 한류를 쓰다 보니 어느새 두 개의 장이 되어 버렸습니다. 그리고 한류의 성공 요인에 대해서도 나름대로 심도 있게 분석을 해 보았습니다. 앞으로도 한류는 한국의 대표 문화로 승승장구할 것입니다. 그래서 이렇게 내용이 많아졌습니다.

그 다음으로는 가요나 춤, 영화 등을 다 묶어서 대중문화라는 제목 아래 설명을 했습니다. 이 부분은 한류와 또 겹치는 면이 있어 이렇게 일괄적으로 묶어서 다룬 것입니다. 그리고 인터넷 문화도 빼놓을 수 없겠지요. 한국의 인터넷 문화는 그 속도나 내용 면에서 아주 특이합니다. 인터넷 사용이 이렇게 편한 나라는 지구상에 한국 이외에 그리 많지 않을 것입니다. 그래서 이것 역시 작은 부분을 할애해 설명했는데 인터넷 문화에도 매우 복잡한 양상이 있어 그것을 다 다루지는 못하고 신기와 연결된다고 생각되는 인터넷 게임을 중심으로 살펴보았습니다. 인터넷 게임에서 한국은 항상 수위를 달려왔는데 그 형세를 보는 일도 아주 재미있었습니다.

그 다음으로는 붉은 악마나 동대문 패션 밸리, 청계천 복원, 한국 바둑 등을 기타의 항목으로 다루었습니다. 이것들은 한 장을 차지할 정도로 괄목할 만한 현상이 아니기에 이렇게 묶어 설명한 것입니다. 이렇게 서술하고 보니 제가 냈던 이전의 책과는 완연히 다른 책이 되었습니다.

이 책은 이전에 출간한 『세계가 높이 산 한국의 문기』(소나무)와 짝을 이루는 책입니다. 이 두 책의 내용이면 웬만한 한국 문화는 이해되지 않을까 하는 생각입니다. 그러나 책을 다 쓰고 나니 아쉬움이 남았습니다. 한국 문화의 원리 가운데 문기(文氣)와 신기 말고 또 다른 정신 같은 것이 발견되기 때문입니다. 이 정신은 특히 한국 예술품들에 스며들어 있는 인본주의적인 면을 말합니다. 저는 이 정신을 '어짐'이라든가 '다정', '착함'이라는 낱말로 표현해 보았는데 아직 더 다듬어야 할 것 같습니다. 한국 문화는 이웃 나라의 것과 비교해 볼 때 착하고 다정하게 보입니다. 빼기거나 과장을 하지 않습니다. 그래서 다소 곳할 때가 많습니다. 그 점에 대해서는 맨 마지막에 있는 '그래도 다하지 못한 이야기'에서 아주 간략하게 서술했습니다. 가능하다면 그 주제를 가지고도 꼭 책을 쓰고 싶은 생각입니다. 그래서 학문의 길은 끝이 없나 봅니다.

| 첫 번째 판 |

신기의 근본 — 무꾀에 관해

첫째 거리

서설 — 한국인의 신기란?

2011년 봄에 한국을 방문한 세계적인 투자의 귀재 워런 버핏이 한국 대통령을 만난 자리에서 한국을 성공할 수밖에 없는 나라라고 했더군요. 왜냐고요? 한국인들에게는 머리와 열정(brain & energy)이 있기 때문이랍니다. 이 사람은 우리 한국인의 특장을 정확하게 꿰뚫고 있었습니다. 그래서 저는 이 사람이 돈만 잘 버는 게 아니라 인류 사회 문화에 대해 통찰력이 있다는 것을 알게 되었습니다. 그리고 돈은 아무나 많이 버는 게 아니라는 생각도 들었지요.

사실 저도 이러한 한국인의 기운에 대해서 진작부터 '문기'와 '신기'라는 두 원리로 설명하고 있던 터였습니다. 이러한 저의 설명에 대해 한국 사회에서는 그다지 관심을 보이지 않았는데 돌연 외국 상인이 같은 주장을 하니 어찌나 반가웠는지 모릅니다. 어째서 같은 것이냐고요? 간단합니다. 버핏이 말한 '머리'는 '문기'에 해당하고, '열정'은 '신기'에 해당하지 않겠습니까? 그런데 아마 이 사람은 한국인들이 왜 그렇게 좋은 '머리'를 갖고 있고 '열정'이 그다지 뛰어난지에 대해서는 그 배경을 알지 못했을 겁니다. 외국인이니 할 수 없었겠지요.

저는 이 가운데 문기에 대해서는 『세계가 높이 산 한국의 문기』에서 있는 힘껏 설명을 했습니다. 문기란 문자나 활자, 역사 기록 등 '문(文)'과 관계된 것으로 이 기운은 주로 책으로 표현이 됩니다. 한국의 문기란 실로 대단한 것이었습니다. 이 기운을 설명하기 위한 확실한 증거를 대기 위해 유네스코에 등재된 한국의 기록유산을 예로 들었습니다. 이런 유산이라면 세계 어느 누구도 부정할 수 없을 거라는 생각이었습니다. 유네스코에 등재된 세계기록유산 가운데 우리나라 것은

7개였는데 다시 2개가 추가되어 지금은 9개가 되었습니다. 그것을 나열해 보면, 『훈민정음』, 『조선왕조실록』, 『승정원일기』, 『백운화상초록 불조 직지심체요절』, 『고려대장경』, 『조선왕조의궤』, 『동의보감』 등 7개에다가 "5·18 광주 민주화 운동 관련 기록물"과 『일성록』이 추가되었습니다. 이 숫자는 전 세계적으로 보면 4위이고 아시아에서만 보면 놀랍게도 1위입니다. 우리가 세계 4대 문명 발상지인 중국도 제친 겁니다. 게다가 일본은 세계기록유산이 하나도 없다가 2011년에 처음으로 하나가 등재됩니다. 일본은 아마도 칼 가지고 노상 싸우느라 책에는 별로 신경을 쓰지 못한 모양입니다(일본 사무라이들은 거개가 한문을 몰랐다고 하고, 풍문에 도요토미 히데요시 같은 쇼군들도 한문을 해독하지 못했다고 하니 그럴 수밖에 없다는 생각이 듭니다).

이것으로 보면 한국은 대단한 문화국이었습니다. 결코 변방국이 아닙니다. 한국인들이 가장 오해하는 것 중에 하나는 한국이 후진국에서 선진국으로 도약했다고 믿는 것입니다. 그러나 한국은 지난 천수백 년 동안 후진국이었던 적이 없습니다. 다만 조선 말기에 잠시 기운을 잃고 퇴락해 19세기 중엽부터 20세기 중엽까지 약 백 년 동안 고생을 한 것뿐입니다. 한국이 어찌 후진국일 수 있습니까? 세계에서 가장 훌륭한 문자 체제를 갖고 있고 앞에서 본 대로 뛰어난 책이 중심이 된 높은 인문학 전통을 지녔으며 빼어나고 독특한 예술을 자랑했고 나름대로 훌륭한 기술력을 가졌던 한국이 어떻게 해서 후진국일 수 있겠느냐는 겁니까?

예를 들어 그 말 많은 조선의 초기 모습을 보십시오. 조선은 후반부로 가면 활력을 거의 잃어버리지만 초반부는 대단히 활력이 넘치는 나라였습니다. 특히 세종과 세조대의 업적은 한국의 어떤 역사 시기보다 뛰어난 시기였음을 말해 줍니다. 새로운 사상(성리학)을 받아들여 정신을 쇄신했고, 세종대에 보이는 것같이 새로운 문자의 창제 및 음악의 재정비, 과학 기술의 선진화 등 믿을 수 없을 정도로 높은 문화를 만들어 냅니다. 이에 대해 한참을 설명할 수 있지만 다른 것 다 제치고 세종이 한글을 창제한 것 하나만 봐도 당시 조선이 얼마나 앞선 나라였는지 알 수 있습니다.

우리는 한글에 대해 이야기할 때 한글의 우수성만을 언급할 뿐 한글을 만들 당시 조선이 갖고 있었던 총체적인 능력에 대해서는 설명하지 않습니다. 한글(훈민정음)과 같은 천하 명품 중의 명품은 그 사회가 준비도 되어 있지 않은데 그냥 하늘에서 떨어지는 게 아닙니다. 그런 불세출의 작품이 나오려면 그것을 배태하는 사회에 그만한 수준의 문화력이나 경제력, 정치력이 겸비되어 있어야 합니다. 그렇다면 세종 당시 조선이 지니고 있었던 모든 것의 수준은 세계 최고였다고 보아야 합니다. 그렇지 않고서야 한글 같은 극상의 명품이 나올 수 없기 때문입니다.

이렇게 한국은 그 역사를 훑어보면 대부분의 시기를 선진국으로 살았습니다. 그러다 앞서 말한 것처럼 조선 후기에 정신을 못 차리고 누적된 패착으로 나라를 빼앗기고 맙니다. 그 다음부터는 잘 아는 순서대로 진행되었습니다. 일제기 동안 갖은 고생을 하다가 간신히 독립을 했습니다마는 그것도 모자라 또 미증유의 전쟁을 겪었습니다.

6·25 전쟁이 끝난 다음 한국은 역사상 가장 최저점까지 내려갔습니다. 세계에서 가장 가난한 나라, 이름 하여 최빈국이 되었으니 말입니다. 끝까지 내려갔으니 더 이상 내려갈 곳도 없었습니다. 그 뒤 한국은 온갖 힘을 모아 서서히 부상하기 시작했습니다. 그리고 불과 40~50년 만에 다시 선진국이 되었습니다. 이런 일을 보통 기적이라고 부르지요. 가장 가난한 나라에서 선진국 혹은 선진국 턱까지 치고 올라왔으니 말입니다. 아니 기적이라는 낱말도 부족할지 모릅니다. 원래 세계 경제 구조상 후진국에서 선진국이 되는 것은 거의 불가능한 일입니다. 경제 구조가 선진국 중심으로 짜여 있기 때문에 그 사이를 비집고 들어가는 일은 애당초 불가능하다고 합니다. 이 사정은 세계 지도를 보면 금세 알 수 있습니다. 제2차 세계대전이 끝나고 식민지에서 해방된 나라 가운데 선진국 반열에 오른 나라가 우리 한국밖에 없다는 것은 자명한 사실 아닙니까?

  한국은 이처럼 해서 세계에서 원조를 받다가 원조를 주는 나라로 변신하는 데에 성공한 유일한 나라가 되었습니다. 인류 역사상 없던 일을 한 셈이지요. 이 과정이 기적처럼 보일 수도 있겠지만 어찌 보면 신이한 일이 아닐 수도 있습니다. 왜냐고요? 한국은 원래 선진국이었다가 그 지위를 회복한 것에 불과한데 무엇이 신기하냐는 것입니다. 이 부분에 대해서는 『세계가 높이 산 한국의 문기』 서론에서 자세하게 이야기했으니 여기서는 재언하지 않겠습니다.

  이런 어마어마한 업적을 이루어 놓고도 한국인들은 통이 커서 그런지 아니면 칠칠치 못해 그런지 별 관심이 없습니다. "그까짓 것 그냥 하다 보니 그렇게 됐지, 그게 뭐가 대수냐" 하는 식입니다. 이처럼 한국인들이 자기 나라가 선진국에 들어갔다는 사실을 인정하지 않으려 하는 사정도 이해 못할 바는 아닙니다. 왜냐하면 거개의 한국인들은 별 생각 없이 자신들이 전승받은 유전적 DNA대로 행동했을 것이기 때문입니다. 한국인들은 조상들로부터 수준 높은 문기의 문화를 알게 모르게 전승받아 그것을 실제의 세계에 적용시킨 것뿐입니다. 특히 교육 면에서 그랬지요. 한국인들이 경제 수준에 걸맞지 않게 교육에 힘쓰지 않았다면 지금과 같은 결과가 나올 수 없었습니다.

분명 한국은 이러한 높은 문기 덕분에 경제적으로 성공을 거둡니다. 그러나 이 문기만 가지고는 인류 역사에 없었던 한국의 전광석화같이 빠른 경제 성장이나 민주화의 성공을 설명해 내기 힘듭니다. 한국의 발전은 그 속도 면에서 도저히 설명할 길이 없습니다. 어떻게 세계에서 제일 못살던 나라가 불과 40~50년 만에 선진국 반열에 오를 수 있었겠습니까?

이제 신기가 등장할 차례입니다. 한국인들에게는 문기의 기운 말고 또 하나의 기운이 있었기에 앞에서 말한 기적이 가능했던 것입니다. 이 기운은 버핏이 말한 에너지로 번역하면 '열정'쯤 되겠습니다. 앞에서 저는 이 기운을 신기라고 불렀다고 했지요? 이 책은 바로 신기에 대한 것입니다. 한국 문화나 한국인들이 갖고 있는 기운 중에 문기는 외국인들에게 비교적 설명하기 쉽습니다. 그런데 분명히 한국인들이 갖고 있는 기운 같은데 잘 설명이 안 되는 기운이 있습니다. 신기가 바로 그것입니다.

신기는 '신명'이라고도 하고 그냥 '신'이라고도 하는, 한국인들이 갖고 있는 역동적인 에너지를 말합니다. 한국인들의 의식에는 분명 엄청난 에너지가 넘쳐흐릅니다. 그래서 한국인들이 한 번 열 받으면 세계가 놀랍니다. 물론 그 열이 금방 식기는 하지만 말입니다. 이제는 시간이 많이 지났습니다만 IMF 금융위기 때 한국인들은 금을 모으자 했더니 전국 곳곳에 금광이 무더기로 발견된 듯 금이 마구 쏟아져 나오지 않았습니까? 이렇게 한 번 하자고 하면 한국인들은 앞뒤 옆 가리지 않고 그냥 치닫습니다. 그래서 세계인들이 놀랍니다. 이런 것이 한국인들이 신기를 운용하는 모습입니다. 다른 나라에서 수백 년 걸릴 일을 한국인들은 수십 년에 해치웁니다. 놀라운 속도입니다.

　이에 대한 예는 하도 많아 일일이 다 거론할 수조차 없습니다. 『중앙일보』 2011년 4월 30일자 기사를 보니 한국 드라마 〈소울 메이트〉(2006)에 음악을 제공하기도 한 스웨덴 가수 라세 린드(Lasse Lindh) 이야기가 나왔더군요. 음악 활동을 하느라 서울에 머물렀던 그는 임기응변에 강하면서 발달된 기술을 가진 한국인을 보고 놀랐다고 술회하고 있습니다. 그에 따르면 한국인들은 신보다 더 빨리 집을 고친다는 겁니다. 벽지를 바르거나 창문 보수하는 데에 스웨덴에서는 적어도 2주가 걸리는데 한국에서는 5시간밖에 안 걸린다니 그런 말을 할 만도 합니다.

　이런 예가 너무 많으니 약하고 대신 한국인들의 이런 모습을 잘 설명해 주는 글을 소개할까 합니다. 이 글은 "한국의 미스터리"라는 제목으로 몇 년 전부터 인터넷에 떠돌아다니던 것입니다. 이 글은 제가 다른 책에서 이미 인용하긴 했는데 내용이 재미있어 다시 소개해 보려 합니다. 단 여기서는 신기와 관계된 것만 뽑아서 간추려 보겠습니다.

* IMF 경제 위기를 맞고도 2년 남짓한 사이에 위기를 벗어나 버린 유일한 민족
* 프로 축구 경기장은 썰렁하지만 월드컵 때는 700만 명이 거리로 쏟아져 나왔던 나라
* 월드컵에서 1승도 못하다가 갑자기 세계 4강까지 후다닥 해치워 버린 미스터리 민족
* 부지런한 유대인을 하루아침에 게으름뱅이로 내몰아 버린 엄청난 생활 패턴의 나라
* 해마다 태풍과 싸우면서도 그 다음해에도 똑같은 피해를 계속 입히는 대자연과 맞장 뜨는 민족
* 온갖 파리들이 정치권에 다 몰려도 망할 듯 망할 듯 안 망하는 엄청난 내구력의 나라
* 아무리 큰 재앙이나 열 받는 일이 닥쳐도 1년 내에 잊어버리고 끊임없이 되풀이하는 메멘토 민족
* 남이 자기 나라 욕하면 싫어하면서 도리어 자기는 한국에서 태어난 걸 후회하는 민족

다시 보아도 참으로 재미있는 표현들입니다. 한국인들은 무엇을 해도 이렇게 화끈합니다. 저는 강의 때마다 2002년 월드컵 이야기를 많

이 합니다. 한국은 월드컵 본선에 수차례 나갔지만 한 게임도 이기지 못하지 않았습니까? 그런데 2002년 느닷없이 세계 4강까지 올라가는 쾌거를 이룹니다. 물론 홈그라운드의 이점을 많이 살린 덕도 있었겠지만 이렇게 이변을 일으킨 나라는 많지 않습니다. 그런데 그 다음 과정도 보아야 합니다. 그 다음 월드컵 본선에서 한국 축구팀은 4강은커녕 32강에서 헤매지 않았습니까? 그러다 가장 최근의 월드컵에서 간신히 16강까지 올라가는 선에서 그치고 말았습니다. 우리 한국인들이 하는 게 모두 이렇습니다. 열 받으면 벼락같이 잘하다가 열이 식으면 곧 추락합니다. 이렇게 굴곡이 심합니다. 그리곤 곧 다 잊어버립니다. 한국은 워낙 역동적인 사회라 금세 다른 일이 생기니 이전 일에 몰두할 수도 없습니다. 한국인들은 금방 다 잊고 눈앞에 닥친 새 일에 몰두합니다.

이렇게 한국 축구는 4강에서 진즉에 떨어졌고 언제 다시 그런 자리에 올라갈지 아무도 모릅니다. 그러나 한국 혹은 한국인이 세계 3강에 속해 있는 것이 있습니다. 한국인은 이 3강의 반열에서 절대로 떨어지지 않습니다. 여러분들도 충분히 예상할 수 있겠죠? 그렇습니다. 바로 '음주가무'입니다. 한마디로 말해 '먹고 마시고 노는' 데에는 한국인들이 귀신같다는 것입니다. 이 문제는 뒤에서 자세히 다루겠습니다.

여기서는 우선 3강 중 다른 2강이 누군지만 이야기하도록 하겠습니다. 전 세계의 국가들을 다 볼 수는 없고 일단 우리와 비슷하게 사는 지역에서만 골라 보겠습니다. 주로 유럽에서 골라 보았는데 이탈리아 사람과 아일랜드 사람이 그들이랍니다. 이탈리아야 원래 음악을 잘하는 나라이니 그럴 수 있다고 하겠지만 아일랜드는 좀 뜻밖이지요? 그런데 기질적으로 한국인은 아일랜드인과 아주 비슷하다고 하더군요. 보통 때 곰처럼 침묵하다 갑자기 호랑이처럼 '욱하는' 게 두 나라 사람이 비슷하답니다.

그러고 보니까 우리 한국인들에게 아일랜드 민요가 참 잘 맞는다는 생각이 듭니다. 아일랜드 민요 가운데에는 우리들이 아주 잘 아는 〈아 목동아(Oh, Danny Boy)〉와 〈종달새(Believe Me, If All Those Endearing Young Charms)〉 같은 대표적인 노래가 있습니다. 〈아 목동아〉는 워낙 유명한 노래이니 설명이 필요 없겠지요. 〈종달새〉란 노래도 제목은 생경하시겠지만 들어 보면 금세 아는 노래입니다. 서정적이면서도 구슬퍼 한국인들이 아주 좋아하는 노래이지요. 그런데 저는 아일랜드를 가보지 않아 실제로 느껴 보지는 못했는데 그곳에 갔다 온 이들의 이야기를 들어 보면 정말로 그들과 우리는 닮은 점이 많다고 하더군요. 밤새 술 마시고 노래하고 춤추는 게 우리와 비슷하다는 겁니다. 그런데 이 두 나라 사람들의 성향이 왜 비슷한지는 아직 연구된 것이 없는 터라 잘 모르겠습니다.

한국인이 갖고 있는 이 두 가지 성격에 대해서는 제가 다른 지면에서 미국의 인류학자 연구를 빌려 밝힌 적이 있습니다. 즉 1950년대에 한국을 현지답사하고 『한국인과 그들의 문화(The Koreans and Their Culture)』라는 책을 쓴 오스굿(C. Osgood)이라는 미국 인류학자가 그 사람인데 그도 비슷한 지적을 하고 있습니다. 이 책은 외국의 인류학자가 한국 사회에 대해 쓴 몇 안 되는 귀중한 책인데 안타깝게도 아직 번역이 되어 있지 않습니다. 이런 것을 보면 우리나라 학계가 아직 갈 길이 멀다는 생각이 듭니다. 그런데 이렇게 당연히 번역되어야 할 책이 아직 번역되어 있지 않은 것도 한국인들이 이런 학문적 작업보다는 노래하고 노는 데에 더 관심이 많다는 것을 우회적으로 보여주고 있다고 하겠습니다.

어쨌든 오스굿에 따르면 한국인은 내향적이면서도 감정적인 성격을 지녔다는군요. 그래서 곰이면서 호랑이라는 것이지요. 곰처럼 침울하기도 하고 호랑이처럼 감정이 올라오기도 한다는 겁니다. 한 마디로 감정이 기복이 심하다는 것이겠죠.

이와 관련해서 최근 한국의 어떤 심리학자가 행한 연구에서도 비슷한 주장을 발견할 수 있습니다. 지상현 교수라는 분인데, 그는 자신의 저서 『한국인의 마음 – 오래된 미술에서 찾는 우리의 심리적 기질』(사회평론, 2011)에서 이렇게 말하고 있습니다. 한국 소비자들의 감성 지도를 만들어 보니 한국인들에게는 일단 동적이고 화려하며 대담한 디자인을 좋아하는 외향성이 강한 감성이 발견된답니다. 그런데 재미있는 것은 한국인들에게는 이와는 완전히 다른 감정으로 수수하고 담백한 것에 대한 선호도 발견된다고 합니다. 이렇게 정반대의 성향이 한 민족에게서 나오는 것은 아주 드문 일이라고 밝히고 있는데, 이해 못할 바는 아닌 게 한국인에게는 곰과 호랑이의 기질이 다 있으니 그렇게 볼 수 있겠습니다. 이런 관점에서 오스굿은 한 걸음 더 나아가 한국인들은 정신병리학적인 입장에서 보면 심리가 불안하다고 주장합니다. 그럴 수 있겠습니다. 한국인들은 감정 상태가 양극으로 치우쳐 있으니 말입니다.

그런데 문제는 한국인이 조용할 때는 괜찮은데 한 번 그 공격성이 작동하면 좋지 않다는 것입니다. 저는 한국인이 공격성이 강한 사람이라는 것을 여러 군데에서 느낍니다. 한국인들은 호전적일 때가 많습니다. 한국인은 문제가 생기면 그것이 큰 것이던 작은 것이던 대화하는 단계가 생략되기 일쑤입니다. 바로 역정을 내며 상대방을 공격합니다. 그래서 목소리 큰 사람이 이긴다는 소리가 나오는 것이겠지요. 예를 들어 가벼운 자동차 접촉 사고가 나도 조용하게 해결을 하지 못합니다. 사리를 밝히는 것은 잠깐이고 곧 상대방을 공격하기 시작합니다. 그러면 금방 욕이 나오고 엉망이 됩니다. 그러다 경찰이 와서 중재하면 그제야 간신히 분쟁이 일단락됩니다.

이런 모습들은 사회 곳곳에서 발견됩니다. 예를 들어 〈100분 토론〉과 같은 TV 프로그램은 우스갯소리로 "100분 우기기"라고 부르기도 합니다. 토론에 나온 사람들이 상대방 이야기는 듣지 않고 자기 이야기만 해 대니 그렇게 말한 것일 테지요. 그래서 저는 이 프로그램을 거의 보지 않습니다. 그러다 가끔 채널을 돌리다 보면 토론자들이 남의 이야기를 듣지 않을뿐더러 다른 사람의 주장 가운데 일부만 가지고 침소봉대하는 등 기본적인 태도가 안 되어 있는 것을 쉽게 발견할 수 있었습니다.

이러한 한국인의 태도를 희화(戲畫)시킨 코미디 프로그램이 있어 우리의 주목을 끕니다. 유명한 코미디 프로그램인 〈개그콘서트〉에 "두 분 토론"이라는 코너가 있었지요? 남자의 우위만을 주장하는 남자와 그 반대 입장에 있는 여자가 나와 토론을 하는 것인데 한국 사회를 그대로 빼다 박았더군요. 이 두 사람의 주된 장기는 '무조건 상대방 깎아 내리기', '남의 말 절대로 안 듣기', '자기만 맞다고 우기기', '다른 사람 의견 고의로 곡해해 멋대로 해석하기'로 요약될 수 있습니다. 이것은 우리 사회의 진솔한 모습입니다. 특히 정치권이 이런 모습을 원단으로 보여주고 있습니다. 이 프로그램은 최근까지 큰 인기를 누렸는데, 그것은 이 프로그램이 우리의 모습을 잘 풍자했기 때문일 겁니다 (코미디 프로그램을 보면 한국인들이 얼마나 공격적인지 알 수 있습니다. 남을 사정없이 깎아 내리는 것은 기본이고 신체적으로도 서로를 아주 과격하게 괴롭히는 경우가 아주 많기 때문입니다).

저는 이런 한국인들의 모습을 보면서 다시금 신기의 기운을 느낍니다. 한국인들이 신기가 워낙 강하고 충만하니 마구 공격적이 되는 걸 어찌하겠습니까? 그러니까 차분하게 생각하기보다 감정이 앞서고 몸이 먼저 나가는데 어찌하겠냐는 것이지요. 한국인이 기마 유목 민족의 후예라 그런지 어떤지는 몰라도 한 번 더 생각하기보다는 몸으로 치고 나가는 것을 잘하는 걸 어찌하겠느냐는 생각이 듭니다.

이런 야(수)성 덕에 한국 회사원들이 단신으로 불모의 외국에 가서 물건을 팔 수 있는지도 모릅니다. 전 세계에 한국인이 가 있지 않은 곳이 없습니다. 아무리 작은 인원이라도 한국인들은 전 지구에 퍼져 있습니다. 모험심이 강한 탓도 있겠지만, 꼼꼼하게 계획을 세우고 일을 시작하기보다는 무조건 일을 시작한 다음에 뒷일을 생각하니 이렇게 전 세계로 뻗어나갈 수 있을 겁니다. 이렇게 기운이 강하니 한국인들은 다른 민족이 몇 백 년 걸려 할 일을 수십 년 만에 해치운 겁니다.

이러한 한국인들의 신기는 대관절 어디서 오는 것일까요? 종족적 근원이 북방 기마 민족 혹은 유목 민족이라서 그렇다고 할 수도 있고 생긴 게 원래 그래서 그렇다고도 할 수 있겠습니다(그런데 우리가 북방에서 내려온 지가 벌써 2천 년은 됐을 터인데 아직도 북방 기마 민족 타령을 해도 되는지 모르겠습니다!). 우리는 여러 군데에서 한국인들이 갖고 있는 신기의 근원을 찾을 수 있을 것입니다.

그런데 저는 한국인의 신기에 대해서 이야기할 때마다 이것은 틀림없이 무당 종교와 관계가 있다고 주장합니다. 왜냐하면 무교(巫敎)야말로 한국인들이 수천 년을 신봉한 종교이기 때문입니다. 쉽게 이야기해서 한국인과 가장 가까운 종교가 무교라는 것이지요. 무교의 주인공인 무당은 신기가 아주 강한 사람만이 할 수 있습니다. 그래서 무교란 신기로 똘똘 뭉쳐 있다고 할 수 있습니다. 한국인들이 이런 종교를 오랫동안 섬겨 왔기 때문에 그들도 신기가 강하게 된 것 아닐까요?

나중에 더 상세하게 이야기하겠지만 한국인들은 무교를 한 번도 버린 적이 없습니다. 외부에서 어떤 종교가 들어오든 한국 사회의 저변이나 한국인들의 의식 심층부에는 무교의 물결이 도도하게 흐르고 있었습니다. 아무리 외면을 하고 탄압을 해도 무교 혹은 무당은 결코 사라지지 않습니다. 최근에는 과학과 기독교로 무장한 서양 문명이 들어와 무교의 근절을 꾀했지만 무교는 사라지기는커녕 더 창궐하는 모습을 보였습니다. 이것은 한국인들과 무교가 여러 가지 점에서 코드가 맞아 가능한 일이었을 겁니다. 따라서 우리는 무교에 대해서 좀

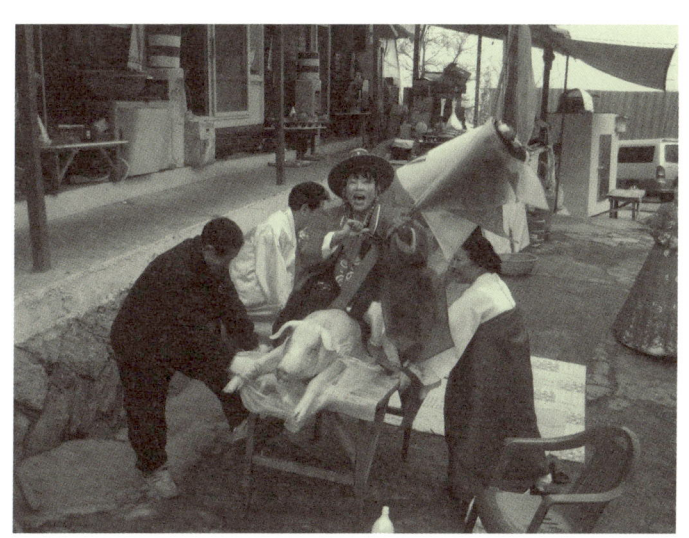

돼지 탄 만신.
이런 기괴한 종교 의례가 세상에 또 있을까?

더 철저하게 알아야 할 것입니다. 왜냐하면 이것이 우리 자신을 문화적으로 이해하고 한국 사회를 폭넓게 이해할 수 있는 방법이기 때문입니다.

둘째 거리

무교는 한국인에게 어떤 의미일까?

아직도 무당을 찾는 한국인

참으로 신기한 일이었습니다. 오늘(2011년 5월 15일) 새벽에 일어나 앞의 원고를 쓰고 늘 그렇듯 남산으로 향했습니다. 건강을 위해 항상 가는 산이었는데 오늘은 산에 들어서자마자 무당이 징 두드리는 소리가 들렸습니다. 순간 '어? 요새는 여기서 굿을 못하는데……'라는 생각이 들었습니다. 그러면서 이게 무슨 우연의 일치일까 하는 생각도 들었습니다. 굿과 무교에 대해 글을 쓰다 왔는데 아주 오랜만에 무당의 굿을 목격하다니 신기하지 않습니까? 이곳은 원래 무당들이 치성을 드릴 때 자주 오는 곳이었습니다. 범바위골이라고 부르는데 몇 년 전까지만 해도 이곳에서는 무당들이 자주 굿을 했습니다. 그러나 최근에 남산을 재정비하면서 이곳에서 굿하는 것을 일절 금했습니다. 굿을 할 때에는 초를 많이 켜고 음식들을 널어놓기 때문에 화재의 위험이 있고 쓰레기가 많이 생기게 되니 충분히 이해할 만합니다.

그래서 굿, 엄밀히 말하면 이런 곳에서 무당이 혼자 간소하게 하는 것은 굿이 아니라 '치성' 혹은 '비손'이라고 합니다만, 어떻든 굿을 할 수 없게끔 무당이 그 안으로 못 들어가도록 목책으로 막아 놓았습니다. 그리고 그 안에는 또 철조망까지 쳐 놓았습니다. 굿을 할 수 있는 장소로 못 가게 이중으로 막아 놓은 것입니다. 이걸 다 뚫고 들어간 무당은 초를 여러 개 켜 놓고 음식을 차린 상 앞에 앉아서 연신 무가(巫歌)를 불렀습니다. 새벽에 그런 모습을 보니 경건하기까지 했습니다. 그리곤 이렇게 엄격하게 금해도 새벽에 관리인이 없는 틈을 타 정성을 드리는 무당들의 생명력이 대단했습니다. 같은 상황은 북한산 국립공원도 마찬가지인 모양입니다. 한밤중에 무당들이 몰래 산에 들어와 정성을 드리는 것을 적발해서 막느라고 공원 직원들이 여간 힘든 게 아닌 모양입니다.

이들이 기도하는 곳은 모두 꽤 큰 바위가 있는 곳입니다. 큰 바위에는 나름 기운이 있다고 하는데 이것을 무당들이 느끼는 모양입니다. 그래서 그런 기운을 느끼지 못하는 평범한 우리들은 무당이나 주부들이 광물에 불과한 저까짓 바위에게 빌어서 대체 뭔 이득을 보겠다고 저러는지 이해를 못합니다. 수만 년 동안 한 자리에서 꿈쩍도 안 했던 바위에게 빌어 봐야 뭔 소득이 있겠냐는 것이지요. 이 지구에서 최고로 진화한 인간이 가장 진화가 안 된 바위에게 비니 참으로 이상하다는 것입니다. 그런데도 불구하고 무당들은 이 신앙을 버린 적이 없습니다. 저는 그 새벽에 대체 무엇이 저 무당을 이 금단의 땅에까지 불러내어 굿을 하게 했는지 궁금하기 짝이 없었습니다. 이것은 이런 굿을 바라는 사람이 있기 때문에 가능한 것 아니겠습니까? 사회에서 아무리 무당 종교를 미신으로 몰아도 여전히 찾는 사람이 있기 때문에 이런 새벽에 무당이 산에 오는 것입니다. 한국인들은 자신들이 사실은 열렬한 무교 숭배자이면서도 머리로는 이 사실을 인정하지 않습니다. 그동안 이 사실을 지적한 사람은 국내인 가운데에는 별로 없었습니다.

그러나 외국인들은 벌써 이런 사실을 100여 년 전부터 말해 왔습니다. 이와 관련해서 가장 많이 인용되는 것은 한말에 선교사로 왔던 헐

버트(Homer B. Hulbert)의 말입니다마는 하도 많이 인용했으니 여기서는 생략하겠습니다. 그의 말을 요약하면, 한국인은 보통 때는 유교와 불교를 신봉하다 문제에 부딪히면 무당에게 간다는 것입니다. 이것은 지금도 그대로 유효합니다. 지금은 물론 여기에 기독교가 포함되어야 하겠지요.

무교는 가장 한국적인 종교

왜 한국인들은 아직도 자신이 해결하기 힘든 문제가 생기면 무당을 찾는 걸까요? 제가 보기에 무당은 종교 사제 가운데 한국인이나 한국 문화를 가장 잘 아는 사람입니다. 특히 그들은 뛰어난 영적 상담가(psychic counselor)로서 한국인의 심리를 잘 알고 있습니다. 무당은 어떤 사람들이 많이 찾습니까? 대체로 문제가 많은 사람들이지요? 감당하기 힘든 문제를 풀려고 여기저기 다 다녀 본 뒤에 무당한테까지 온 것입니다. 그러니 많이 지친 사람들일 겁니다. 따라서 이런 사람들은 위로가 필요합니다. 무당들이 가장 자주 쓰는 상담 기법은 찾아온 내담자가 어떤 잘못을 했든 그를 비난하지 않는다는 것입니다(반대로 아주 혹독하게 나무라는 경우도 가끔 있습니다). 그리고 잘못은 다른 곳 혹은 다른 사람에게 있다고 돌립니다. 그러곤 내담자와 하나가 되어 울고 웃으면서 항상 그의 편을 들어줍니다.

이것을 한 번 재연해 볼까요? 아주 힘든 사람이 찾아와서 넋두리를

인왕산 선바위와 그 아래에서 기도하는 사람들.
한국인들은 평소에는 유교와 불교를 신봉하지만
해결하기 힘든 문제가 생기면 무교에 의지한다.

합니다. 예를 들어 남편에게 다른 여자가 생겼다고 무당에게 하소연을 합니다. 이런 이야기는 다른 어디에서고 할 수 없습니다. 절에 가서 승려한테 하겠습니까? 아님 교회 목사들에게 하겠습니까? 남편이 바람피운 게 뭐가 자랑스럽다고 이야기하겠습니까? 본인은 본인대로 울화가 치밀고 억장이 무너집니다. 이런 사람들이 무당 앞에서는 이것을 있는 그대로 드러냅니다. 이야기하다 울기도 하고 하소연도 하고 화를 내기도 합니다. 무당 앞에서만큼은 이렇게 마음대로 자기의 감정을 표현합니다. 그러면 무당은 그걸 다 받아 줍니다. 중간 중간에 축약적으로 위로할 만한 추임새를 넣어서 내담자가 편안하게 해 줍니다. 이럴 때는 "얼마나 힘드셨수?" 하는 한 마디가 얼마나 위로되는지 모릅니다. 이렇게 하기를 약 한 시간. 이런 식으로 마음껏 이야기하고 시원하게 울고 위로받고 나면 마음의 여유가 생깁니다. 그러면 문제를 해결할 수 있는 힘을 얻을 수 있습니다. 이렇게 하고서 무당들은 돈을 그다지 많이 받지도 않습니다. 정신과 의사들이 받는 돈과는 비교가 되지 않습니다(게다가 정신과 의사들에게는 몇 년씩을 진료 받아야 병의 차도가 생기지만 무당은 한 번으로 상담이 끝나는 경우도 많습니다).

  무당들이 이렇게 할 수 있는 것은 상당한 훈련을 받았기 때문입니다. 즉 무당들이 이웃의 아픔을 보듬어 줄 수 있는 것은 그만큼 단련된 사람이기 때문입니다. 스스로 고난의 길을 통과하면서 자신을 강한 존재로 만들었기에 이런 고역을 감당할 수 있는 것입니다. 무슨 고난의 길이냐고요? 바로 신병입니다. 무당들은 꽤 오랫동안 신병을 앓으면서 범인들이 상상할 수 없는 고통을 겪습니다. 이 과정을 잘 겪고

내림굿을 받아야 진정한 무당이 될 수 있습니다.

 이것은 흡사 정신과 의사들의 수련 과정과 비슷하다고 할 수 있겠습니다. 정신과 의사들도 자기 분석 같은 철저한 훈련을 합니다. 정신과 의사들이 만일 이런 훈련 없이 정신적으로 문제가 있는 사람을 고치려고 하면 본인이 그 사람들을 당해 내질 못합니다. 그 환자의 증세에 압도되어 자신이 미쳐 버릴 수도 있습니다. 그래서 혹독한 수련의(醫) 과정을 거치는 것이지요.

 무당도 마찬가지입니다. 엄청난 고통을 수반하는 신병을 버텨 내야 내담자들이 내뱉는 고통을 참아 낼 수 있습니다. 무당을 찾아오는 사람들은 이미 다른 많은 곳을 거치고 마지막 희망을 품고 오는 경우가 많기 때문에 아주 거칠고 의존적입니다. 그런 사람들을 응대하려니 얼마나 힘이 들겠습니까? 물론 우리 주위에는 이렇게 하지 않는, 혹은 이렇게 하지 못하는 무당들도 많이 있습니다. 그러나 진짜 무당은 제가 위에서 말한 대로 해야 합니다. 그게 진정한 무당인데 우리 주위에도 잘 찾아보면 그런 큰무당들이 있을 겁니다.

 이와 관련해 개인적인 체험을 이야기해 볼까요? 1990년대 중반의 일이었습니다. 동료 교수로부터 구례에서 진짜 씻김굿이 열린다고 해서 만사 다 제치고 동료들과 구례로 갔습니다. 굿은 국악을 하는 어떤 아버지가 본인처럼 대학서 국악을 전공한 딸이 죽어서 하는 것이었습니다. 그런데 죽음의 사연이 기구했습니다. 이분의 딸에게는 사법고시를 합격한 장래가 촉망된 약혼자가 있었습니다. 그런데 딸이 약혼자와 시댁에 인사를 갔다가 오는 도중 자동차 사고를 당해 죽음을 맞이

한 것입니다. 운전을 했던 약혼자 또한 크게 다쳤지만 생명에는 지장이 없었답니다. 그러니 이 아버지 심정이 어떻겠습니까? 사랑하는 딸이 장래의 판사에게 시집가기로 되었는데 그 직전에 이렇게 황망하게 떠났으니 말입니다. 그래서 이분은 딸이 죽은 뒤로 밥 한술 뜨지 못했답니다. 당연한 일이겠죠. 자식이 죽으면 부모는 그 자식을 가슴에 묻는다고 하니 말입니다. 그러나 장례는 치러야 하는 법. 씻김굿 할 날은 잡혔고, 그 전날 진도 씻김굿(중요무형문화재 72호) 명예보유자인 김대례 단골(무당)이 왔습니다. 이분은 2011년 3월에 돌아가셨으니 최근까지 사셨습니다. 굿을 준비하면서 김대례 단골은 밤새 이 아버지를 보듬어 주었습니다. 그 내용이야 알 수 없지만 아마 한국식으로 죽음을 극복하는 방법에 대해 이야기해 주었을 것 같습니다. 그렇게 밤을 보내고 굿을 하는 당일이 되자 아버지는 그제야 밥을 먹을 수 있었답니다. 무당으로부터 충분히 위로를 받은 겁니다. 굿은 잘 끝났습니다. 그런데 그 가족과 아무 관계도 없는 제가 눈물을 흘리면서 보았던 굿 장면들이 많이 기억납니다. 가야금을 전공하던 동생이 언니를 위해 마지막으로 쳐 주던 산조를 들을 때 특히 그랬습니다.

이 사례를 통해 제가 하고 싶은 말은 이런 겁니다. 즉 이처럼 하루 만에 저리도 아프고 힘든 사람을 보듬어 일상생활을 할 수 있게 해 주는 종교 사제는 무당밖에 없지 않을까 하는 것입니다. 무당은 바로 이런 파워를 갖고 있기 때문에 사람들이 찾는 겁니다. 가장 한국적인 사고를 하는 사람들이라 한국인들을 어떻게 기쁘게 하고 위로해야 하는지 아는 것이지요.

진도 씻김굿.
사진은 망자의 옷을 일곱 매듭을 묶어 세우는 영돈말이 의식 장면.
ⓒ 연합뉴스

저도 이와 관련해 아주 작은 경험이 있습니다. 저는 일을 할 때마다 나름대로 열심히 한다고 생각했는데, 잘되지 않은 일이 있어 한번은 잘 아는 무당에게 "나는 한다고 하는데 왜 하는 일이 잘 안 풀리는가" 하고 물은 적이 있습니다. 그러자 그 무당은 "선생님은 비단옷을 입고 밤길을 가고 계세요"라고 대답을 했습니다. 비단옷을 입었으니 잘 치장한 건데 밤이니 사람들이 알아볼 수가 없어 좋은 옷을 입은 티가 안 나겠죠? 사정은 그렇지만 저는 비단옷을 입었으니 나름대로 노력은 한 겁니다. 그러나 밤이라 사람들이 몰라 본 것이니 제가 잘못한 것은 아니란 얘기죠. 이런 식으로 생각이 미쳤고 그 결과 저는 마음에 나름대로 위안을 얻을 수 있었습니다. 무당들이 하는 조언은 항상 이런 식입니다. 이처럼 한국인의 마음에 딱 맞게 기쁨이나 위안을 줍니다. 이래서 한국인들이 무당이나 굿을 떠나지 못하는 모양입니다.

여성이 중심이 된 유일한 종교 의례

우리 한국인들은 굿에 너무 익숙해서 잘 모르고 있지만 굿은 객관적으로 보면 정말로 특이한 종교 의례입니다. 우리는 무당하면 으레 여성을 생각합니다. 그래서 TV 드라마나 영화에도 여자 무당만 나오지 남자 무당이 나오는 경우는 거의 보지 못했습니다. 그래서 그것이 보편적인 경우라 생각하기 쉬운데 실제로는 전혀 그렇지 않습니다.

일단 전 세계 종교계에서 여성이 사제가 되어 의례를 집전하는 경우는 대단히 드뭅니다. 불교나 기독교 같은 세계 종교에도 여성이 사제가 되는 경우가 없는 것은 아니지만 그것은 드문 예에 속합니다. 불교의 경우 비구니가 있는데 그들이 일견 여성 사제처럼 보입니다만 불교의 승려는 사제라기보다 수행자의 성격이 강하니 무당과는 다르다 하겠습니다. 기독교 가운데 천주교는 여성 사제를 아예 인정하지 않습니다(수녀들은 사제가 아니라 일반 신도라는 것을 잊어서는 안 됩니다). 개신교는 극히 소수의 교단에서만 여성 사제(목사)를 인정합니다. 이에 비해 이슬람교에서는 여성이 아예 지도자의 위치에 올라가지도 못합니다. 이렇게 보면 여성이 사제로서 종교 의례를 집전하는 역할을 하는 것은 아주 예외적인 경우라는 것을 알 수 있습니다.

이것은 샤머니즘도 마찬가지입니다. 전 세계적으로 한국처럼 여자 무당이 많은 나라는 일찍이 없었기 때문입니다. 지금 전 세계를 둘러보면, 샤머니즘이라는 종교 자체가 잘 눈에 안 띕니다마는 존재하지 않은 것은 아닙니다. 눈에 잘 띄지 않는 것뿐이지 어떤 형태로든 샤머니즘은 전 세계적으로 팽배해 있습니다.

우리는 북미나 남미의 샤먼들에 대한 이야기들을 간헐적으로 들은 적이 있습니다. 북미 쪽은 케빈 코스트너가 주연을 맡았던 〈늑대와 춤을〉(1990)과 같은 영화에서 그쪽의 샤먼들에 대해 보았습니다. 미군 장교였던 주인공이 인디언에게 붙잡혀 그들에게 동화되는 과정을 그린 영화였죠. 여기서 무당인 인디언 추장이 코스트너를 지도하는 모습이 많이 나왔습니다. 또 『구르는 천둥』(2002)과 같은 책을 통해 북미

체로키 부족의 치료사 구르는 천둥(Rolling Thunder)

인디언 샤먼들의 이야기를 접할 수 있었습니다('구르는 천둥'은 이 샤먼의 이름입니다). 그런가 하면 『돈 후안의 가르침』(1968)처럼 남미 멕시코의 '야키'족 샤먼들에 관한 책도 있습니다(이 샤먼의 이름이 '돈 후안'이지요). 이 책들은 영적 지혜나 명상에 대해 설명해 주는 매우 뛰어난 책들입니다. 그러나 지금 이곳은 그런 샤먼들의 가르침을 다루는 지면이 아니니 아쉽지만 그냥 지나가기로 하지요.

그런데 보십시오. 이런 설명에 나오는 샤먼 중에 여자가 있었는가를 말입니다. '구르는 천둥'이든 '돈 후안'이든 모두 나이 많이 먹은 남자입니다. 그런가 하면 옛 문헌 속에만 존재하는 시베리아나 티베트의 샤먼들에 대한 기록이나 사진을 보면 이들도 대부분 남자입니다. 여자 무당들이 전혀 없었던 것은 아니지만 소수에 불과합니다. 티베트의 무교에 대한 이야기가 나와서 말인데 우리의 무교와 연관해서 시사하는 바가 많습니다.

티베트의 불교는 기존의 대승불교와 아주 다른 모습을 보입니다. 달라이 라마와 같은 종교 지도자를 뽑는 과정도 아주 독특하고 법회나 축제를 하는 모습도 다른 나라의 불교와 완전히 다릅니다. 이것은 티베트의 고유 신앙인 본교(敎)를 불교와 융합한 결과입니다. 본교란 티베트의 샤머니즘입니다. 티베트 불교의 법회를 보면 무당, 물론 남자 무당이 망아경 속에 들어가 미래를 예언하는 것 등이 중요한 순서인 것 같더군요. 그러니까 불교의 법회 안에 아예 본교의 의례를 받아들여 같이 지내고 있는 것입니다. 티베트는 가보지 못하고 TV 다큐멘터리로만 보았는데 불교 법회를 하다가 이 본교의 무당이 등장하더군요. 중국군의 침략으로 티베트 정부가 인도의 '다람살라(Dharamsala)'로 옮긴 것도 법회를 보던 중 무당이 계시를 내려 그것을 따른 결과라고 알려져 있습니다. 이렇듯 티베트 불교는 많이 변질되었습니다. 그러나 이렇게 변형되어도 어느 누구도 뭐라 하지 않습니다. 외려 불교의 티베트적인 변용이라고 높이 평가합니다. 티베트 불교가 잘못된 불교라고 하지는 않는다는 것이지요.

제가 이런 말을 하는 이유는 이렇듯 다른 나라에서는 자기의 민속 신앙을 귀중히 여겨 외래의 것과 혼합하여 새로운 것을 만들어 내는데 우리는 그렇게 하지 않았기 때문입니다. 우리는 어찌했습니까? 우리의 근본 신앙인 무교를 철저하게 미신이라고 하면서 깎아내리기에 바쁘지 않았습니까? 우리도 무교와 불교를 섞어서 새로운 한국 불교를 만들 수도 있는데 말입니다. 하기야 지금의 한국 불교도 무교적인 요소를 꽤 받아들이기는 했습니다. 언제가 되어야 우리 한국인들이 자신들의 문화를 객관적으로 받아들일 수 있을까요? 좀 요원하지 않을까 하는 생각입니다. 이 점은 나중에 관계되는 지면에서 또 논의하기로 하지요.

한국의 굿판은 종교 의례로서 정말로 희귀한 의례가 수행되는 공간입니다. 지금까지 말한 것처럼 한국의 무교나 그 의례인 굿에서는 주로 여성이 사제 역할을 하고 추종자들 역시 대부분 여성이기 때문입니다. 굿판을 보면 남자로 구성된 악사 빼고는 여자 일색입니다(그런데 이상스럽게도 악사 가운데 여성이 나오는 것은 보지 못했습니다). 이 점은 신윤복이 그린 그림에도 잘 나타납니다마는 현대에도 그다지 다르지 않습니다. 굿을 하려면 보통 3명의 무당이 필요하고 옆에서 거들 몇 사람이 더 필요합니다. 물론 이 사람들도 모두 여성입니다. 이렇게 여자 일색인지라 저는 굿판을 보고 여성들의 해방 공간이라고 부릅니다. 굿판 밖은 서슬 퍼런 가부장제가 횡행하지만 이 굿판만큼은 여성들이 주인이 되는 세상입니다. 그래서 굿판을 벌일 때는 남자들이 자기들과는 관계없는 일이라 생각해 상관하지 않습니다(그러다 조상 거리가 되어 자기 부모가 무당의 몸에 실리면 그때는 쏜살같이 달려와 무당에게 손을 빌면서 절절 맨답니다).

굿판이 여성들의 해방 공간이라는 것은 속담에서도 유추해 볼 수 있습니다. 속담 중에 "며느리 춤추는 꼴 보기 싫어 굿 못한다"는 것이 있습니다. 이것은 시어머니가 하는 푸념으로 보통 때는 며느리를 꼼짝 못하게 할 수 있지만 굿판에서만큼은 며느리를 제재할 수 없다는 것이지요. 그 무서운 시어머니의 폭압도 굿판에서는 안 통한다는 얘기입니다.

전 세계에 이처럼 여성들이 전권을 쥐고 하는 종교 의례를 찾기는 힘들 것입니다. 그런데 왜 우리나라에서 이런 일이 벌어졌는지는 잘 모르겠습니다. 다만 이런 현상을 통해 한국 사회를 진단할 수 있을 뿐입니다. 이렇게 보면 한국은 여성 혹은 여성성이 굉장히 강한 나라라는 것을 알 수 있습니다.

이것은 불교도 마찬가지입니다. 한국은 대만과 더불어 비구니 전통이 매우 강한 나라로 알려져 있습니다. 우리나라는 비구와 비구니 숫자가 거의 비슷하다고 하니 여기도 여성들의 입김이 강한 것을 알 수 있습니다. 어떻든 이렇게 보나 저렇게 보나 굿판은 대단히 독특한 종

전 세계 종교 가운데 여성이 전권을 쥐고 의례를 집전하는 경우는 매우 드물다.

교 의례의 현장임에는 틀림없습니다.

그러면 어떤 분들은 무당 중에는 남자, 즉 박수무당도 있지 않느냐고 할 겁니다. 맞습니다. 남자 무당도 적지 않게 있습니다. 통계가 없어 확실히는 모르지만 전체 무당 중에 약 30퍼센트는 남자 무당, 즉 박수라고 합니다. 그런데 재미있는 것은 남자 무당들도 굿을 할 때에는 완전히 여자가 되어서 한다는 것입니다. 즉 굿을 하는 내내 치마를 입고 여성스러운 몸짓을 하며 말투도 여성을 흉내 내면서 하지요. 그에 비해 여자 무당이 굿을 할 때 남자처럼 바지를 입는 경우는 보지 못했습니다. 치마저고리가 기본이고 각 거리에 따라 다른 옷을 그 위에 입는 것이지요. 따라서 굿은 여성 사제가 중심이 된 의례가 틀림없습니다. 이 점은 실제로 굿판을 가서 확인해야 하지 이렇게 글에서만 보면 그 생생함이 떨어집니다.

이렇게 여성이 중심이 된 굿판이 우리들에게는 전혀 이상하게 보이지 않습니다. 어렸을 때부터 여러 경로를 통해 워낙 자주 이런 이야기나 장면들을 접했기 때문에 익숙합니다. 그런데 가만히 생각해 보면 이것은 아주 이상한 이야기입니다. 우리 모두가 잘 아는 것처럼 조선은 여성을 철저하게 억압한 유교적 가부장제의 국가입니다. 그래서 여성은 완전히 피해자로만 간주됩니다. 그러나 생각해 보십시오. 조선조가 여성을 정말로 억압했다면 여성들의 독립 공간이나 영역이 있을 수가 없습니다. 여성을 억압하는 문화권에서는 여성들에게 이런 배려를 하지 않습니다. 예를 들어 볼까요? 아랍권의 몇몇 나라들을 보십시오. 여성들이 온통 검은 옷으로 쌓여 있거나 운전을 할 수 없다느니

서울 새남굿(무형문화재 104호) 보존회장직을 맡고 있는
박수무당 이성재 씨.

하는 것처럼 여성을 물리적으로 억압하는 것은 잘 보이는 현상이니 그렇다고 치지요. 이렇게 한 건 조선도 마찬가지였으니 말입니다. 그러나 아랍 사회에서 여성이 주체가 되어 자신들만의 종교 의례를 한다는 것은 들어 본 적이 없습니다. 이슬람교는 철저하게 남성 중심이라 성직자에 해당하는 '이맘' 직에 여성은 임명될 수 없습니다.

이것은 서양도 마찬가지이지요. 이슬람만큼이나 남성 중심의 종교인 기독교에서 여성 사제를 찾기란 대단히 어렵습니다. 여성은 절대로 신부가 될 수 없고(성공회는 예외), 개신교의 경우 여성이 목사직에 임명될 수 있었던 것은 극히 최근의 일이지요. 기독교에서는 여성이 인류를 타락시킨 장본인(이브)이라 여기기 때문에 절대로 성직을 줄 수 없었을 겁니다. 그러니 근세까지 유럽이나 미국에 여성 사제가 등장해 여성들만의 종교 의례를 한다는 소식은 들어 본 적이 없습니다.

이렇게 보면 한국의 무교가 얼마나 특이한 종교인지 아시겠지요? 그리고 이런 사실을 통해 한국은 비록 무의식적일지라도 여성의 권한을 인정했다는 걸 알 수 있을 겁니다. 그래서 조선이 세계사에 유례없는 유교 국가라고 하지만 사실은 유교가 한국 문화의 근저에까지 뚫고 들어온 것은 아니라는 것을 알 수 있습니다. 유교가 중국처럼 뼛속까지 스며들어 토착되었다면 조선 사회에 여성 무당이나 굿판이 남아날 수 없었기 때문입니다. 우리는 유교가 한국에 완전하게 토착화하는 데에 실패했다고 판단할 만한 여러 정황을 알고 있습니다. 가장 비근한 사례로 결혼 제도에 대해서만 아주 간단하게 보겠습니다.

원래 한국의 전통 결혼 제도는 고구려 이래로 식을 신부 집에서 치르고 내내 거기서 사는 것으로 되어 있습니다. 그렇게 살다 아이를 낳고 꽤 기른 다음에야 시댁으로 갈 수 있었지요. 그런데 조선 초에 '주자가례' 식대로 한다고 결혼식부터 모두 신랑 집에서 하라고 바꾸었습니다. 그러나 백성들은 옛 관습대로 계속 신부 집에서 결혼하고 살았습니다. 조선 정부는 어쩔 수 없이 국민들로 하여금 결혼식만 신부 집에서 하고 곧 시댁으로 가라는 식으로 절충안을 제시합니다. 백성들이 따르는 민속을 무시할 수 없었던 것이지요. 만일 같은 상황이 유교의 종주국인 중국에서 벌어졌다면 어떻게 되었을까요? 신부 집에서 결혼식 하는 것 자체가 용인되지 않았을 겁니다. 이런 게 유교식입니다. 철저하게 남계 중심으로 움직이는 것 말입니다.

그런데 조선에서는 유교가 정착된 것처럼 보였지만 신부 집에서 결혼하는 것까지 바꾸지는 못했습니다. 요즘도 신혼여행 갔다 오면 그 첫째 날에 신부 집에서 자는데 이것이 바로 신부 집에서 첫날밤을 보내던 옛 풍습이 남아 있는 흔적입니다. 아울러 전통 유교가 그렇게도 부계를 강조하고 '친'가와 '외'가의 구별 − 친가는 가장 친근한 가족이라면 외가는 그야말로 바깥, 즉 한 데에 있는 가족을 말합니다! − 을 엄하게 했건만 지금 한국의 아이들에게 가족이란 외가이지 친가가 아닌 것으로 되지 않았습니까. 이것 역시 주자가례가 정착되기 전에 전통 사회에서 아이들이 외가에서 어린 시절을 보내던 풍습이 다시 되살아나는 것으로 보입니다. 전통은 이렇게 무섭습니다. 다 사라진 것처럼 보이는데 어느새 슬금슬금 다시 살아나니 말입니다. 조선이 순전한 유교 국가처럼 보이지만 사실은 유교가 뿌리까지 침투하지는 못한 겁니다.

이와 같은 정황은 앞에서 본 것처럼 종교 판에서도 어김없이 보입니다. 종교라기보다는 민속이라는 말이 더 어울립니다마는 이전에 집에서 하는 민속 의례 중에 고사라는 게 있었죠? 시월이 되면 주부들이 부지런히 떡을 해서 집 안에 있는 신에게 바치는 것 말입니다. 우리는 워낙 익숙한 터라 그러려니 하지만 이것 역시 대단히 이상한 의례입니다. 왜냐하면 만일 조선이 진정한 의미에서 유교적 가부장 국가였다면 집 안의 신을 제사 지내는 일을 주부에게 맡겨 두었을 리가 없기 때문입니다. 유교 사회에서는 당연히 남자, 그러니까 그 집의 주인인 가장이 이런 의례를 담당하지요. 그래서 중국에서는 가장이 맡아서 했습니다.

그런데 한국은 달랐습니다. 주부가 담당했고 형편이 넉넉하면 무당을 불러다 굿을 하기도 했습니다. 이렇게 보면 제사를 제외한 집안 의례는 여성들이 독식한 셈이네요. 이것은 여성들에게 어느 정도라도 권한을 인정해 주었기 때문에 가능한 것입니다. 무조건 여성을 억압했다면 이런 일이 있을 수 없습니다. 그래서 조선의 주부들이 경제권까지 독점한 것일 겁니다. 한국은 지금까지도 집안의 경제는 주부가 맡아서 하고 있습니다. 전통 사회에서는 집안에서 주부가 경제력을 어떻게 행사하던 가장이 뭐라 간섭할 수 없었습니다. 사실 이것은 엄청난 일입니다. 인간 사회에서는 돈이 가장 중요한 것이기에 그것을 좌지우지하는 사람은 당연히 막강한 권력을 쥐게 마련입니다. 여성들에게 이렇게 경제권까지 주었다는 것은 조선이 결코 유교식의 가부장 국가가 아니라는 사실을 말해 줍니다. 물론 그렇다고 조선 사회에 유교적인 영향이 약했다는 것은 아닙니다. 제가 여기서 말하려는 것은 조선은 중국같이 순전한 의미에서 유교식 가부장 국가는 아니라는 점입니다.

　이와 관련해서 재미있는 이야기가 생각나는군요. 조선이 여성을 억압하는 것으로 일관한 유교식의 가부장 국가가 아니라는 것은 외국 학자들 입에서도 확인이 됩니다. 이 이야기는 세간에 떠도는 이야기로 완전히 확인된 것은 아닙니다마는, 세계적인 인류학자 가운데 마거릿 미드(Margaret Mead)라는 여성이 있었습니다. 미드는 『국화와 칼』로 유명한 루스 베네딕트(Ruth Benedict)와 함께 미국 인류학계를 이끈 사람이었죠. 이 사람이 1960년대에 한국에 와서 이화여대를 방문했다고 합니다. 그때 그는 아마도 한국이라는 나라는 여성을 무조건적으로 차별하는 문화 후진국이라는 정보를 갖고 왔던 모양입니다.

　이화여대를 둘러본 미드는 대체로 이런 취지의 이야기를 했답니다. "조선은 여성을 무조건적으로 억압한 나라가 아닐 것이다. 왜냐하면 만일 여성을 사정없이 억압했다면 지금 이대생들에게서 보이는 발랄함이 남아 있을 수 없기 때문이다. 이것은 조선 문화에 여성을 어떤 식으로든 인정한 면이 있기 때문에 가능한 것이다"라고 말입니다. 그러니까 자신이 한국에 오기 전에는 한국 여성들이 주눅이 많이 들어 있을 거라 생각했는데 뜻밖에도 재기발랄하니 이렇게 발설한 것입니다. 미드의 이야기가 아니더라도 조선은 앞에서 본 것처럼 분명 여성을 일정 부분 인정한 것이 틀림없습니다. 저는 이런 사실을 무교가 중심이 된 우리의 민속 현장에서 얼마든지 확인할 수 있답니다.

이것을 다시 우리의 주제인 무교에 대입해 볼까요? 미국 학자 가운데 한국의 무교에 대해 인류학적인 시각에서 처음으로 단행본을 낸 로럴 켄들(Laurel Kendall)이라는 여성이 있습니다. 이 사람이 우리나라 무교에 대해 관심을 갖게 된 배경도 재미있습니다. 그는 평화봉사단의 일원으로 한국에 왔다가 무당이 굿하는 현장을 목격하고 놀랍니다. 한국은 아주 강한 가부장제를 신봉하는 국가로 알고 왔는데 여성이 중심이 된 종교 의례를 발견했으니 놀랐던 것이지요. 그런데 아마 그 놀람의 강도가 꽤 강했던 모양입니다. 미국으로 돌아가 한국의 무교를 더 파기 위해 인류학을 전공했으니 말입니다. 그는 컬럼비아 대학에서 박사학위를 받았는데, 이때 쓴 학위 논문을 단행본으로 낸 것이 『Shamans, Housewives, and Other Restless Spirits: Women in Korean Ritual Life』(University of Hawaii Press, 1987)라는 책입니다.

켄들은 그 이후에도 꾸준히 한국 무교에 대해 연구해 2010년에도 재미있는 연구서 『Shamans, Nostalgias, and the IMF: South Korean Popular Religion in Motion』(University of Hawaii Press)을 냈습니다. 이 책은 재미있게도 IMF 금융위기 때 한국의 무교가 어떤 모습을 보여주었는가에 대해 적고 있습니다. 그런데 이상하게도 그의 책은 우리말로 소개된 게 하나도 없습니다. 특히 첫 번째 저작은 한국 무교 연구에서 인류학적인 접근법을 썼다는 의미에서 새 장을 연 중요한 책인데 번역이 아직 안 되어 있습니다.

이런 현실 역시 우리가 우리의 근본 종교인 무교를 어떻게 대하

로럴 캔들의 책

고 있는가를 보여줍니다. 예를 들어 비슷한 시기인 1982년에 나온 『Ancestor Worship and Korean Society』(Stanford University Press)라는 책이 있습니다. 그런데 이 책은 2000년에 『조상 의례와 한국 사회』(일조각)라는 제목으로 진즉에 번역되었습니다. 이 책도 인류학자가 쓴 것으로 향촌 사회에서 유교의 조상 숭배가 어떤 기능과 역할을 하는지에 대해 분석한 책입니다. 같은 인류학 책인데 유교에 관한 책은 번역된 반면 무교 것은 안 되어 있으니 이것은 무슨 현실을 말하는 것일까요? 물론 이 두 책만 가지고 속단해서는 안 되지만 외국 저자가 쓴 책 가운데 무교에 관한 책은 번역된 예가 거의 없다는 것이 오늘의 현실을 말해 줍니다.

저는 이런 현실을 보면서 아직도 한국인들이 무교에 대해 공정한 눈을 갖고 있지 않구나 하는 생각을 떨칠 수가 없습니다. 아마존을 검색해 보면 외국 학자들이 한국의 무교에 대해 쓴 책이 꽤 있는데 그중에 번역된 책은 하나도 없으니 더 더욱이 그럴 수밖에 없습니다.

한국 무교에 대해 인류학적으로 접근한 책 가운데 고(故) 김영숙 박사가 쓴 것도 참고할 만한 가치가 있습니다. 이 책의 제목은 『Six Korean Women: The Socialization of Shamans』(West Group, 1979)인데 김 박사께서 인류학자답게 여섯 명의 큰무당을 만나 각각 3개월씩을 같이 살면서 그들의 일상사를 민족지(ethnography)처럼 적은 것입니다. 그러니까 조사하는 기간만 18개월, 즉 1년 반이라는 세월이 흐른 것입니다. 김 박사는 어떤 여성들이 무당이 되고, 왜 무당이 되는가를 조사했는데 그가 발견한 것은 무당들이 대단히 똑똑하고 능력이 출중했다는 것입니다.

사실 이것은 저도 무당들을 만날 때마다 느끼는 것입니다. 그들은 하나같이 기억력이 좋았고 말을 잘했으며 두뇌 회전이 빨랐습니다(물론 돈을 좋아하는 것도 일반인들과 같더군요). 굿을 하루 종일 진행시키는 일은 웬만큼 똑똑하지 않으면 할 수 없는 일이니 그럴 수밖에 없을 것입니다. 그 외에도 무당이 관장해야 할 일이 많기 때문에 머리가 안 되는 사람은 무당이 되기 힘들 겁니다.

어떻든 김 박사는 무당은 왜 이렇게 똑똑할까에 대해 의문을 가졌는데 그 결론이 재미있습니다. 이런 똑똑한 여성들은 아주 잘났기 때문에 유교적인 가부장 사회에서 살기가 아주 힘듭니다. 사회에서 여자가 나대는 것을 용납하지 않기 때문이지요. 그러나 무당이 되면 신령들을 빙자해서 마구 떠들어 댈 수도 있고 남자들 위에 군림할 수도 있습니다. 게다가 점을 잘 치면 인기도 한 몸에 누릴 수 있습니다. 이 때문에 잘난 여성들이 무당이 된다는 것입니다. 이것을 김 박사는 이 여성들이 가부장제를 벗어나기 위한 탈출구로서 무당이 된 것이라고 해석했습니다.

이런 해석은 틀리고 맞고를 떠나서 아주 신선하고 재미있습니다. 이 책의 저자가 여성이라 이런 해석을 했는지도 모릅니다. 그런데 무당에 관한 매우 귀중한 민족지적인 연구인 이 책 역시 번역본이 없으니 아쉬울 따름입니다.

무교가 꼭 필요했던 유교

앞에서 무교에 관한 연구에 대해 다소 장황하게 본 것은 전통적인 한국 사회에서는 비록 기층에서였지만 여성들의 지위와 힘을 인정했다는 것을 보여주려 함이었습니다. 그리고 그 중심에는 무당이 있었음을 말하고 싶었습니다. 그런데 당시의 유교적 사회가 무당을 암묵적으로 인정한 것은 아마 유교도 무교를 수용할 수밖에 없었을 것이라는 생각입니다. 왜냐하면 유교는 삶의 전 분야를 담당하기에는 다소 부족한 가르침이기 때문입니다. 유교는 인간의 반에 해당하는 여성이나 인간의 죽음 같은 음적(陰的)인 부분에 대해서는 약한 가르침입니다. '남성'이나 '삶'이 양적(陽的)인 부분이라고 한다면 그에 대비되는 '여성'이나 '죽음'은 음적이라 할 수 있습니다. 그런데 세계에는 분명 남녀가 있고 또 우리의 인생에는 죽음과 삶이 있습니다. 그래서 우리는 이 두 부분을 다 챙겨야 하는데 유교는 그 관심이 남자 — 남자 중에도 특히 성인 남자만 — 와 삶에만 집중되어 있어 세계와 인생을 반만 관장하고 있습니다. 따라서 다른 반을 보완하는 일이 필요한데 그를 위해서는 무교가 반드시 필요했을 겁니다. 왜냐면 무교는 여성이나 죽음과 직결되는 종교이기 때문입니다.

조선 시대에 집에서 행하는 의례 가운데 가장 중요한 의례는 제사(그리고 장례)와 고사, 그리고 굿입니다. 이 가운데 제사는 철저하게 남성 중심으로 움직였고 고사와 굿은 여성 중심으로 이루어졌습니다. 그런데 제사는 한 집안의 모든 것을 담기에는 문제가 많았습니다. 제사나 장례는 철저하게 남자 중에 결혼해서 성인으로 죽은 사람들에게만 해당되는 것이었습니다. 그럴 수밖에 없었겠지요. 제사든 장례든 제주나 상주가 있어야 하는데 그것은 아들만 할 수 있었으니 말입니다. 그러니 여기에는 딸이 배제될 수밖에 없었고 남자 가운데에서도 반드시 아들을 낳은 사람만 이 의례를 할 수 있었습니다.

그런데 삶을 사는 데에 여기에 안 맞는 경우가 얼마나 많습니까? 비근한 예가 어려서 죽은 자식들이지요. 옛날에 어려서 죽은 아이들을 장례 치르는 거 보신 적이 없지요? 자기 자식의 빈소를 차려 놓고 부모들이 거기다 대고 절을 할 수는 없지 않습니까? 아이들이 죽으면 그냥 조용히 묻어 버리지 따로 장례식을 하지 않습니다. 장례식을 할 수 없을뿐더러 어린 아이들에게는 제사도 지내 주지 않습니다. 제사는 아들만이 하는 것이니 아들이 있을 수 없는 아이는 애당초 제사를 받을 수 없는 것이지요. 그러니까 아이가 죽으면 빨리 잊어야지 다른 수가 없었습니다. 그러나 부모, 특히 어미가 그렇게 쉽게 자식을 잊을 수 있을까요? 부모가 죽으면 산에다 묻지만 자식이 죽으면 가슴에 묻는다는 이야기는 잘 알려져 있지 않습니까? 이렇게 슬퍼도 부모는 자식을 그냥 잊어야지 유교식으로는 어떻게 해결할 방법이 없습니다.

이것을 해결할 수 있는 사람은 무당뿐입니다. 왜냐하면 제사는 성인들만을 위해서 하는 것이지만 굿은 그러한 제한이 없기 때문입니다. 굿은 그야말로 무차별적으로 행해집니다. 아무에게나 할 수 있습니다. 게다가 유교의 제사와는 달리 아주 진한 감정이 깔리기 때문에 마음을 위로받기도 좋습니다.

만일 몹시도 사랑하던 어린 딸이 죽었다고 합시다. 이럴 경우 엄마는 아무리 마음이 아파도 주위에 눈이 많아 마음 놓고 표현할 수도 없습니다. 게다가 아들도 아니니 시신 처리도 아들보다 더 간단하게 할 겁니다. 그러나 엄마는 딸을 잊지 못합니다. 이때 엄마는 무당을 불러 진오귀굿을 합니다(비용은 좀 들겠지만). 굿은 보통 밤을 새면서 하니 엄마는 굿을 하는 동안 죽은 딸을 실컷 생각하고 울고 웃고 할 겁니다. 게다가 무당에게 딸의 혼이 실리는 거리에서는 딸이 살아 있는 것처럼 대화도 할 수 있습니다. 그리고 굿의 말미에는 바리공주 같은 영웅이 딸의 혼을 데리고 저승으로 안내합니다. 그러면 엄마의 마음이 한결 편해질 겁니다. 이런 위로 덕에 엄마는 딸을 잃은 슬픔에서 많이 벗어날 수 있을 겁니다. 이러한 일은 유교에서는 결코 가능하지 않습니다. 이런 경우를 대비한 사회적 혹은 종교적 장치가 없기 때문입니다.

이것은 시집온 딸이 친정 부모를 잃었을 때도 마찬가지입니다. 비록 딸이 평소에는 여간해서 친정에 가지 못하지만 이 경우에는 친정에 가서 장례는 지낼 수 있습니다. 그러나 장례는 3일이면 끝나고 곧 다시 슬픈 마음을 끌고 시가로 돌아와야 합니다. 그러곤 제 부모를 추념하고 생각할 수 있는 어떤 기회도 없습니다. 남자의 경우에는 장례도 충분히 치를뿐더러 3년 뒤에 탈상하기 전까지는 영가를 어떤 형태로든 모실 수 있습니다(이 모시는 형태는 지방마다 다르기 때문에 무엇이라고 일률적으로 말할 수 없습니다). 그러니까 남자는 부모와 이별할 시간을 충분히 가질 수 있는 것입니다. 그에 비해 딸은, 그러니까 며느리는 자기 부모를 위해 할 수 있는 일이 하나도 없습니다. 시가에서는 며느리가 자신의 부모를 추모할 수 있는 일을 용인하지 않기 때문입니다.

그러나 한 가지 예외가 있습니다. 바로 굿을 하는 것입니다. 며느리가 친정 부모를 위해 굿을 하는 것은 뭐라 하지 않습니다. 따라서 망자를 위한 굿(진오귀 혹은 씻김 등)을 할 때에 며느리는 마음껏 자신의 부모를 위해 울 수 있습니다. 그리고 부모의 넋이 저승에 잘 안착되는 것을 목격하고는 안도합니다. 굿이 아니었다면 평생토록 마음에 짐을 지고 살았을 터인데 굿 한 번 하고 마음을 털 수 있는 것입니다. 이게 바로 무당과 굿의 역할입니다. 무교는 바로 이런 역할을 했기 때문에 그토록 가부장적인 유교도들도 무교를 없앨 수 없었던 것입니다. 자기들이 할 수 없는 일을 해 주었기 때문이지요. 그들은 무교를 박해하면서도 무당이 없으면 사회가 굴러가지 않을 것이라는 것을 무의식으로 알고 있었기에 무당의 존재를 모르는 척하면서 외면했던 것입니다.

오구굿 역시 유교의 장례나 제례를 훌륭한 의미에서 보완하고 있는 것을 알 수 있습니다. 예나 지금이나 부모의 죽음은 매우 슬픈 일이지요. 특히 유교 사회에서는 부모와의 정서적 유대를 워낙 강조하는 터라 부모의 사망은 자식들에게 엄청나게 큰 충격입니다. 그래서 정신이 없는 나머지 장례식도 제대로 치르지 못하는 경우가 많습니다. 게다가 전통 유교에서는 부모가 타계하면 자식들은 죄인처럼 행동해야 했습니다. 생전에 제대로 못 모신 것 같아 여간 죄송한 게 아닙니다. 부모님이 살아계셨을 때 온통 잘못된 짓만 한 것 같아 마음을 둘 곳이 없습니다. 이 죄스러운 감정을 어디다 이야기할 수도 없고 풀 수도 없습니다. 그래서 장례를 아무리 잘 치러도 미진한 마음을 어쩔

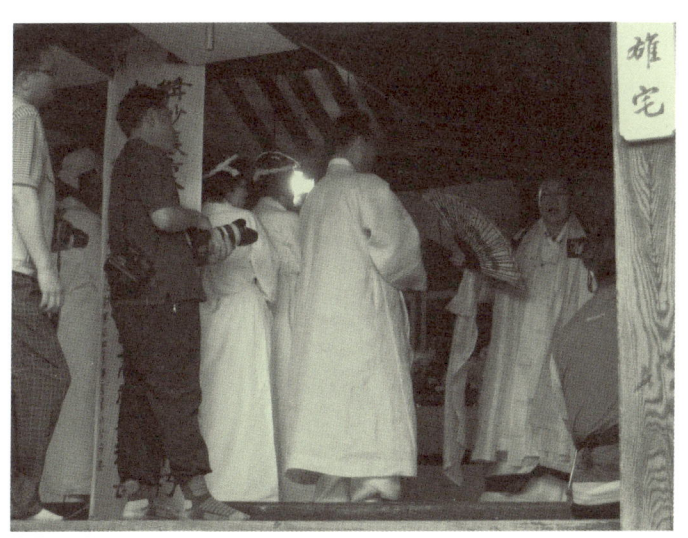

새남굿 장면.
서울 지방에서 전승되어 온 망자를 위한 천도굿이다.

길이 없습니다. 또 부모님이 저승에 잘 가셨는지도 궁금하기 짝이 없습니다. 제발 좋은 데 가셔서 편안히 계셨으면 좋겠는데 도무지 지금 부모님의 향방을 알 길이 없으니 답답하기만 합니다. 이런 감정들이 뒤섞여 있어 자식들은 여간 마음이 불편한 게 아닙니다.

이런 감정들을 다독이기 위해 유교가 할 수 있는 일은 별로 없습니다. 기껏 제사 드리는 것밖에 없지요. 그런데 제사 가지고는 감정을 달랠 길이 없습니다. 너무 약하지요. 그래서 굿을 하는 것입니다. 이때 하는 굿에는 (진)오구굿이나 새남굿, 씻김굿 등이 있습니다. 모두 사령제(死靈祭), 즉 망자들을 위해 하는 굿인데 지방마다 이렇게 다양한 이름으로 불리고 있습니다.

강신무들이 하는 굿이 오구굿 등인데 이 굿에서 신자들(그쪽 용어로는 '기주' 혹은 '대주'라 하지요)은 부모들과 진한 이별의 정을 나눕니다. 굿은 하루 종일 하니 온 하루 동안 돌아가신 부모님을 생각하면서 미진했던 정을 나눕니다. 그러다 부모님 영혼이 무당의 몸에 실리면 그때부턴 울음바다가 됩니다. 그러면서 생전에 못했던 이야기들을 나눕니다. 잘 알다시피 사람은 임종에 임박하면 보통 많이 아프고 경황이 없어 제대로 소통을 못합니다. 그래서 부모님들의 사후에 더 아쉬운 감정이 많이 남습니다. 이 아쉬운 마음을 굿을 하면서 풀 수 있습니다. 죽은 부모의 혼이 찾아오는 조상 거리에서 자녀들은 마음속에 있던 죄의식 같은 것을 무당 몸에 실린 부모의 혼에게 다 쏟아 냅니다. 그렇게 하면 그때까지 있었던 마음의 앙금을 다 털어 낼 수 있을 것입니다.

이 굿의 마지막은 영혼이 저승에 무사히 안착하는 것입니다. 새남

굿이나 오구굿에서는 무당의 시조이자 문화 영웅이라 할 수 있는 바리공주가 부모의 혼을 저승으로 가는 배인 넋전 상자에 싣고 저승 문 넘는 것을 보여줍니다. 이렇게 해서 자식은 부모의 혼이 그 멀다는 저승에 도착한 것을 확인합니다. 여기까지 하면 자식으로서 할 일을 다한 것입니다. 마음속에 있는 감정을 다 정리하고 부모님이 저승에 간 것을 확인했으니 이제 한결 가벼운 마음으로 일상생활에 임할 수 있습니다.

이 정도면 무교나 굿이 조선조 때 박해에도 불구하고 없어질 수 없었던 것을 이해할 수 있겠지요? 한마디로 말해서, 무교는 유교에 대항하는 카운터(counter) 컬처로서 유교에 반(反)하는 동시에 보(補)하면서 사회의 질서와 안정을 도모해 왔던 것입니다. 남자의 종교인 유교 입장에서는 여성들의 종교인 무교가 '무지렁이'들만을 위한 종교라고 하겠지만 사실은 음적인 세계나 무의식 안에서 엄청난 힘과 기능을 가진 종교였다는 것을 알 수 있습니다. 그래서 무교는 있어도 그만, 없어도 그만인 것이 아니라 사회의 순기능을 위해서는 꼭 필요한 가르침이라 할 수 있습니다.

지금까지 한국인이 갖고 있는 신기의 근원으로서 무교를 살펴보았습니다. 다음에는 무교가 우리에게 어떤 의미에서 중요한 종교인지, 특히 한국 종교사에서 어떤 의미를 갖는지 종교사적인 시각에서 보기로 하겠습니다.

바리공주. 1800년대 서울.

셋째 거리

한국 종교사에서 바라보는 무교의 위치

권력에 밀려 미신으로 전락한 무교

앞에서 우리는 무교가 얼마나 특이한 종교 의례이며 아울러 종교적으로 볼 때 전통 사회에서 어떤 역할을 했는지에 대해 보았습니다. 따라서 지금까지의 설명만 들어도 무교가 우리에게 얼마나 중요한 종교인지 알 수 있었을 것입니다. 이처럼 무교는 여러 의미에서 우리에게 대단히 중요하거늘 우리 한국인들은 그것을 잘 인정하려 하지 않습니다. 그리고 무교는 단지 미신에 불과하다는 생각에서 벗어나지 못합니다.

여러분들도 무속 혹은 무당이라는 단어를 들으면 저속한 미신이라는 생각밖에는 들지 않지요? 이 점에 대해서는 저의 책 『무교 - 권력에 밀린 한국인의 근본 신앙』에서 자세히 다뤘습니다. 이 책에서 말하는 주장은 아주 간단한 것입니다. 무교가 한국 종교나 문화에서 중요한 자리에서 큰 역할을 하고 있었는데도 미신으로밖에 대접을 받지 못하는 이유는 권력에서 밀렸기 때문이라는 것입니다. 사람살이가 다 그렇지 않습니까? 권력이 센 쪽에서 주장하면 그것은 맞는 것이고 권력이 약한 쪽에서는 아무리 진리를 들이대도 인정받지 못한다는 것 말입니다.

사실 이런 상황은 정치나 세속과는 별 관계가 없을 것 같은 종교에도 똑같이 적용됩니다. 흔히들 종교 하면 정치권력이나 경제와는 관계없는 대단히 고상한 것으로 생각하지만 세상에 어떤 것이 정치나 권력에서 벗어날 수 있겠습니까? 보십시오. 불교나 기독교가 세계 종교가 되는 데에는 모두 정치가 깊이 관여했습니다. 불교가 지역 종교를 벗어나는 것은 전적으로 BCE(Before Common Era) 3세기에 인도를 통치했던 아소카왕의 공로입니다. 그는 인도 사상 처음으로 통일국가를 이루어 영토는 오늘날의 인도를 거의 지배한 것은 말할 것도 없고 파키스탄이나 아프가니스탄, 심지어는 이란(당시는 페르시아)의 일부(동부 지역)까지 지배한 인도 최고의 군주 중에 한 사람으로 손꼽히고 있습니다. 불교가 전 세계로 전파된 것은 전적으로 이 사람의 공이었습니다. 그래서 당시 불교 선교사는 스리랑카는 말할 것도 없고 시리아, 그리스, 이집트 등에까지 진출했다고 하니 불교는 이때 실로 세계적인 전교를 한 것입니다. 불교가 세계 종교가 될 수 있었던 것은 바로 이러한 활발한 선교가 발판이 되었던 것은 말할 것도 없겠지요.

기독교의 경우도 다르지 않습니다. 아니 더 간단하지요. 당시 소수의 민중들 사이에서만 어느 정도 인기 있었던 기독교가 유럽 사회의 주 종교가 되는 데에는 전적으로 로마의 국교가 되었기 때문에 가능했던 일입니다. 만일 기독교가 당시에 로마의 황실을 뚫지 못했다면 아마 아직까지 수많은 군소 종교 가운데 하나로만 남게 되었을지도 모릅니다.

사실 인류 사회에 명멸했던 종교 가운데에는 교리적인 면에서 기독교에 뒤지지 않는 종교가 꽤 있습니다. 예를 들어 조로아스터교나 그 지파였던 마니교 같은 종교는 교리의 완성도 면에서 결코 기독교에 뒤질 게 없습니다. 그런데 지금 이 종교를 기억하는 사람은 거의 없습니다. 이유는 당연하지요. 권력과 결탁하지 못해 역사의 뒤안길로 사라진 것입니다. 아니 기독교의 일파 중에도 권력에서 밀려나 이단 판정을 받고 없어져 버려 종교학을 전공하는 사람 외에는 알지 못하는 종파도 많습니다. 가장 비근한 예가 중국에서 경교(景敎)라 불리면서 당나라 때까지 번성했던 기독교의 네스토리우스파를 들 수 있습니다. 이 교파는 유럽에서 이단 판정을 받고 중국까지 밀려와 활동하다 당대에 불교가 박해를 받을 때 같이 없어진 종파입니다. 사실 지금 보면 이 교파의 교리가 그다지 이단적인 것은 없습니다. 그러나 권력에 밀려 ― 그러니까 이 종파의 사람들이 권력과 그다지 가깝지 않았던 것이지요 ― 유랑하다 지구상에서 없어진 것입니다.

이것은 우리나라의 기독교도 마찬가지입니다. 한국은 동아시아 국가 가운데 유일하게 기독교가 성공한 나라입니다(아직까지는 그렇다는 것이고 나중엔 어떻게 될지 잘 모릅니다). 신자가 불어나는 속도가 일찍이 다른 나라에서는 그 유사한 예를 본 적이 없습니다. 특히 한국 가톨릭의 경우 로마 바티칸에서는 한국이 얼마나 소중한지 모를 겁니다. 아시아 제국에서 천주교는 그다지 성공을 못 거두었는데 한국만이 500만 신도라는 괄목할 만한 성공을 거두었으니 말입니다. 개신교는 세계 최대 교회의 기록부터 해서 그 세계 기록들이 현란할 지경입니다.

한국에 사는 우리들은 한국이 얼마나 기독교화 됐는지 잘 모를 수 있습니다. 교회가 많이 있지만 이제는 워낙 익숙한 터라 그다지 이상하게 생각하지 않습니다. 그러나 한 집 건너 교회가 있는 모습은 한국 개신교의 종주국인 미국에서도 발견할 수 없는 진귀한 현상임에 틀림없습니다. 그래서 한국의 기독교화는 전 세계 기독교계에서도 설명이 잘 안 되는 미스터리로 남아 있습니다.

이러한 현상을 두고서 여러 해석이 많습니다만 워낙 큰 주제라 여기서 가볍게 왈가왈부할 것은 아닙니다. 그런데 이런 엄청난 문제에 대해 한국의 신학자들이 별로 관심이 없다는 게 이상합니다. 이 주제를 가지고 학술 대회가 한 번도 열리지 않은 것을 보면 그 사정을 알 만합니다. 간혹 몇몇 신학자들이 단편적으로 이 문제에 대해 답을 내놓는 경우는 있었습니다. 그중에 한 설명을 들어 보면, 한국에서 기독교가 창궐할 수 있었던 것은 한국 사상에 기독교와 같은 점이 있기 때문이라는 것입니다.

그 비슷한 점 가운데 가장 대표적인 것은 최고신 관념입니다. 그들에 따르면 한국 사상에는 이미 기독교의 최고신과 같은 존재와 개념이 있어서 기독교를 받아들일 때 거부감이 없었다고 합니다. 이 점에 대해서는 제가 「한국인의 신관」(『종교신학연구』 8집, 1995)이라는 제 논문에서 반박한 적이 있습니다. 제 주장은 아주 간단합니다. 만일 한국인들에게 최고신 개념이 있었다면 그 흔적이 남아 있어야 하는데 그런 게 하나도 없다는 것이지요. 역대 한국인들이 가장 중요하게 생각한 신은 조상신과 무교를 포함한 민간 신앙에서 신봉되는 신들인데, 이 신들은 모두 한국인들의 일상생활에 그 흔적을 남겼습니다. 제사라든가 굿, 민속 의례 같은 데에서 보이는 그들의 흔적이 그것입니다.

이에 비해 한국인들이 최고신을 섬긴 흔적은 어디에서도 찾아볼 수 없습니다. 한국인들은 서낭신이라든가 성주신, 산신 같은 작은 신 섬기기를 좋아했지 기독교의 신 같은 절대신에 대해서는 별 관심이 없었습니다. 제 생각에 한국인들에게 절대신 개념이 있다는 것은 신학

산신. 1900년대 평양.

임경업 장군. 1900년대 황해도 연백.

자들의 희망에 불과한 것 아닌가 싶습니다.

저는 기독교가 한국에서 성공할 수 있었던 가장 큰 이유로 우선 한국의 초대 대통령(이승만)이 기독교인이었다는 데에서 찾고 싶습니다. 사실 그 다음 대통령(윤보선)도 기독교도였고, 같이 있었던 수상(장면)도 기독교인이었습니다만 가장 중요한 것은 처음입니다. 이승만이 대통령이 되면서 한국은 어쩔 수 없이 기독교를 우호적으로 대하는 쪽으로 나아가게 된 것이지요. 이승만의 정치적인 속셈이 바로 '친미적인 기독교 정권'을 만드는 것이었으니 그 뒤의 사정은 알 만하지 않겠습니까?

그 결과로 생각되는데, 가장 유력한 민족 종교 집단인 불교를 '대처승'과 '비구승'으로 나누어 싸우게 만들었을 뿐만 아니라 지원을 하지 않음으로써 사회의 실세 자리에서 벗어나게 합니다. 그사이 기독교는 여러 지원 정책에 힘입어 다른 종교 집단들이 미처 정신을 차리지 못하는 사이에 한국 종교계를 잠식합니다.

이렇게 시작부터가 달랐으니 불교 같은 민족 종교들이 기독교를 따라 잡는 일이 어려웠을 겁니다(한국인들이 섬기는 성인 가운데 가장 빨리 그 생일이 국가 경축일이 된 것은 예수의 생일인 크리스마스입니다. 이 역시 기독교도들이 권력과 밀착되어 있음을 방증해 줍니다).

제가 이렇게 정치 이야기를 시시콜콜하게 하는 이유는 우리의 삶에서 정치나 권력이 그렇게 중요하다는 것을 보여주기 위해서입니다. 그러니까 종교와 같은 초세속적으로 보이는 것도 사실은 권력에 의해 결정된다는 것을 말하려고 이렇게 장황하게 이야기한 겁니다. 우리가 생각하는 무교의 이미지, 즉 무지몽매한 여자들이 잡신에게 소원이나 비는 미신에 불과하다는 무교의 이미지는 바로 권력을 잡은 실세들에 의해 만들어진 것입니다. 이 실세란 다름 아닌 유교나 기독교로 무장한 남성들이지요. 이들의 입장에서 주변 종교에 불과한 무교를 사정없이 재단(裁斷)한 것입니다.

조선 시대에는 외래 사상인 성리학으로 무장한 양반들이 무교를 폄하해서 무속이라고 부르기 시작했습니다. 무속이란 '무의 풍속'이라는 뜻도 있겠지만, 주로는 '저속'하다는 의미에서 '속'이라고 표현한 것입니다. 그래서 종교학에서는 무속이라는 말을 쓰지 않습니다. 종교학에서는 '무교'라고 쓰는 것이 보편적이고 그냥 '무'라고 표현하는 경우도 더러 있습니다. 무교도 엄연한 종교인데 그것을 저속하다는 의미에서 '무속'이라고 부르면 안 되겠다는 생각에서 그렇게 하는 것입니다.

그런가 하면 해방 이후 한국의 교육 체계는 미국서 교육받은 사람들에 의해 만들어집니다. 기독교적 합리주의(?)를 가지고 한국의 전통 종교를 대했던 그들의 입장에서 보면 무교는 잡신 덩어리였습니다. 그러니 교과서 등에 무교가 긍정적으로 등장할 수가 없었겠지요. 이런 식으로 한국의 근본 종교인 무교는 매우 부정적인 이미지로 각인됩니다. 그래서 우리는 영문도 모르고 우리의 근본 신앙인 무교를 미신으로 매도하게 된 것입니다. 즉 우리의 전통을 우리의 시각으로 본 것이 아니라 외국 문화의 관점에서 본 것이지요. 조선조에는 중국의 성리학 입장에서 보았고, 해방 뒤에는 기독교적 입장에서 본 것입니다. 지금은 많이 좋아졌지만 한국인들은 아직도 자신의 전통을 자신의 시각이 아니라 타자의 시각에서 보고 있습니다.

그런데 제가 여러 곳에서 강의를 하면서 보니까 무교를 종교라고 부르는 것에 대해 많은 이들이 큰 거부감을 갖고 있는 것을 알 수 있었습니다. 심지어는 종교학을 전공한 이 가운데에서도 무교를 종교로 받아들이는 데에 거부감을 가진 사람이 있으니 일반 독자들이 그렇게 생각하는 것은 전혀 이상한 일이 아닙니다. 이런 사람들은 무교를 불교나 기독교 같은 수준 높은 종교가 아니라 질이 한참 떨어지는 민간의 습속처럼만 이해하고 있는 것이지요.

무교는 엄연한 종교입니다. 물론 종교를 어떻게 정의하느냐에 따라 조금 다를 수도 있지만 무교는 초월적 존재(신령)와 사제(무당)와 신도들을 모두 갖춘 순전한(genuine) 종교입니다. 객관적으로 보면 무교는 불교나 기독교와 같은 과에 속하지만 그 주된 특징은 불교나 기독교와는 많이 다른 종교로 이해됩니다. 무교가 세계 종교와 같은 과에 속한다고 하면 많은 분들이 놀랄지 모르겠습니다만 그런 태도가 바로 기성 문화나 종교들에 의해 세뇌되었다는 것을 말해 준다고 보면 되겠습니다.

무교는 그동안 실세의 자리에 있었던 적이 한 번도 없기 때문에 무교의 주인공들은 그저 힘 있는 자들이 하는 대로 따라갈 수밖에 없었습니다. 다시 말해 무교는 항상 남성들의 세계에서 소외된 여성들의 종교였기 때문에 기득권자인 남성들이 규정하는 대로 갈 수밖에 없었던 것입니다.

이게 지금 우리가 무교에 대해 갖고 있는 이미지입니다. 이것은 잘못된 이미지입니다. 따라서 더 이상 여기에 속아서는 안 되겠습니다마는 워낙 이 이미지가 강하게 각인되어 있어 극복하기가 힘듭니다. 동북아시아 국가 가운데에 유독 한국인들만이 자신들의 전통에 인색하고 폄하하는 기운이 강합니다. 이웃 국가인 중국이나 일본을 보면 자신들의 전통을 한국인들처럼 폄하하지 않습니다. 물론 중국은 문화혁명 때 정치적인 이유 때문에 전통적인 것이 모두 매도된 아픈 경험이 있었다는 것을 잊어서는 안 되겠습니다. 그러나 그렇다고 해서 그들의 민족 종교인 도교를 미신으로 매도하지는 않습니다. 중국의 도교는 기능적으로 볼 때 한국 종교에서 무교가 하는 역할과 거의 같은 일을 하고 있습니다. 중국에 가면 도관, 즉 도교의 사원들이 즐비하게 널려 있습니다. 그곳에는 민간에서 숭앙되는 극히 다양한 신들이 모셔져 있고, 사람들은 그저 단순한 마음으로 그 앞에서 향을 태우면서 복을 빕니다. 이 흔적을 보려면 굳이 중국에 갈 필요도 없이 동대문 바로 밖에 위치한 동묘에 가면 발견할 수 있습니다. 지하철 1호선과 6호선 '동묘앞' 역에서 내리면 나오는 동묘에는 관우나 유비 등이 모셔져 있는데, 사람들은 거기다 대고 그저 빌 뿐이지 여기에 무슨 높은 교리가 있는 것은 아닙니다. 이런 것들이 중국에는 널려 있다는 것입니다. 중국은 사회주의 국가인데도 불구하고 이런 신앙을 미신으로 매도하거나 금한다거나 더 나아가서 창피해 하지도 않습니다.

일본의 경우는 더 시사하는 바가 많습니다. 일본의 샤머니즘은 말할 것도 없이 신도(神道)입니다. 신도라는 단어는 고유명사가 아니라 보통명사입니다. 그만큼 신도는 일본인들에게 자연스러운 신앙이라는 얘기입니다. 이 신도에서도 민간에서 인기 있는 신은 다 모십니다. 그

동묘 중문과 정전

렇게 모셔 놓고 그저 복 달라고 비는 겁니다. 그래서 신도에 뾰족한 교리가 있는 게 아닙니다. 여기에 모셔져 있는 신들을 보면 별의별 신이 다 있습니다. 그중에 고양이신은 아주 인기 있는 신인데, 이 정도면 신도가 얼마나 자연스러운 민속 신앙인지 알 수 있을 겁니다. 그런데 이런 신도를 두고 미신에 불과하니 없애 버리자고 하거나 신사를 사람들이 안 보이는 곳으로 몰아내야 한다는 그런 움직임은 전혀 없습니다. 현실은 그와 정반대이지요. 일본 전역이 신사로 휩싸여 있다고 해도 틀리지 않을 정도로 신사가 많기 때문입니다. 도쿄 시내처럼 땅값이 말할 수 없이 비싼 지역에도 어김없이 신사가 있습니다. 아니 길모퉁이나 건물 모퉁이 등에 공간만 나면 작은 신사라도 만들어 놓는 게 일본인들입니다.

일본의 신사 중에는 정말로 아름다운 것들이 많습니다. 그래서 유네스코가 선정한 세계유산에도 많은 신사가 등재되어 있습니다. 몇 해 전에 교토 근처에 있는 이세(伊勢)시에 간 적이 있는데, 이곳은 일본을 창조한 신으로 알려진 아마테라스 오미카미(天照大神)를 모신 이세 신궁이 있는 것으로 그 이름이 널리 알려져 있습니다. 이 신은 일제기에 총독부가 남산 중턱에 '조선 신궁'을 크게 만들어 모시던 신이기도 합니다. 이곳(이세 신궁)에 가보니 면적만 600만 평이라고 하더군요. 그리고 조경이나 건축 디자인을 아주 잘 해놓아 성스러움과 신비감을 강하게 느낄 수 있었습니다. 최근(2011)에 갔던 나라(奈良)에 있는 춘일대사(春日大社)도 세계문화유산으로 지정되어 있는데 그 아름다움이 격을 달리하더군요.

일본 나라현에 있는 춘일대사

일본인들은 이렇게 자기들의 고유 신앙을 끔찍이도 모십니다. 그래서 국제적으로도 인정을 받아, 세계 종교사 책을 보면 일본 종교에 대한 설명은 항상 한 장(章)이 할애되어 있고 그 안에는 신도에 대한 부분이 반드시 있습니다. 일본인들이 자기 신앙을 떳떳하게 견지하고 있으니 전 세계 어느 누구도 신도를 폄하하지 않는 것입니다.

이에 비하면 우리들은 어떻게 하고 있습니까? 되풀이되는 이야기입니다마는 우리는 누가 시킨 것도 아닌데 스스로 남의 시각을 자기 것인 양 받아들여서 자신의 근본 신앙을 무시하고 있지 않습니까? 이런 시각에서 무교와 다른 종교와의 관계에 대해서 좀 더 볼 것이 있습니다. 한국인들이 지금까지 자신들의 종교를 바라보았던 시각은 철저하게 중국식이었기 때문입니다. 근자까지 중국식이었다가 (일본식을 거쳐서) 이제는 미국식이 되었지요. 좌우간 이 점을 다시 잠깐 보았으면 좋겠습니다.

한국의 종교 전통은 유불선이 아니다

한국의 전통 종교가 유불선이 아니라는 것은 제가 수년 전에 출간한 단행본 『최준식의 한국 종교사 바로 보기』(한울)와 『한국 문화는 중국 문화의 아류인가』(소나무)에서 밝힌 바 있습니다마는 이렇게 강의 형식으로는 처음으로 이야기합니다. 이 두 책은 전문 학술서이기 때문에 일반 독자들은 거의 가까이하지 않았을 것으로 생각됩니다. 따라서 여기서 생생한 예와 함께 쉬운 구어체로 다시 소개하는 것은 나름대로 의미가 있겠습니다.

　이 주제는 대단히 중요한 것인데도 일반이든 학계이든 별 반응이 없었습니다. 그 이유 중에 하나가 너무 전문적인 지면을 통해 학설을 발표한 때문이 아닌가 싶습니다. 그러나 한 나라의 주요 종교 전통을 올바른 시각에서 바라보는 것은 대단히 중요한 일입니다. 왜냐하면 종교는 그 종교를 신봉하는 나라 사람들이 견지하고 있는 내적인 가치관을 결정하기 때문입니다. 어떤 종교를 믿느냐에 따라 사람들의 생각이 완전히 달라질 수 있습니다.

　이러한 예에 대해서는 멀리 갈 것도 없이 우리 한국을 보면 됩니다. 한국인들(의 사회적 성격)이 다른 나라 사람들과 가장 구별되는 것은 그들이 유교를 자신들의 가치관으로 받아들인 데에서 찾을 수 있습니다. 이 점은 저의 다른 책 『한국인에게 문화는 있는가』(사계절)에서 상세히 밝혔습니다. 한국인들은 효가 중심이 된 가족주의(혹은 우리주의)를 받아들이고 있고 나이나 근무 연한을 따지는 서열 중심의 문화에 함몰되어 있습니다. 이것이 모두 유교에서 비롯되었다는 것은 너무나 당연한 이야기입니다.

　이런 시각에서 볼 때 한국의 종교 전통을 제대로 살펴보는 것은 한국인을 이해하려 할 때 대단히 중요한 일이 아닐 수 없습니다. 그런데 예로부터 우리는 한국의 전통 종교가 항상 유불선이라고 배워 왔습니다. 예를 들어 신라의 화랑도들이 석가와 공자와 노자의 서책을 읽으면서 수행을 했다고 하거나, 동학을 세운 수운이 "(조선에서) 유불선은 운을 다 했다"는 식으로 말하는 것이 그러합니다. 한국 종교를 이렇게 보는 시각은 그 직접적인 영향을 여러 군데에 남깁니다.

그중의 한 예로 한국미를 이야기할 때 미술사학자들이 한국미를 형성한 사상적인 배경에 노장 사상이 있다고 주장하는 것을 들 수 있습니다. 한국의 예술품에는 자연친화적인 요소가 있고 여백처럼 비어 있는 것이 많이 발견되는데 미술사가들은 이런 것들이 노장 사상의 영향이라고 아무 의심 없이 주장합니다. 그런데 한국에는, 특히 조선(의 종교 사상계)에는 노장 사상이 발붙일 데가 없습니다. 한국에 도교가 어떻게 수용됐는가는 또 다른 큰 주제이기 때문에 여기서 깊게 파고들지 않겠습니다. 그러나 확실한 건 한국에는 전 역사를 통틀어 노장을 포함한 도교 사상은 정착되지 못했다는 것입니다. 이 점은 지금까지 남아 있는 유적을 보면 됩니다. 어떤 사상이 사회에 정착되고 꾸준히 지속되면 분명히 흔적을 남기게 됩니다. 불교나 유교를 보십시오. 전 국토에 걸쳐서 절과 서원, 그리고 향교를 발견하는 것은 아주 쉬운 일 아닙니까? 그런 물질적인 것만 있는 게 아니죠? 그런 기관에는 반드시 사람들이 있어 그 기관을 운용하고 있습니다. 그것이 사제가 됐든 신도 공동체가 됐든 분명 사람들이 형성한 공동체가 있습니다. 그리고 그 사람들이 무엇인가를 하지요? 그게 종교 의례가 됐든 그 외의 활동이 됐든 말입니다. 이런 식으로 어떤 종교든 유형의 족적과 무형의 흔적을 남겨야 그 종교가 정착되었다고 하는 것입니다.

그런데 보십시오. 한국에서 중국 도교의 족적을 발견할 수 있습니까? 우선 도교의 사원에 해당하는 도관을 찾아볼까요? 한국에 제대

중국 장수 관우를 모신 전주 관성묘(關聖廟)

동묘 주변에 있는 점집들

로 된 도관이 어디 있습니까? 중국 여행을 가 보십시오. 도관이 지척에 깔려 있습니다. 절만큼 많은 것이 도관입니다. 이에 비해 한국에는 도관이라 할 만한 게 거의 없습니다. 앞에서 본 동묘 정도나 있을까요? 그런데 이 동묘에도 중국의 도관처럼 사제나 신도들의 공동체가 형성되어 있는 것은 아닙니다. 그저 건물만 있는 것이지요. 그래서 거기에 무슨 도교식의 종교 의례가 있을 리 없습니다. 아니 이곳에서 하는 종교 의례는 무당들이 하는 굿(혹은 치성)밖에 없습니다. 사실 동묘는 문화재이기 때문에 건물 안으로 들어갈 수 없습니다. 그런데 그곳에 모셔져 있는 관우가 영험하다는 소문이 나서인지 무당들이 어떻게 해서든 들어가서 치성을 드리곤 합니다. 게다가 동묘 주위에는 무당집이 많습니다. 이것 보십시오. 기껏 도교 관계 유적이 하나 있는데 거기서 이루어지고 있는 종교 의례는 무교의 것이니 말입니다. 이처럼 중국의 도교는 이 땅에 정착된 적이 없습니다. 도교가 들어오고 싶어도, 혹은 한국인들이 받아들이고 싶어도 무교가 버티고 있으니 그렇게 안 된 것입니다.

대신 무교의 족적을 보십시오. 여러분들은 굿당이 얼마나 많은지 아십니까? 아니, 그 이전에 무당들이 자신의 집에 만들어 놓은 신당을 보아야 합니다. 이게 무교의 사원에 해당하기 때문입니다. 무당들은 모두 자신만의 몸주(Lord Spirit)가 있습니다. 그들은 이 신령을 모시는 공간을 마련해야 하는데, 보통 자기 집 안에 방 하나를 비워 이 공간을 만듭니다. 그들은 여기에서 매일 사제로서 신령을 섬기는 의례를 합니다. 이것은 가톨릭의 신부가 매일 자신의 교회에서 자신이 섬기는

신당에 모신 최영 장군상

신에게 미사를 드리는 것과 정확하게 같습니다. 모시는 신은 다르지만 그 구조는 똑같다는 것입니다.

이렇게 무교를 자꾸 가톨릭에 비교하면 교인들은 싫어하겠습니다마는 종교학에서는 종교의 우열을 가리지 않고 객관적으로만 이야기하기 때문에 별 문제가 되지 않습니다. 아울러 이 신당을 중심으로 신도가 형성됩니다. 이른바 단골들이지요. 우리 일상용어 중에 단골손님이라는 말이 있지요? 이게 바로 무교에서 나온 말입니다. 신자들을 단골이라 부르는데 이것은 원래 무당을 뜻하는 말이었습니다. 학자들의 추측에 따르면 단골은 단군에서 나왔다고 하지요. 이것은 무당을 지칭하는 단어로 그 뜻은 높은 스승이라고 합니다.

어떻든 이런 무당 주위에는 일종의 신도 공동체가 생겨나게 마련입니다. 그런데 이 신도들을 무당 혼자서 관장하니 그 규모는 그리 크지 않습니다. 그래도 어떻든 신도 공동체라 할 수 있지요. 여기에 속한 신도들 가운데 무교의 전형적인 종교 의례인 굿을 할 필요가 있으면 무당은 자신의 신당이 작으니까 큰 굿당을 빌려서 합니다. 그러나 자신의 신당이 충분히 크면 그냥 자기 신당에서 굿을 할 수도 있습니다. 어떻든 무교에는 이와 같이 모든 것이 다 있으니 살아 있는 종교라 할 수 있지 않겠습니까?

무교는 과거의 종교가 아니다

사정이 이런데도 한국 종교에는 무교를 넣지 않습니다. 게다가 무교는 결코 과거의 종교가 아닙니다. 왜냐하면 지금도 현재진행형으로 아주 인기리에 횡행되고 있기 때문입니다. 이 점에 대해 간단하게 볼까요?

우선 무당의 숫자를 보십시오. 종교 사제 중 무당은 가장 많은 숫자를 자랑합니다. 무당이 사제라고 하니까 조금 이상하게 들리나요? 이때 무당이 사제라는 것이 무엇을 뜻할까요? 사제란 종교 의례를 집전할 수 있는 권한을 가진 사람을 말합니다. 가장 비근한 예가 가톨릭의 신부입니다. 가톨릭에서는 '미사(mass)'라는 그들만의 독특한 의례를 집전할 수 있는 권리가 신부에게만 있답니다. 이것은 무당도 마찬가지입니다. 굿은 무당만이 집전할 수 있기 때문입니다. 시중에 점복을 하는 사람들이 많이 있지만 그들이 모두 무당은 아닙니다. 무당은 반드시 신내림을 받아 신령들과 교통할 수 있는 능력을 얻어 굿을 할 수 있는 사람을 말합니다. 이렇게 할 수 있는 무당이 얼마나 되는지는 아무도 모릅니다. 왜냐하면 그들을 한데로 묶은 기관이 없기 때문입니다. 그래서 추정할 수밖에 없는데 전문가들은 현재의 무당 숫자를 대체로 20만 내지 30만으로 잡습니다. 여기다 무당은 아니지만 점을 보는 것같이 무당과 비슷한 업무를 하는 사람들까지 합하면 그 숫자가 50만이 넘을지도 모릅니다. 이렇게 많은 인원들이 모두 먹고살고 있습니다. 그만큼 수요가 있기 때문입니다.

폴란드 국기를 닮은 무당 깃발. 전주 한옥마을.

이렇게 무당이 많은데 왜 우리들은 전혀 알지 못하고 있었을까요? 그것은 무당들의 집이 드러나지 않기 때문입니다. 사실 무당들의 집은 서울은 말할 것도 없고 전국 도처에 깔려 있습니다. 그들의 집 앞에는 일명 '폴란드 깃발'이라는 것이 걸려 있습니다. 흰 기와 빨간 기가 같이 걸려 있기 때문입니다. 그게 폴란드(혹은 멕시코) 깃발과 꼭 닮았기에 재미있어 한번 붙여 본 이름입니다. 저는 전공이 (한국) 종교라 그런지 이 깃발이 걸려 있는 집을 자주 목격합니다. 그런데 독자들은 그런 깃발이 있는 집을 보아도 사전 지식이 없으니 그냥 지나쳤을 겁니다. 심지어는 우리나라의 중요 관광 명소 중에 하나인 전주 한옥마을에 가도 버젓이 무당집들이 연이어 있는 것을 발견할 수 있습니다. 서울 같으면 북촌 한옥마을에 무당집이 있는 것과 같은 것인데 이것은 상상도 할 수 없는 일 아닙니까? 이에 비해 전주는 아직 우리나라의 민간 신앙에 관대한가 봅니다.

이렇게 많은 무당들이 있다는 건 한국인들이 많이 찾고 있기 때문입니다. 왜 그런 말이 있지 않습니까? 한국인들이 문제를 풀다 풀다 안 풀리면 마지막으로 가는 곳이 무당집이라고 말입니다. 한국인들은 어떤 종교를 믿든 그 신앙 패턴이 꼭 같습니다. 겉은 유교식이고 속은 무교식이기 때문입니다. 그래서 사회학에서는 한국인을 대상으로 설문 조사를 할 때에는 종교를 밝히는 칸을 아예 두지 않는다고 하더군요. 왜냐하면 한국인들은 불교를 믿든 기독교를 믿든 사고 구조는 똑같기 때문이라는 것이지요. 다시 말해 한국인들은 평상시에는 유교식으로 생활하다 문제가 발생하면 무당식으로 해결한다는 것입니다. 한국인들은 이 점을 인정하지 않을지 몰라도 외국인들 눈에는 이렇게 보인답니다.

그런가 하면 이 많은 무당들이 굿을 해야 먹고살 텐데 굿을 하려면 굿당이 필요합니다. 무당들이 집에 차려 놓은 신당은 너무 작기 때문에 굿하는 것이 힘들 때가 많습니다. 그래서 큰 굿당을 빌려서 굿을 하는 것이지요. 여러분들은 이 굿당을 잘 보지 못했을 겁니다. 그러나 굿당은 전국 도처에 깔려 있습니다. 서울에도 많습니다. 제가 다녀 본 곳만 해도 십여 군데는 됩니다. 가장 유명한 인왕산 국사당부터 국민대 옆에 있는 약수암, 미아리 향천사 등등 다 거론하기가 힘들 정도입니다.

한번은 계룡산을 갔습니다. 계룡산은 무당들이 매우 신성하게 생각하는 산이지요. 이 산은 이상하게도 무당을 포함해서 민간 종교인들이 아주 좋아하는 산입니다. 이 산에 가면 계룡산의 산신을 모시고 있는 중악단(中嶽檀)이 있습니다. 중악단은 우선 건물이 아주 훌륭합니다. 아주 독특한 구조를 갖고 있는데 제가 보기에 이 건물은 민간 신앙 터에 있는 건물 가운데 가장 훌륭한 것입니다. 혹시 계룡산에 가시면 꼭 이곳을 답사를 하시기 바랍니다. 그런데 재미있는 것은 중악단 주위에 온통 무당집이 있었다는 것입니다. 중악단 밑의 마을과 도로에 무당집들이 즐비해 있었습니다. 아마 땅기운이 좋아 이곳에 모인 것일 터인데, 그래도 그렇지 이 외진 산골에 무당집이 많은 게 아주 이상하게 보였습니다.

이처럼 이런 산골에도 무당집이 많으면 일반 도회지에는 얼마나 많

계룡산룡신을 모시는 중악단

겠습니까? 사실은 이런 식으로 전국에는 굿당이 널려 있습니다. 그런데도 일반인들이 그 사실을 잘 모르는 이유는 굿당들이 보통 후미진 데에 있기 때문입니다. 인왕산 국사당은 사실 시내 중심에서 지척의 거리에 있습니다. 3호선 독립문역에서 약 15분이면 올라갈 수 있으니까요. 아니 차로 가면 5분도 안 걸립니다. 그런데 그곳에 그런 것이 있다는 것을 아는 서울 사람은 극소수에 불과합니다. 아마 그곳에서 굿을 해 본 사람이나 거기에 굿당이 있는 것을 알 겁니다. 사실 그 밑 독립문 사거리 주위에도 무당집들이 꽤 많지요.

그런가 하면 국민대 옆에 있는 굿당인 약수암은 그 위치가 더 극적입니다. 이 굿당은 국민대 정문을 바라보고 바로 왼쪽에 있습니다. 그곳에서 걸어서 3~4분밖에 안 걸리니까 아주 가까운 겁니다. 그런데 밖에서는 전혀 안 보입니다. 철저하게 가려져 있기 때문입니다. 그러나 들어가 보면 굿을 할 수 있는 방이 여럿 있는 굿당이 있답니다. 그리고 따로 산신을 모신 곳이 여러 군데 있습니다. 문제는 경내가 청소나 정리가 잘되어 있지 않아 너저분하게 보인다는 것입니다. 한번은 외국인들을 데리고 갔었는데 아주 낯이 뜨거웠던 기억이 납니다.

그런데 그런 지저분한 곳에 아주 진귀한 풍경이 있습니다. 물론 저야 자주 보는 장면입니다마는, 지저분한 주변 모습과는 안 어울리게 무당들은 화사하기 이를 데 없습니다. 아주 고운 한복을 입고 머리에도 많은 치장을 하고 있으니 마치 연예인들 같습니다. 그런 화려한 무당 여럿이 온갖 가무를 하면서 소리를 치고 울고 웃고 있었습니다.

한번은 미아리에 있는 굿당(향천사)에 간 적이 있습니다. 그런데 마침 작은 방에서 무당이 진적굿을 하고 있었습니다. 진적굿이란 신자들의 부탁을 받아 하는 굿이 아니라 무당이 자기가 섬기는 신령을 위해 하는 굿으로 가장 성대하게 치릅니다. 이 굿은 정기적으로 1~2년에 한 번씩 하는데, 돈을 많이 들이기 때문에 악사들도 제대로 초청하고 무당 자신도 자기가 갖고 있는 것 가운데 가장 좋은 것들만 꺼내 하는 아주 성대한 굿입니다. 몇 년 전만 해도 이런 굿 한 번 하려면 2천만 원은 족히 든다고 하던데 지금도 그보다 돈이 더 많이 들면 들지 더 적게 들지는 않을 겁니다. 그러니 얼마나 굿을 성대하게 하는 것입니까? 그래서 이런 굿을 한다는 소식을 들으면 저는 만사 제쳐 놓고 그 굿을 보러 갑니다.

미아리 굿당에서 봤던 진적굿도 화려하기 이를 데 없었습니다. 제단을 보니 산해진미로 높게 쌓았을 뿐만 아니라 보통 때는 잘하지 않는 전지(剪紙), 그러니까 종이를 오려서 만든 장식까지 있어 말할 수 없이 화려했습니다. 게다가 무당은 내가 한 번도 보지 못했던 지극히 화려한 한복을 각 거리마다 달리 입고 굿을 하고 있었습니다. 그런데 그 굿이 벌어지는 장소는 아주 초라한 작은 방에 불과했습니다. 이런 두 종류의 상황은 이상한 대조를 이루었습니다. 방 안에서는 수백수천 년 된 고대 종교 의례가 지극히 화려하게 펼쳐지고 있는데 그 의례를 담은 집은 꾀죄죄하기 짝이 없으니 말입니다. 우리의 민속 의례를 담은 그릇이 형편없었던 것이지요. 이것이 바로 우리가 우리의 민속 종교를 대하는 모습입니다. 이처럼 훌륭한 의례를 저렇게 지저분한 곳에서 연행하고 있는 겁니다. 이 정도면 아예 팽개친 것이나 다름없습니

진적굿의 화려한 제상

다. 누천 년 된 우리의 민속이 간신히 연명하고 있는 모습이었죠. 일전에 용인 근처에 있는 새 절을 다녀온 적이 있는데 그곳 주지 스님은 그 절 만드는 데에 400억 원을 들였다고 자랑하더군요(그 절의 이름은 개인의 신상에 관계되니 밝히지 않겠습니다). 자기가 돈 벌어 자기 마음대로 쓰는 것을 뭐라 할 수는 없지만 그에 견주어 볼 때 우리 민속이 초라하다는 느낌을 지울 수 없었습니다.

이야기가 좀 옆으로 샜습니다만, 어떻든 제가 여기서 말하려는 것은 무교가 실체가 없는 전통이 아니라는 것입니다. 한국인들이 그렇게 무시하고 감추려 해도 이렇게 버젓이 남아 음적으로나마 융성하고 있다는 것을 보여주려 했던 것입니다. 이에 대한 자세한 사정은 앞에서도 언급한 제 졸저 『무교 — 권력에 밀린 한국인의 근본 신앙』을 참고하시면 되겠습니다마는 이 책을 냈을 때 공감하는 사람들이 조금은 있었던 것으로 봐서 제 생각이 약간은 받아들여지는 것 같습니다. 그러나 일본인들이 신도를 대하는 것처럼 한국인들이 무교를 대하는 태도가 바뀌려면 적어도 수십 년의 세월이 필요하지 않을까 하는 생각입니다.

증산교의 교조 강증산이 이미 말한 것이지만, 한국인들이 동서양의 각 나라에 팔아 버린 정신적인 주권을 되찾아야 자신들의 귀중한 중심 신앙에 대해 생각하지 않을까 싶습니다. 무교가 죽은 것이 아니라는 것을 강조하다 여기까지 왔는데 다시 우리의 주제로 돌아가 한국 종교사 속에서 무교의 위치를 보겠습니다.

한국의 전통 종교는 '유불선'의 순서로 말할 수 없다

지금까지 주로 무교에 대해서만 이야기했는데 지금부터는 다른 종교와 관계를 지어 이야기해 보겠습니다. 우리가 먼저 의문을 가져야 하는 것은 유불선이라고 할 때 그 순서입니다. 우리는 아무 생각 없이 학교에서 배운 대로 "한국 종교는 유불선이다"라고 되뇌곤 하는데, 이게 얼마나 잘못된 생각인지는 금방 알 수 있습니다.

가장 잘못된 것은 유교가 맨 앞에 오는 것입니다. 생각해 보십시오. 유교는 우리나라 역사를 통틀어 조선조가 되어서야 사회의 중심 종교가 되었지 그 이전에는 실세였던 적이 없지 않습니까? 따라서 유교가 맨 앞에 나오면 안 됩니다. 유교가 맨 앞에 나오는 것은 조선조에만 해당되는 것입니다. 그 대신에 삼국 이후부터 고려까지는 실세인 불교가 맨 앞에 와야 합니다. 그리고 선교(혹은 도교)는 앞에서 말한 것처럼 이 공식에 있어서는 안 되겠죠? 도교는 한국에 정착된 적이 없으니 말입니다. 그러면 유불선은 도대체 어디서 나온 공식일까요? 이 정도면 대강 짐작이 가겠죠?

그렇습니다. 유불선은 중국 종교를 말하는 공식이었습니다. 왜 중국 종교에서는 유교가 가장 먼저 나와야 할까요? 그것은 중국에서는 유교가 중심의 자리를 잃어 본 적이 없기 때문입니다. 물론 이민족이 지배할 때에는 조금 다른 양상이 있었지만 중국 유교의 중심에는 항상 황제가 있었습니다. 이때 황제란 하늘의 아들이자 백성의 아버지로서 유교의 가부장적 질서를 대표하는 인물을 말합니다. 그래서 중국 정치의 중심에는 항상 유교가 있었습니다. 반면 불교와 도교는 유교 다음의 위치를 차지했는데 종교적 규모나 역사를 볼 때 중국 도교는 불교에 상대가 안 되니 당연히 불교가 도교 전에 나와야 합니다.

사실 유불선 세 종교 간에는 복잡한 교류사가 있는데 그것은 꽤 전문적인 것이니 여기서는 설명하지 않겠습니다. 더 관심이 있는 독자는 구보타 료온(久保田量遠)이라는 일본학자가 쓴 『중국 유불도 삼교의 만남』(민족사, 1990)이라는 책을 참고하시면 좋겠습니다. 이 책은 중국의 유불도 삼교 교섭사를 다룬 책 중에 고전에 속합니다. 이 책의 제목도 '유불도'의 순서로 되어 있지요? 당연히 중국의 종교를 말할 때는 이 순서로 적어야 합니다.

사정이 이렇다면 다음과 같은 의문을 피할 수 없을 겁니다. 왜 한국인들은 자기 종교를 바라볼 때 중국 종교의 시각에서 조망했느냐는 것이지요. 제 설명은 이렇습니다. 아마도 과거의 한국인들, 특히 조선조의 한국인들은 – 그중에서도 양반들 – 자신이 한국인이라는 데에 대한 정체성이 대단히 희박했던 모양입니다. 대신에 자신들이 중국인이라는 생각이 강했던 것 같습니다. 그래서 종교도 중국적인 입장에서 바라본 것이지요. 사실 조선 사람들은 조선의 역사나 문화에 대해 대체로 무지하거나 무관심한 채로 살았습니다. 국민들이 자신이 속한 사회에 대해 문화적인 정체성을 가지려면 일상생활적인 요소나 교육을 통해서만 가능한 것인데 조선은 일상 의례나 교육의 내용을 거의 중국식으로 진행한 것을 알 수 있습니다.

예를 들어 조선 사람들의 일생에서 가장 중요한 사건이라 할 수 있는 관혼상제 의례를 보십시오. 이 의례들에는 조선적 변용이 약간씩 있었지만 기본적으로는 주자가례에서 영향 받은 바가 큽니다. 현대 한국인들은 전통식의 결혼이나 장례 혹은 제례가 한국 고유의 전통이라고 생각하기 쉽지만 기본적인 틀은 주자가례에서 따온 것입니다. 한번은 한국의 어떤 민속학 전공자가 대만에 있는 대학에 가서 '염습(殮襲)'이니 '성복(成服)', 삼우제(三虞祭)' 등과 같은 우리나라의 장례 절차에 대해 설명을 하니 그 사람들이 깜짝 놀라더랍니다. 그런 관습은 자기들이 옛날에 하던 건데 한국은 아직도 그걸 따르냐고 말입니다.

이처럼 우리가 한국적이라고 철석같이 믿고 있는 관습이 기본적으로 중국의 것인 경우가 많습니다. 조선 사람들은 이렇게 일반 습속에서조차 기본 틀은 중국 것을 따랐습니다. 그래서 아마도 몸은 이 땅에 산다고 생각했겠지만 문화적인 정체성은 중국 쪽으로 더 기울었던 것 같습니다.

사정이 이렇게 될 수밖에 없는 데에는 여러 가지 이유가 있겠습니다. 우선 문자에 대해 볼까요? 조선 초에 미증유의 뛰어난 문자인 훈민정음이 창제되었지만 이 문자는 공식적으로 인정받지 못해 조선의 상류층은 중국 문자인 한자만 썼습니다(한글이 국가의 공식 문자로 인정받는 것은 훈민정음 창제 후 450년 정도가 지난 갑오경장 때의 일입니다). 게다가 개인의 이름이나 문자로 된 모든 표상들은 한자로만 표기되지 않았습니까?

그 가운데에 한국인의 이름은 압권입니다. 한국인들은 자신의 이름이 굉장히 한국적이라 생각할지 모르지만 사실 우리네 이름은 중국 것입니다. 대부분의 이름이 한자(漢字)로 되어 있고, 성(姓) 한 자에 이름 두 자로 되어 있는 나라는 아마 중국 말고는 한국밖에 없을 겁니다(베트남 북부도 우리와 사정이 비슷한 것 같습니다만). 그래서 요즘에 중국인들이 우리 보고 모두 중국인이라고 해도 할 말이 없습니다. 우리가 알아서 중국 이름을 가져다 썼으니 그들이 보기에는 그렇다는 것이지요(이에 비해 일본은 상당히 자주적으로 이름을 만들었습니다!). 물론 그런 중국인들의 주장이 억지라는 것은 말할 것도 없습니다.

이렇듯 조선 사람들은 중국적인 관습에 젖어 살았습니다. 이런 사정을 더 가속화한 것은 아마 교육 체계와 관계된 것일 겁니다. 조선 사람들은 자국의 역사를 제대로 배울 기회가 없었습니다. 물론 『동국통감』처럼 한국의 역사를 다룬 책이 초기부터 있었지만, 실제로 교육에 이용했던 책은 이런 한국 역사책이 아니라 북송의 사마광이 쓴 중국 역사책 『자치통감』이었습니다. 사내아이가 서당에서 공부할 때 『천자문』이나 『동몽선습』 같은 책을 다 보고 나면 『사서』를 보기에 앞서 공부하는 책이 바로 『자치통감』이었습니다. 그래서 이들은 요순부터 시작하는 중국 역사를 마치 자기 역사처럼 생각하고 배웠습니다. 이 것은 흡사 한국의 소수 기독교인이 자국의 역사에는 관심 없어 잘 모르면서도 구약은 통달해 이스라엘 역사에는 밝은 것과 다르지 않겠지요. 그래서 조선 사람들은 중국의 당태종이니 양혜왕이니 하는 왕(황제)들이 흡사 자기네 나라 왕인 것처럼 생각하고 매우 친숙한 인물로 생각했습니다(그러나 중국은 우리에게 그다지 관심이 없었습니다).

이런 까닭으로 생각되는데 우리가 그렇게 좋아하는 '심청전'을 보면 이상한 것이 있답니다. 여러분들은 당연히 심청이를 조선인으로 생각하시겠지요? 아닙니다. 심청전의 무대는 온통 중국(원 혹은 명)이랍니다. 심청전 초두를 한 번 들어 보십시오. 심청이네 집이 조선이 아니라 중국에 있는 것으로 나오니 말입니다. 그러니 심청이는 조선인이 아니라 중국인이랍니다. 그리고 배경 이야기들 역시 온통 중국에 관한 것들입니다. 제갈공명이 어떻고 도연명이 어떻고 항우가 어떻고 하는 식입니다. 아니 조선 사람이 어째서 이렇게 중국 이야기만 한단 말입니까? 이건 심청전과 같은 문학 작품에서만 그런 게 아니라 다른 분야도 마찬가지입니다. 조선 사람들은 입만 열면 중국이 자기 고향처럼 중국 이야기만 해댔습니다. 그런데 이렇게 중국에 대해 이야기를 하면서도 그 이야기를 듣는 조선 사람들은, 아니 현대 한국인들도 전혀 이상하게 생각하지 않습니다. 워낙 그런 분위기에서 살았기 때문입니다. 중국 문화적인 정체성이 알게 모르게 강하게 스며들어 있기 때문에 중국 역사 이야기를 들어도 이상하지 않은 것일 테지요.

이것은 오늘날 모습을 보아도 알 수 있습니다. 신문 기사를 보면 정치인이나 교수들이 고사를 인용해 말을 하는 경우가 많지요. 그런데 그 이야기들은 태반이 중국 고사와 관계된 것입니다. 증자가 어떻다느니 유방이 어떻다느니 하면서 그들이 흡사 자기 조상들인 양 이야기를 합니다. 이와 더불어 한국인들이 좋아하는 게 사자성어입니다. 한 해를 정리할 때에도 사자성어를 고르고 무슨 일이 있으면 사자성어로 표현하기를 좋아합니다. 그런데 이것도 모두 중국적인 풍습이며 중국 역사와 관계되는 이야기가 많습니다. 이렇게 한국인들처럼 외국 국민이 중국에 대해 이야기를 많이 하는 사람들도 없을 겁니다. 그런 까닭에 한국인들은 자신과 과거의 중국 문화 사이에 어떤 문화적인 갭을 느끼지 못했을 것입니다.

이제 이 정도면 왜 한국인들이 자신들의 종교를 아무 의심 없이 '유불도'라고 했는지 아시겠지요? 무의식적으로 자신들은 중국인이라고 생각하고 있었으니 중국 종교가 그냥 자기 종교가 된 것이지요. 이런 상황 때문에 공부를 많이 한 학자들도 결정적인 실수를 하는 경우가 있답니다. 앞에서도 잠깐 언급했지만 이것은 미술사학자들과 관계되는 것인데, 이들은 한국미의 사상적 배경을 이야기할 때 대부분 노장 사상의 영향을 꼽는답니다. 예를 들어 한국 그림의 여백이나 한국 건축에 나타나는 텅 빈 공간 등을 설명할 때 이것이 노장의 무(無) 사상에 영향 받은 것이라고 주장합니다. 그런데 조선이 어떤 사회입니까? 세계 종교인 불교까지 이단으로 몰아세우고 성리학만으로 똘똘 뭉친 왕조 아닙니까? 그런 세상에 웬 노장입니까? 단언컨대 조선의 선비들은 노장을 거의 공부하지 않았습니다. 아니 성리학의 지파라 할 수 있는 양명학도 인정하지 않았는데 무슨 노장입니까? 만일 조선의 선비가 노장을 공부했다고 하면 매장당합니다. 그리고 애당초 공부할 생각도 하지 않았습니다.

저는 이처럼 한국 종교사에는 도교가 전혀 정착되지 않았다고 누차 밝힌 바 있습니다. 그런데도 한국의 미술사가들은 선배들처럼 중국 문화적인 정체성에 함몰되어 아무 의심 없이 노장을 자신의 전통으로 받아들이고 있습니다. 그래서 저는 기회가 있을 때마다 그런 주장을 그만하고 대신에 한국의 근본 신앙인 샤머니즘이 한국미 형성에 어떤 영향이 끼쳤는지 보라고 했는데 귀동냥조차 안 합니다. 그들은 아마도 우리의 고매한 미술이 어떻게 샤머니즘 같은 저급한 미신의 영향을 받을 수 있겠느냐는 생각을 하는 것 같습니다. 제가 아는 바로는 한국미 형성에 샤머니즘이 일정 부분 관여했다고 밝힌 분은 조요한, 권영필 교수 두 분밖에 없습니다. 학문적인 편견과 선입견이 이리도 무섭습니다. 이런 것을 두고 저는 종교제국주의라 부릅니다.

시대별로 달라지는 한국의 종교 현황

한국의 종교사를 '유불선'으로 표현할 수 없을 뿐만 아니라, 유교가 맨 처음에 나올 수 없다면 이 공식은 어떻게 바뀌어야 할까요? 우선 '선'이 빠져야 합니다. 앞서 말했듯이 중국의 도교는 한국에 정착되지 못했기 때문입니다.

물론 한국에도 자생적인 선도가 있었던 것 같습니다. 그러나 이 전통은 한국 사회에서 주(主) 전통으로 자리 잡지는 못했습니다. 그저 작은 종파나 수련 단체로서만 존재했기 때문입니다. 이렇게 되면 유교와 불교가 남지요? 여기에 무교가 들어가야 합니다. 그런데 무교는 양(陽)이 아니라 음(陰)의 전통이었으니 불교나 유교와 동급이 아니라 밑에 넣는 것이 좋겠습니다. 사실 그렇지 않습니까? 무교는 단군 이래로 항상 한국 종교의 저류를 흐르는 전통이지 않았습니까? 그 자세한 역사는 이미 저의 책 『한국의 종교, 문화로 읽는다』(사계절)에서 설명했으니 다시 거론할 필요는 없겠습니다.

그러나 앞으로의 전개를 위해 아주 간단하게 보면, 한민족의 고대 종교였던 무교는 내내 그 시대의 상층 기류를 형성하고 있다가 중국에서 불교(그리고 유교) 같은 세계 종교가 들어오면서 서서히 저류로 깔리게 됩니다. 잘 알려진 것처럼 청동기 시대나 초기 부족 연맹 혹은 초기 국가 시대에는 무당이 아주 중요한 위치에 있었습니다. 신정(神政) 국가 시절에는 무당, 즉 종교적 사제가 왕, 즉 정치적 수장이었으니 그렇다는 것입니다. 단군이 그랬고 신라의 박혁거세나 남해차차웅 역시 이런 경우에 해당한다고 하겠습니다. 그러나 중국에서 불교라는 외래 종교가 들어와 상층 계급의 세계관을 점령해 버리자 무교는 권력에서 멀어져 갔습니다. 무당의 자리를 승려들이 대신하면서 승려들은 권력 안으로 들어가고 무당들은 권력의 주변부를 맴돌게 됩니다. 그러나 무당이 권력에서 멀어졌다고 해서 민간에서 그 인기가 사그라진 것은 아닙니다. 그때나 지금이나 무당이 민중들에게서 외면받은 적은 없기 때문입니다.

어떻든 불교가 권력의 중심으로 들어가면서 적어도 표층적으로는 상층부의 종교가 불교(그리고 부분적으로는 유교)로 바뀌고 조선에 와서는 유교로 바뀝니다. 그러다 현대로 오면 기독교가 전면적인 득세는 아니지만 상당히 권력의 중심부에 위치합니다(그러나 기독교는 한국인의 가치관이나 세계관 형성에는 그다지 영향을 끼치지 못합니다).

이렇게 표층에서는 외래의 종교가 교환되고 있었지만 한국 종교의 저류에는 무교가 도도하게 흐르고 있었습니다. 이 무교에 대해 외래 종교들은 조금 다른 태도를 보였습니다. 불교는 원래 포용적인 종교이고 무교로부터 권력적으로 위협을 느끼지 않았으니 무교에 대해 그냥 방관 내지는 포용적인 태도로 갔던 것 같습니다. 신라나 고려조 동안 불교와 무교가 갈등을 일으켰다는 기록이 잘 보이지 않기 때문입니다. 그러나 조선에 들어오면 지극히 배타적인 진리관, 그러니까 자신들의 생각만이 진리라는 세계관을 갖고 있었던 성리학자들이 무교를 좋은 시선으로 볼 리가 없었겠지요. 그리고 예외적인 경우이지만 무당들을 직접적으로 박해한 예도 있었습니다. 그러나 대체적으로는 자기네들이 권력을 잡고 있었고 무당들로부터 위협을 느끼지 못해서 그랬는지 무교에 대해서는 무시, 폄하, 조롱, 무관심으로 일관했던 것 같습니다. 양반들이 보기에 무당이나 그를 따르는 여성들은 어떻게 해볼 길이 없는 '천민' 그 자체로 느껴졌을 겁니다. 그러다 기독교가 들어왔는데 기독교 역시 지극히 배타적인 진리관을 가진 종교이니 무교를 가만히 놓아두었을 리가 없지요. 특히 개신교의 선교사들은 선교하는 과정에 무교를 주적(主敵) 대상 1순위에 놓고 박멸시키려고 온갖 노력을 다했습니다.

  그런데 우리의 주목을 끄는 것은 이런 개신교의 노력이 외려 거꾸로 결실을 맺어 한국에 들어온 외래 종교 가운데 개신교가 가장 무교화되었다는 것입니다. 적을 섬멸하려 했다가 되려 적에게 먹힌 꼴이 된 것이지요. 그래서 많은 경우 교회를 보면 외양만 서양 교회 모습을 띠고 있지 그 안에 있는 사람들의 머릿속에는 무교적인 요소로 가득 차 있는 것을 관찰할 수 있습니다. 이 점은 대단히 재미있는 주제라

굿을 시연하는 무당.
예나 지금이나 무당이 민중들에게 외면받은 적은 없다.

나중에 더 자세히 보는 게 좋겠습니다.

　이러한 과정으로 한국 종교가 전개되었는데 이것을 염두에 두고 한국 종교의 공식을 완성해야겠습니다. 이것을 보려면 먼저 시대 구분을 해야 합니다. 시대별로 전개 양상이 조금씩 다르기 때문입니다. 우선 불교가 들어와 국교가 되고 계속해서 군림했던 시기가 있었지요. 삼국 시대부터 통일 신라를 거쳐 고려 시대까지가 이 시기에 해당한다고 하겠습니다. 이때에는 당연히 불교가 이 공식에서 가장 먼저 나와야겠지요. 그 다음이 유교이겠고요. 그러나 무교는 기층 종교라 불교나 유교와 동급에 놓을 수 없습니다. 그보다는 이 두 종교를 저류에서 받치고 있다는 의미에서 밑에 놓아야 합니다. 그래서 이것을 도표로 만들면 이렇게 되겠습니다.

삼국 시대부터 고려 시대까지의 한국 종교 전개도

　이 공식은 조선에 들어오면서 조금 바뀝니다. 당연히 불교가 물러나고 유교가 국교의 자리에 오르면서 모든 권력을 거머쥐니 그럴 수밖에 없습니다. 그러나 기층은 여전합니다. 따라서 이때의 공식은 불교와 유교가 자리만 바꿀 뿐 크게 달라질 게 없습니다. 그러나 불교의 위치가 다소 모호할 수 있습니다. 불교는 박해를 받아 실세에서 벗어났으니 유교와 동급에 있는 것이 다소 부적절할 수도 있습니다. 그러나 서산대사나 사명당과 같은 슈퍼스타 승려들이 나왔으니 무교와 같이 단지 기층을 형성하고 있다고 보는 것도 좀 이상합니다. 그래서 이 두 가지 경우를 다 생각해서 다음과 같이 두 방식으로 도표를 그려 봤습니다.

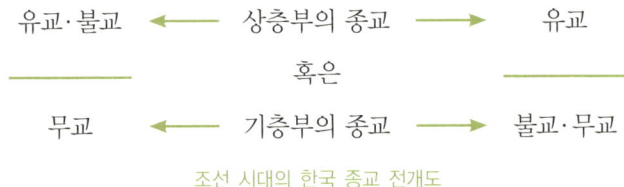

조선 시대의 한국 종교 전개도

여기까지가 전통 시대인데 어떻습니까? 종래의 유불선이라는 공식과는 판연하게 다르지요? 또 시대에 따라 이 공식이 달라진다는 것도 그동안 우리 한국인들은 몰랐던 것입니다. 그런데도 우리 한국인들은 자신들이 중국인인 줄만 알고 자신들의 종교 역시 유불선이라고만 생각했던 것입니다.

그런데 문제는 일제기입니다. 사실 무교와 관계해서 중요한 이슈는 다 드러났으니 이런 세세한 것들을 더 다룰 필요는 없지만 내친 김에 그냥 간단하게만 보겠습니다. 일제기 한국 종교계에는 새로운 민족 종교인 신종교들이 가세합니다. 세간에는 잘 알려져 있지 않지만 일제기에 한국 사회를 리드했던 종교는 유교도 아니고 불교도 아니고 더욱이 기독교도 아닌 천도교였습니다. 3·1 운동이라는 거국적 운동을 주도한 게 천도교라는 한 가지 사실만 보아도 알 수 있습니다. 사람들은 3·1 운동이 기독교가 주도했다는 인상을 갖고 있는데 그것은 전혀 사실이 아닙니다. 3·1 운동은 전적으로 천도교의 조직과 자금력으로 성공할 수 있었습니다. 이것은 천도교가 당시 한국 사회의 실세 중에 실세였기 때문에 가능한 일이었습니다. 이런 관점에서 보면 이때의 한국 종교 공식은 다음과 같습니다.

신종교(천도교)·불교·유교
―――――――――――
무교

일제기의 한국 종교 전개도

그러다 해방 이후부터는 점차 기독교가 득세하기 시작합니다. 지금의 기독교 판세는 다른 모든 종교를 완전히 능가합니다. 신자 수로도 기독교(신구교)는 가장 큰 민족 종교인 불교를 이미 앞섰습니다. 또한 대사회적인 영향력 면에서 보면 불교를 위시한 민족 종교들은 기독교에 많이 뒤집니다. 특히 기독교는 근대화하는 과정에서 다른 종교들보다 많이 앞섰기 때문에 사회의 실세 자리를 단단히 꿰차고 있습니다. 이러한 사실을 염두에 두고 도표를 만들면 이 표에도 신종교가 들어갑니다. 그런데 이번에는 그 신종교가 천도교가 아니고 원불교입니다. 천도교는 세가 많이 가라앉은 반면 원불교는 착실히 성장해 이제 한국의 4대 종교가 되었습니다. 그래서 이런 것들을 다 감안해서 도표를 만들어 보면 다음과 같습니다.

기독교·불교·유교·신종교(원불교)

무교
현대의 한국 종교 전개도

이 도표는 언제든지 또 바뀔 수 있는데 한국 사회는 워낙 변화가 심한 터라 어떻게 바뀔지는 예측하기가 대단히 힘듭니다. 예를 들어 앞으로 중국이 전 세계의 강자로 떠오르면 한국은 다시 그 세력권 안으로 들어가기 쉽습니다. 그렇게 되면 한국인들은 다시금 중국인들의 종교를 심각하게 받아들여 기독교가 한국 사회에서 세력을 잃을 수도 있습니다. 그런데 아무리 상층의 종교가 바뀌어도 기층에 있는 무교는 흔들림 없이 제자리를 지키고 있을 것입니다. 이 예측은 상당히 정확할 것이라고 생각됩니다. 무교는 한민족의 근본 신앙으로서 그 자리가 확고하기 때문입니다.

이제 이 정도 설명으로 무교가 한국 종교사에서 얼마나 중요한 위치를 차지하고 있는지 알 수 있었을 겁니다. 이와 같이 종교의 심층에서 똬리를 틀고 있는 무교는 한국 문화에도 심대한 영향을 미칩니다. 이제 그것을 보려 합니다. 그런데 그전에 무교의 특징에 대해서 먼저 보아야 할 듯합니다. 그래야 그 특징이 한국 문화의 형성에 어떤 영향을 끼쳤는지 알 수 있지 않겠습니까?

넷째 거리

무교는 우리에게 왜 중요할까?

무교의 특징은?

　무교는 역사가 장구한 - 사실은 가장 긴 - 종교이기 때문에 특징이 많습니다. 어떻게 보느냐에 따라서는 전혀 다른 그림이 나올 수도 있습니다. 그런 다양한 것들 가운데 여기서 중점적으로 볼 것은 무교가 한국인이나 한국 문화에 남긴 영향이나 족적에 대해서입니다.
　무교는 기본적으로 종교입니다. 종교는 보통 신도들이 처한 문제를 풀어 주는 역할을 하는데, 무교 또한 다른 종교와 마찬가지로 인간의 힘으로 풀 수 없는 문제를 다룹니다. 인간이 자신의 힘으로 문제를 해결할 수 있다면 무당과 같은 사제의 힘을 빌릴 필요가 없겠지요. 무당도 스스로 해결할 수 있는 문제는 본인이 알아서 하지만 조금 심각한 문제에 봉착하면 신령의 도움을 받습니다. 그러려면 무당은 신령과 만나야 하는데 이때 하는 것이 굿이고, 굿을 할 때 무당은 신령과 만날 수 있는 독특한 기술을 갖고 있습니다. 바로 망아경입니다. 무당은 망아경 속에 들어가서 자신의 의식을 꺼야 신령과 만날 수 있습니다.
　이 신령과 만나는 모습이 우리나라 무당은 다른 나라의 무당과 좀 다른 것 같습니다. 예를 들어 북미나 시베리아 혹은 만주 지역의 무당들은 본인이 탈혼 상태가 되어 신령계로 찾아갑니다. 망아경 속에 들어갔을 때 무당의 혼이 빠져나와 신령계로 가는 것입니다. 그곳에서 신령들을 만나 그들이 주는 계시를 받아오는 것입니다. 이에 비해 한국은 무당이 가지 않고 신령을 불러들이지요. 참으로 한국의 여자 무당들은 대단합니다. 신령을 불러와 자기 몸에 실으니 말입니다. 보통

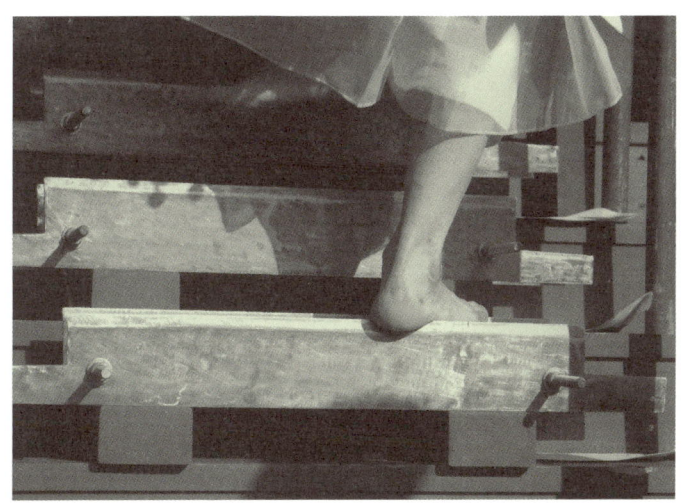

작두 타는 무당.
무당은 망아경 상태에서 신령을 만난다.

신령은 신령한 존재이기 때문에 특별한 경우가 아니면 이 속된 공간인 사바세계로 오지 않습니다. 그래서 다른 나라 무당들은 성스러운 인간인 무당이 성스러운 세계인 신령계로 가는 겁니다. 그런데 한국 무당들은 신령들을 불러내 자기 몸에 실으니 대단하다는 것입니다.

여기서 중요한 것은 신령을 부를 때 한국 무당이 격렬하게 춤을 춘다는 것입니다. 무조건 춤만 추는 것은 아니지요. 우선 노래를 해야 합니다. 노래를 하다가 신령을 몸에 실으려고 하면 격렬한 춤을 추는 것이지요. 이걸 이해하려면 굿의 기본 구조를 알아야 합니다.

굿은 여러 거리로 구성되어 있지만 이 거리들을 하기 전에 굿판을 정화하는 순서로 시작합니다. 이제 이 굿판에는 성스러운 신령들이 강림해야 하니 무엇보다도 판을 정화해야 합니다. 이곳을 속된 공간에서 성스러운 공간으로 바꾸어야 하는 것입니다. 그러기 위해서는 그곳에 있는 잡령 혹은 잡귀들을 물리쳐야 하겠지요. 이를 위해 무당이 하는 일은 뜻밖에도 노래를 하는 것입니다. 잡귀들을 무섭게 해서 쫓아내는 것이 아니라 신령들이 강림하고 굿이 성공적으로 끝날 수 있게 기원을 담아 노래하는 것입니다. 굿은 이렇게 노래하는 것으로 시작합니다. 그렇게 해서 판에 있는 부정을 다 치고 나면 굿이 시작됩니다.

굿 한 판을 뛰려면 많은 거리를 해야 하지만 어떤 거리든 세 개의 단계로 구성되어 있음을 알 수 있습니다. 강신무의 굿의 경우, 무당은 각 거리에서 그 거리를 주관하는 신을 모시는데 그렇게 하려면 우선 신을 초청해야겠지요? 이른바 청신(請神)입니다. 이때 제일 먼저 하는 게 또 노래입니다. 신령에게 와 달라는 메시지를 전달하는데 그것을 노래로 한다는 것이지요. 그렇게 해서 신령이 내려오면 이번에는 신령을 즐겁게 해야 합니다. 이것을 오신(娛神)이라고 하지요. 이때 나오는 '오'는 '오락'할 때의 '오' 자이니까 즐겁게 한다는 것을 알 수 있습니다. 즐겁게 한다는 표현도 가능하지만 좀 더 전문적인 표현은 '(굿을) 논다' 혹은 '(신령을) 노닌다'고 합니다. 굿을 한다고 하기보다 '논다'라는 표현을 쓰는 게 재미있지 않습니까? 굿도 엄연한 종교 의례인데 엄숙하고 심각하게 하기보다 '(즐겁게) 논다'라고 하니 말입니다. 한국인들이 먹고 마시고 노는 데에 둘째가라면 서러운 것이 바로 이런 데에서 비롯된 것 아닌가 하는 생각을 해 봅니다. 개인적으로 볼 때 한국인들이 음주가무를 극력 좋아하는 것은 자신들이 가장 가깝게 생각하는 종교 의례를 속된 공간에서 되풀이하고 있는 것 아닌가 하는 생각입니다. 이 점은 뒤에서 상세하게 다루겠습니다.

'오신'은 각 거리에서 가장 중심이 되는 부분입니다. 그런데 노는 부분이니 당연히 노래와 춤이 빠질 수 없겠지요. 이 단계에서 무당은 신을 제 몸에 싣기 위해 격렬한 춤을 춥니다. 그 가운데 가장 전형적인 춤이 두 발을 모으고 추는 도약춤이라는 것은 잘 알려진 사실입니다. 무당이 펄쩍펄쩍 뛰면서 두 손을 위로 올렸다 내렸다 하는, 바로 그 춤입니다. 이것은 망아경을 유도하기 위해서 하는 동작입니다. '덩덩 덩더쿵' 같은 장단은 바로 이때 나옵니다. 이런 동작의 춤은 단시간에 망아경에 도달할 수 있는 꽤 좋은 방법으로 생각됩니다. 이렇게 잠깐 춤을 추면 신이 '지핍니다.' 그러면 그 신이 무당의 몸에 실려 이른바 '공수'를 해 줍니다. 신이 무당의 몸을 빌려 말을 하는 것이지요. 이때

도약춤 추는 무당

신은 주로 신도가 처한 어려움을 잘 풀 수 있게 도와주겠다는 말을 합니다.

이렇게 신령의 메시지를 전한 다음 무당은 또 도약춤을 추는데 이때 굿판은 난장판이 되기도 합니다. 심벌즈처럼 생긴 '제금'이라는 악기를 가지고 강렬한 장단을 연주하고 이에 맞추어 무당이 마구 춤을 추니 질서가 깨진 것 같은 장면이 연출됩니다. 이런 상황에서 무당은 카오스의 세계인 망아경 속에 있습니다. 질서가 있는 코스모스의 세계가 사라지고 '태초'의 무질서한 세계가 펼쳐진 것입니다. 바로 강신무의 모든 굿판에서 핵심을 이루는 장면입니다.

그런데 그런 굿을 한국인들은 무척 좋아합니다. 사정이 이렇다면 한국인들에게도 굿판에서 보이는 이런 모습이나 성향이 있으리라고 예측해 볼 수 있습니다. 다시 말하면 질서가 잡힌 규범이 중시되는 세계보다는 그런 틀이 없는 세계를 무의식적으로 지향하는 성정이 한국인들에게 있을 수 있다는 겁니다. 사실 이런 모습은 한국인의 예술이나 일상생활에서 아주 많이 보이는데 이것은 나중에 다시 말씀드리기로 하겠습니다.

여담이지만 한번은 굿판을 구경하던 도중 무당이 굿을 하다 흥이 나서 판이 무질서해진 것을 목격하게 되었습니다. 난장판이 된 것은 거리를 할 때가 아니라 그 중간에 쉴 때였습니다. 아마도 거리를 놀다 흥이 부쩍 오른 무당이 그 기운을 추스르기가 힘들었던 모양입니다. 그러자 이제부터 여흥의 시간을 갖겠다고 하면서 본격적으로 춤을 추기 시작했습니다. 춤은 그저 막춤이었죠. 여흥 시간이니 모두 함께 추

굿판에서 색소폰을 부는 악사

어야 했기 때문에 같이 갔던 저도 춤을 추는 시늉을 했습니다.

그런데 제가 굿판을 다닌 이래 처음으로 아주 재미있는 모습을 보았습니다. 젓대(혹은 대금)를 불던 악사가 느닷없이 작은 색소폰을 꺼내더니 불기 시작한 것입니다. 아주 가관이었죠. 아니 굿판에 서양 악기인 색소폰이라니……. 망연자실하면서도 참으로 재미있는 현상이라고 하지 않을 수 없었습니다. 그러니까 이 악사는 이런 여흥 시간이 있을 것을 미리 알고 색소폰을 준비해 온 것입니다. 물론 색소폰으로 연주한 음악은 '뽕짝'이었습니다. 무당이나 다른 손님들도 색소폰의 등장을 매우 반기는 것 같았습니다.

그런데 가만 생각해 보십시오. 이 굿판이라는 게 성스러운 신령의 힘을 빌리기 위해 벌이는 엄연한 종교 의례 아닙니까? 그런데 거기서 난장판을 벌이니 얼마나 격외의 일입니까? 게다가 색소폰까지 부니 참으로 이색적인 일입니다(나중에 TV 다큐멘터리로 보니 배뱅이굿으로 인간문화재이신 이은관 선생도 흥이 나면 색소폰을 부시더군요. 그래서 제자들이 많이 만류했다는데 선생은 그다지 신경을 안 쓴다더군요).

어쨌든 한국 사람들은 이렇게 호쾌하고 자유분방합니다. 아무 데서나 노래하고 무질서하게 놀기를 좋아합니다. 저는 그래서 기회가 있을 때마다 굿판을 보지 않으면 한국인이나 한국 문화를 논하지 말라고 합니다(그런데 무교에 대해 아무것도 모를 뿐만 아니라 굿판 근처에도 가보지 않은 사람들 중에 한국 문화에 대해 이야기하는 사람이 꽤 있습니다!). 되풀이하는 말이지만 여기에 우리 민족의 기본 성정이 다 들어 있기 때문입니다.

노래와 춤은 아직 안 끝났습니다. 오신의 순서가 끝나면 이제 신을 보내야 합니다. 송신(送神)이라고 하지요. 이때에도 또 노래를 하고 춤을 춥니다. 이때 추는 춤은 신 내릴 때처럼 경중경중 추는 도약춤이 아니라 천천히 왔다 갔다 하는 춤입니다.

이처럼 굿판은 전체 거리가 노래와 춤으로 되어 있습니다. 과연 이런 종교 의례가 또 있을까요? 세계의 어떤 종교 의례가 이렇게 전부 노래와 춤으로만 구성되어 있겠습니까? 그런데 노래와 춤은 모든 거리가 끝났다고 그만하는 것이 아닙니다. 그 다음에도 계속되기 때문입니다. 보통 굿은 '뒷전 거리'라는 순서로 끝이 납니다. 이것은 굿을 시작할 때 물리쳤던 잡령들을 다시 불러 먹이는 순서입니다.

이런 순서를 보면 한국 무당들의 마음 씀씀이가 얼마나 넉넉한지 놀랍기만 합니다. 아주 작은 보잘것없는 잡령들까지 신경을 써 주니 말입니다. 기독교 같은 유신론 종교에서는 상상도 할 수 없는 일입니다. 기독교의 신이란 하나밖에 없는 유일신이니 다른 신들을 고려하는 것은 있을 수 없는 일이겠죠. 그에 비해 우리의 무교는 대단히 정겹지 않습니까?

그런데도 무교를 미신이라고 하니 무당들은 억울하기 짝이 없을 겁니다. 어떻든 잡귀들을 불러다 먹인다고 했는데 그렇다고 이게 진짜 음식을 먹인다는 것은 아닙니다. 그럼 어떻게 하느냐고요? 또 노래입니다. 무당이 혼자 앉아 장구를 치면서 또 노래를 합니다. 이때 신도들은 참석하면 안 된다고 무당들은 힘주어 말합니다. 그래서 무당이 혼자 노래를 하는 것이지요. 어떻든 이렇게 보면 굿은 맨 앞에서 부정치는 거리부터 해서 마지막의 뒷전 거리까지 완전히 노래와 춤으로 점

『무당내력』에 실린 부정 거리와 뒷전 거리 장면

철되어 있는 것을 알 수 있습니다.

한국인들의 일상 속 카오스

이렇게 보면 강신무의 굿은 노래와 춤이 대부분의 내용을 이루고 있고 그 사이에 하이라이트처럼 잠깐씩 망아경이 있는 것을 알 수 있습니다. 그래서 굿판의 '엑기스'를 가무와 망아경이라고 한 것입니다. 한국인들이 가장 좋아하는 종교 의례가 이런 성향을 갖고 있다면 한국인들의 일상생활에도 이런 모습이 보이지 않을 수 없을 테지요. 현대 한국인들이 갖고 있는 노래(와 춤)에 대한 열정은 여기에 뿌리가 있을 겁니다. 한국인처럼 아무 때고 아무 데서나 노래를 하면서 춤추고 노는 민족은 이 하늘 아래 그다지 없을 겁니다. 한국인들은 자신들의 일상생활에 익숙한 나머지 스스로가 얼마나 가무를 좋아하는지 모릅니다. 이제부터 그런 모습을 하나하나 짚어 보려고 합니다. 또한 한국인들은 한 번 놀기 시작하면 끝장 보는 것을 좋아합니다. 대충 놀지 않습니다. 술에 곤드레가 되어 흥청망청 노는 것을 좋아하지 절도 있게(합리적으로?) 놀지 않는다는 말입니다.

다시 말해 한국인들은 술에 '떡이 되어' 노는 것을 좋아하지 술을 조금씩 먹거나, 천천히 길게 먹으면서 질서 있게 노는 것을 좋아하지 않습니다. 혹자는 '격정적으로 노는 것은 다른 나라에서도 발견되는 현상 아닌가? 예를 들어 남미의 플라멩코나 탱고 같은 춤은 얼마나 열정적인가? 한국인만 흥청거리면서 노는 것은 아니지 않은가'라고 할 수 있습니다. 글쎄요. 남미의 춤은 분명 대단히 격정적이지만 제 눈에는 아주 질서 있는 춤으로 보입니다. 그러니까 열정적이긴 하지만 대단히 잘 '짜여진' 각본에 따라 아주 절도 있게 움직이는 춤으로 보인다는 것입니다. 그런 면에서 굳이 한국 춤과 비교해 본다면 남미 춤 같은 것은 감성보다 이성이 앞서는 춤 아닌가 싶습니다. 좌뇌적인 치밀한 계산이 들어가야 하기 때문입니다. 물론 감각을 우세하게 치는 우뇌적인 성향이 없는 것은 아니지만 한국 춤에 비해 좌뇌적인 성향이 상대적으로 강하다는 것입니다(발레 같은 것은 말할 것도 없이 대단히 좌뇌적인 춤입니다).

이에 비해 한국인들은 질서 자체를 거부합니다. 그저 태초의 카오스로 돌아가려 합니다. 각본이 있을 수 없습니다. 그저 흥청망청입니다. 남미의 춤이, 아니면 아프리카 원주민들이 추는 춤이 아무리 격정적이라 해도 한국 춤처럼 흥청망청하지는 않습니다. 한국 춤에는 좌뇌적인 계산이 없습니다. 그때그때에 따라 대충(?) 추면 됩니다. 당시에 느끼는 감각이나 상황이 중요하기 때문입니다. 그래서 한국 춤은 망아경 속에서 흥청망청하고 '흐드러지는' 게 그 특징이라 할 수 있습니다. 한국 춤은 발레나 탱고처럼 어떻게 보이느냐에는 그다지 관심이 없습니다. 다만 안에 있는 자신의 감정을 표현하면 됩니다. 그렇게 하기 위해서 한국의 춤꾼들은 망아경 속으로 들어가는 것을 최고로 쳤습니다. 이렇게 한국의 문화에는 카오스적인 요소들이 짙습니다.

그러면 이 시점에서 한국인들이 왜 술을 많이, 그리고 자주 마시는지 알아봐야겠습니다. 한국인들이 일상적으로 노는 모습은 뒤에 가서 좀 더 자세히 볼까 합니다. 여기서는 술을 많이 마시는 이유에 대해 무교와 관계해서 잠시 살펴보겠습니다. 사회학적인 이유보다 종교학적인 관점에서 보려고 합니다.

어떤 이는 한국인들이 현대 사회를 살면서 억압을 많이 받았기 때문에 술을 많이 마신다고 주장합니다. 이 의견이 틀렸다고 할 수는 없지만 불충분합니다. 왜냐면 이 의견이 맞는다면 억압을 받은 사회에서는 그 구성원들이 모두 술을 많이 마셔야 하기 때문이지요. 그런데 지구상에 억압받는 사회가 얼마나 많습니까? 그러면 그들이 그 억압 때문에 술을 많이 마십니까? 그렇지 않습니다. 이렇게 보면 한국인들이 이른바 '꼭지가 돌' 때까지 술을 마시는 데에는 아무래도 다른 이유가 있다고 보아야 합니다. 제가 생각하는 가정은 이렇습니다.

한국인들은 그 내면에 무교적 성향이 강하기 때문에 일상생활에서도 자기도 모르게 무교, 혹은 굿의 핵심 개념을 실현하고 그에 따라 살려고 노력하는 것 같습니다. 굿의 핵심이 무엇이라고 했습니까? 노래와 춤을 통해 망아경으로 들어가는 것이라고 했지요? 사실 이것은 우리 무교에만 해당되는 것이 아니라 다른 나라의 샤머니즘에도 적용됩니다. 그래서 세계적으로 저명한 종교학자 엘리아데(Mircea Eliade)는 『샤머니즘』이라는 자신의 책의 부제를 '망아경의 고대적 기법(archaic technique of ecstasy)'이라고 했던 것입니다.

이런 정의로 보면 무당이란 망아경을 의식적으로 이끌어 낼 수 있는 기술자를 말합니다. 하기야 망아경을 끌어내지 못하면 그런 사람은 무당이 될 수 없겠지요. 그런데 일반인들은 무당처럼 망아경을 자신이 필요할 때 마음대로 이끌어 내지 못합니다. 그렇지만 그들의 무의식 세계는 무교가 지배하고 있습니다. 그래서 그들은 자기도 모르게 무당이 멘토가 되어 있어 무당처럼 망아경에 들어가기를 원합니다. 일상에서 일반인들이 망아경에 가깝게 갈 수 있는 거의 유일한 방법은 술을 마시는 것입니다. 술을 일종의 약물로 보면, 이것은 약물을 통해 망아경으로 가는 것이지요.

술은 망아경으로 가는 방법 중 대단히 투박하고 무식한 방법입니다. 왜냐하면 망아경에 도달하기 위해 엄청나게 많은 양을 마셔야 하기 때문입니다. 게다가 이때 도달하는 상태는 진짜 망아경도 아니고 그 상태에 조금 인접한 정도입니다. 그뿐만이 아닙니다. 양을 맞추지 못하고 조금이라도 많이 마시면 정신이 혼절돼 죽도 밥도 안 됩니다. 그렇지만 술이 좋은 건 일단 싸고 쉽게 구할 수 있기 때문일 겁니다. 중독성도 다른 약물에 비해 상대적으로 약합니다. 그리고 자신이 충분히 조절해 가면서 마실 수 있습니다.

이런 여러 연유로 인류는 고래로 술을 매우 선호했는데 한국인들은 다른 나라 사람들보다 술에 더 집착하는 것 같습니다. 왜냐하면 술은 자신들이 가고 싶은 망아경 속으로 손쉽게 가게 해 주기 때문입니다. 그래서 술을 마실 때 조금 마시기보다 '왕창' 마시는 것 아닐까요? 서양인들처럼 맥주 한 캔이나 샴페인 한두 잔 가지고 오랫동안 이야기하는 것은 한국인들에게 양이 안 찹니다. 그보다는 알코올 도수가 높은 폭탄주를 '말아' 급하게 마시고 정신을 '끈' 다음 망아경에 가까운 상태에서 노래와 춤을 즐기는 것을 좋아합니다. 한마디로 무당처럼 자신들의 흥, 혹은 신기를 주체하지 못해 매일 그렇게 놀면서 사는 것입니다.

이와 관계해서 '신난다'라는 말의 어원을 생각해 보는 것도 좋겠습니다. '신난다'라는 단어에는 여러 가지 어원이 있지만 가장 일반적인 것은 '신명이 난다', 즉 신이 오른 것을 뜻합니다. 신이 올랐다는 것은 망아경 상태에 들어간 것을 말합니다. 다시 망아경이 나왔습니다. 한국인들이 평소에 가장 기분이 좋을 때를 망아경에 비유해 말한 것입니다. 대충 신나서는 안 됩니다. 정신을 잃고 망아경으로 가야 가장 신이 나는 것입니다. 그래야 신바람이 불어 평소에 불가능했던 일도 가능하게 만듭니다. 신바람만 불면 한국인에게는 가능하지 않은 일이 없습니다. 특히 집단적 망아경 속에 들어가면 세계가 놀라는 일도 합니다. 이렇게 한국인들의 일상용어에는 우리 자신들이 잘 모르지만 무교와 관계된 것이 꽤 있습니다.

이런 용어 가운데 가장 극적인 것은 '사마'라는 단어입니다. '욘사마' 덕분에 우리에게 아주 친숙한 말이지요? 그런데 '사마'라는 단어가 무당을 뜻한다는 사실을 과연 얼마나 많은 사람들이 알고 있을까요? 여러분도 아시다시피 '사마'는 일본에서 가장 높은 호칭으로 쓰이고 있습니다. 보통 사람들을 부를 때에는 가와무라 '상'처럼 '상'이라고만 하는 데 비해 아주 높은 대상에게는 '사마'라는 호칭을 사용해서 부릅니다. '상'이든 '사마'든 일본어에서는 '樣'이라는 같은 한자를 씁니다. 그런데 사마는 북아시아인 시베리아 지방에서 무당을 뜻하던 샤먼(shaman)이 바뀐 말입니다. 이것을 한자로는 '살만(薩滿)'이라고 썼고, 이게 변형돼 '사마'가 되었을 겁니다.

원래 샤먼은 신령과 교통할 수 있는 능력을 가진 위대한 스승 혹은 선생을 말합니다. 제정일치 사회였을 때에는 샤먼이 가장 상위에 있는 통치자였으니 위대한 인물일 수밖에 없습니다. 아마 신라 때에도 이 말을 썼을 겁니다. 이광수의 소설을 보면 신라 때 스님들을 부를 때 사마라고 하더군요. 예컨대 원효를 부를 때 '원효 사마'라고 하는 게 그것이지요. 그런가 하면 일본에서는 가장 높은 사람이나 중요한 사물을 지칭할 때 이 단어를 씁니다. 예를 들어 일본어로 부처님을 '호도케 사마(ほとけさま)'라고 합니다(여기 나오는 호도케는 한국어의 '홍두깨'가 전해진 것 아닐지 모르겠습니다). 어떻든 무당을 뜻하는 고대어인 사마가 현대에까지 이어지고 있으니 아주 재미있습니다.

한국인들은 놀 때에도 신이 나고 신이 지펴야 하듯 춤출 때에도 비슷한 상황이 벌어져야 하나 봅니다. 한국 춤에는 많은 특징이 있는데 그 가운데에서도 어깨춤은 빼놓을 수 없습니다. 어깨를 움찔거리며 추는 이 어깨춤은 무엇을 뜻하는 것일까요? 이것은 신이 들어올 때, 혹은 지필 때 생기는 육체 현상이라고 볼 수 있습니다. 이런 현상은 제가 굿판에서 직접 목도한 적이 있습니다. 춤을 추던 무당이 갑자기 어깨를 몇 번 움찔거리더니 지금 신이 들어온다고 하는 것이었습니다. 그 뒤 제가 직접 그 동작을 해 보니 정말로 신이 들어오는 느낌, 다시 말해 몸에 전율이 생기면서 짜릿해지는 느낌을 받을 수 있었습니다.

이처럼 한국인들은 춤을 출 때에도 망아경에 들어가는 것을 중시했습니다. 그래서 한국 춤을 말할 때 가장 좋은 모습은 높은 기량을 보여주는 것이 아니라 망아경에 들어가 즉흥적인 춤을 추는 것입니다. 발레하고 한번 비교해 보십시오. 발레는 도는 동작 같은 것을 할 때 보이는 기량을 얼마나 뛰어나게 하느냐가 최고의 관건인데 승무나 살풀이 같은 한국 춤은 그런 기량을 발휘하는 데에는 관심이 없습니다. 그저 망아경에 들어가 자신의 감정을 즉흥적으로 표현하는 데에만 관심이 있습니다. 춤을 추어도 망아경에만 관심 있다고 하니 이들이 정녕 무당들의 후예답지요? 하기야 한국의 민속춤들은 거개가 굿판에서 나왔으니 굿판의 정신을 이어받았다는 게 하등 이상할 게 없겠습니다.

무교의 나라, 한국

제가 이런 설명을 하면 혹자들은 이렇게 반문합니다. 한국에서 일어나는 이런 사회 현상들을 모두 무교와 연결시키는 것은 무리가 아니냐고 말입니다. 무당은 전 세계에 존재하는데 마치 한국에만 무당이 있는 것처럼 많은 사회 현상을 무교와 연관시켜 말하는 것은 억지가 아니냐는 것입니다. 이 의견도 일리가 있다고 생각합니다. 너무 무교만 강조하는 게 문제라는 것이지요. 맞습니다. 무당은 전 세계 모든 나라에 있습니다. 그런데 한국의 경우는 다른 나라들과는 조금 다른 모습을 보이는 것 같습니다. 어떻게 다른 것일까요?

우선 한국처럼 무교와 같은 민간 신앙이 전국 도처에 산재되어 있는 나라는 그리 많지 않다는 것을 들 수 있습니다. 우리나라에서는 전국 어딜 가든 무당집을 발견할 수 있습니다. 여러분들이 무당집을 잘 발견하지 못하는 것은 무당집에 대한 정보가 없어서 일 것입니다. 외국의 경우를 모두 일별할 수는 없고 간단한 예를 들어 보겠습니다.

우선 기독교나 이슬람교 같은 유일신 종교를 믿는 국가에는 이런 민간 신앙이 제대로 살아 있을 수가 없습니다. 서구 사회나 이슬람 사회가 그렇습니다. 물론 소수가 살아 있을 수 있겠지만 무시해도 좋은 정도일 겁니다. 같은 종교를 믿는 아프리카나 남미에는 상대적으로 서구나 이슬람 사회보다는 민간 신앙이 더 살아 있겠지만 제도화되어 있지 않아 사회에 끼치는 영향이 적을 것으로 생각됩니다. 아마도 아프리카 같은 곳에서 한국처럼 제단 등이 제대로 차려진 정식 무당집을 발견하는 일이 쉽지 않을 것이고, 그네들 식으로 진행하는 종교 의례를 보는 일이 어려울 겁니다. 이것은 그들의 민간 신앙이 제도화되어 있지 않아 생기는 현상입니다. 거듭 말하지만 한국의 무교는 비록 불교나 기독교처럼 제도화되지는 않았더라도 확실한 사제 계층(무당)이 있고 그들이 굿을 할 수 있는 교회(굿당 혹은 신당)가 있으며 모시는 신령과 따르는 신도가 있는 나름대로 제도화된 종교라 할 수 있습니다. 이런 게 남미나 아프리카에서는 보이지 않는다는 것이지요.

그러나 이 주제에 관해서는 아직 다른 외국의 민간 신앙에 대해서 많은 연구가 되어 있지 않아 확실하게 말할 수 없습니다. 그럼에도 확실하게 말할 수 있는 것은 한국처럼 적어도 외적으로는 근대화된 나라에서 이렇게 소위 '원시 신앙'이라고 하는 무교가 활발하게 신행(信行)되고 있는 나라는 아주 드물 것이라는 사실입니다. 게다가 역사가 매우 긴 의례인 굿과 같은 고대 의례가 현대 사회에서 아직도 전국 곳곳에서 벌어지고 있다는 사실은 놀랍습니다.

한국인들 본인은 인정하려 하지 않지만 우리네 일상생활 속에는 무교적인 요소가 상당히 스며들어 있는 것을 알 수 있습니다. 가장 비근한 예는 아직도 이사를 하거나 먼 길을 떠날 때처럼 집안의 큰일을 맞으면 속칭 '손 없는 날'을 찾느라 무당 찾아가는 것을 들 수 있습니다. 그런 짓을 하는 게 별 의미가 없다는 것을 알면서도 '좋은 게 좋은 것'이라는 항상 사용하는 논리에 걸려 자신이 평소에는 미신이라고 생각하는 일을 합니다.

그런가 하면 아직도 많은 젊은 남녀들이 결혼 전에 무당을 찾아가 궁합을 맞춰 봅니다. 당사자들이 안 하려고 해도 친척들이 생년월일시를 알아내서 무당에게 물어봅니다. 그런데 그들도 평소에는 철저하게 무교는 미신이라는 생각을 갖고 있습니다. 그러다 이렇게 중요한 일이 생기면 태도가 바뀌는 것이지요. 머리와 몸이 따로 노는 것입니다. 머리로는 의식적으로 학교나 사회에서 주입받은 대로 무교를 미신으로 생각하지만 무의식의 영역이라 할 수 있는 몸에서는 무교를 자신들이 세계관으로 받아들이고 있는 것입니다. 이것 말고도 한국인들의 일상생활에서 무교적인 모습은 놀랄 만큼 많이 발견됩니다. 이제 그것을 좀 더 구체적으로 볼까 합니다.

생활에서 보이는 무교의 직접적인 흔적

한국인들이 무교와 이렇게 친하니 지금도 우리 주위를 보면 무교와 관계된 것들이 숱하게 있습니다. 그중에서 여기에서는 직접적인 것만 보기로 하겠습니다. 간접적인 영향으로 보이는 것은 뒤에서 보겠습니다.

먼저 무당의 숫자부터 볼까요? 무당들이 어디에 등록을 하고 무업을 하는 것은 아니기 때문에 그들이 몇 명이나 되는지는 확실하게 알 수 없습니다. 단지 추정만 해 보는 것이지요. 이때 말하는 무당은 내림굿을 해서 굿을 할 수 있는 권능을 가진 사람들을 일컫는데, 대체로 20만 내지 30만 명 정도가 될 거라고 합니다. 그들이 만든 단체인 대한경신연합회(www.kyungsin.co.kr)에 관계된 무당만 해도 십만 안팎이 된다고 하니 그 밖의 무당까지 합하면 이 정도의 숫자가 되지 않을까 싶습니다. 이 단체의 홈페이지를 가보면 첫 화면에 "대한민국 30만 무속인의 단결과 화합"이라는 글귀가 나옵니다. 이 단체에서는 무당의 숫자를 그 정도로 추산한다는 것이지요.

아마 일반 독자들은 대한경신연합회라는 단체에 대해서 거의 모를 겁니다. 이 단체는 꽤 오래전부터 있었고(1971년도에 결성되었는데 처음에는 '대한승공경신연합회'라는 재미있는 이름으로 문화공보부에 등록되었습니다) 많은 회원을 거느리고 있으며 나름대로 무당들의 권익을 위해 노력하고 있답니다. 그래서인지 대통령이 바뀌면 이 단체의 임원들은 꼭 청와대에 초청받아 간답니다. 정치인의 입장에서 보면 이 단체에 신경을 안 쓸

대한경신연합회 홈페이지

수가 없겠지요. 무당이 10만 명이고 각각의 무당에게 수십 명의 신도가 딸려 있다고 하면 이것을 계산해 보십시오. 전체 머릿수가 수백만이 되지 않겠습니까? 그 표가 어딥니까? 정치하는 사람들이 이 많은 표를 어떻게 경시하겠습니까? 그래서 개신교 장로가 대통령을 해도 이 단체의 대표들을 꼭 부릅니다. 그런데 이들이 청와대를 방문한다는 사실은 절대 신문에 나지 않습니다. 아마 무교에 대한 부정적인 이미지 때문에 그럴 겁니다. 그러나 이들의 홈페이지에 가보면 첫 페이지에 청와대 본관 앞에서 찍은 사진을 대문짝만 하게 실어 놓은 것을 볼 수 있습니다.

여러분들도 이 홈페이지를 한번 방문해 보십시오. 홈페이지의 '굿당 소개' 메뉴를 보면 여기에 올라와 있는 굿당만 해도 250개가 넘습니다. 그러면 여기에 소개되지 않은 굿당까지 포함하면 대체 전국에는 얼마나 많은 굿당이 있는 걸까요? 정확히는 알 수 없지만 이 숫자의 두세 배 정도 안 될까요? 그리고 무당이 20~30만이라면 무당들의 집에 있는 신당 역시 그만한 숫자가 있는 것입니다. 그런데 무당은 아니지만 점사(占事)업에 종사하는 사람까지 포함하면 민속 신앙에 관계하는 사람들의 숫자는 무려 80만 명에 이른다고 주장하는 사람도 있습니다. 그런데 인구 5천만에 점술사가 80만 명이라면 너무 많은 것 아닌가 하는 생각이 듭니다.

2009년도 전화번호부를 보면 무당집이 2천 개가 넘는 것으로 나옵니다. 그러나 개인 이름으로 올려놓은 것은 여기에 포함되지 않을 터이니 이보다 훨씬 많겠지요. 무당들의 홈페이지만도 300개가 훨씬 넘습니다. 게다가 무당들의 홈페이지를 만들어 주는 회사(무당닷컴)까지 있습니다. 좌우간 독자 여러분들이 생각하는 것보다 무당들의 세계는 광활하고 나름대로 활력 있게 돌아가고 있습니다.

무당들의 수준도 과거와는 엄청 달라졌습니다. 제가 아는 어떤 무당은 김금화 만신의 신딸인데 서울의 명망 있는 대학을 나왔을 뿐만 아니라 독일 함부르크 대학에서 커뮤니케이션과 영화로 석사 학위(디플롬)를 따고 융 연구소에서도 수련을 받아 서울에 영성상담소를 운영하고 있습니다. 일전에 통화해 보니 그(녀)는 자신에게 한 시간을 상담 받으려면 30만 원 이상을 내야 한다면서 아주 자랑스러워하더군요. 전통 시대의 무당들이 대개 무학(無學)이었던 데 비하면 엄청난 변화입니다. 물론 이런 경우는 극히 일부에 국한된 일이지만 어떻든 이전에는 없었던 새로운 현상이라고 할 수 있습니다.

그런데 이렇게 무당(혹은/그리고 점복사)들이 많다는 것은 수요가 그만큼 있다는 이야기입니다. 수요가 없다면 이처럼 많은 무당이 존재할 수 없습니다. 이 무당들이 다 먹고살 만하니까 무업을 하는 것입니다. 한국인들은 정말 점을 좋아합니다. 조금 어려운 일이 생기면 점부터 보러 가니 말입니다. 어디 용한 점쟁이가 있다고 하면 부리나케 예약을 합니다. 신문에 점 광고를 싣는 나라가 지구상에 또 어디 있을까요? 무당을 위시한 점복사들이 신문 하단을 통째로 사서 점 치라고 전화번호를 남기는 일 말입니다.

대학 앞에도 점 보는 집이 즐비합니다. 점 카페 혹은 사주 카페는 흔히 있는 점집입니다. 대학가에 이렇게 점집이 많은 것은 다른 나라

스포츠신문 하단에 실린 점 광고

에서는 상상할 수 없는 일입니다. 우리는 워낙 익숙해서 하나도 이상하지 않지만 이것은 분명 아주 한국적인 현상입니다. 또 백화점 문화센터의 사주 강의는 아주 인기가 좋습니다. 이 강의를 듣는 주부 가운데에는 골수가 생겨 나중에는 직접 점집을 여는 경우도 있다고 합니다. 다른 나라에서는 이런 문화 기관에서 점복에 대해 가르치는 일이 흔하지 않을 겁니다.

한번은 일본인 제자에게 무교에 대해 발표를 시켰더니 일본에 소개된 한국 사이트를 소개하더군요. 그런데 한국의 종교를 소개하는 란에 점집 사진이 잔뜩 있는 겁니다. 그 사람들에게는 그게 아주 신기했던 겁니다. 당연한 이야기겠죠. 일본에는 없는 것이니 말입니다. 한국인들이 한국을 소개할 때 점집에 대해서는 절대로 언급하지 않습니다. 아마도 부끄러운 유산이라고 생각한 때문일 겁니다. 이 일본 학생은 자신의 집 주변(이대 전철역)에 있는 무당 집을 지도에 표시해서 가져왔는데 뜻밖에도 많았습니다. 우리는 내내 그런 환경에서 살고 있어서 우리 주위에 그렇게 많은 점집이 있는 것을 의식하지 못했던 것입니다. 점을 꼭 점집에 가서 볼 필요도 없습니다. 전화로도 운세를 물어 볼 수 있고 무당 홈페이지에 들어가 인터넷으로도 점을 볼 수 있으니 말입니다.

이렇듯 점에 대한 한국인들의 열정은 남다른 데가 있습니다. 이 정도만 보아도 무교가 아직도 우리 생활의 기저에 깔려 있는 것을 알 수 있겠지요? 지금이 이 정도이니 이전에는 어떻겠습니까? 당시의 민중들은 아마 무교를 끼고 살았을 겁니다.

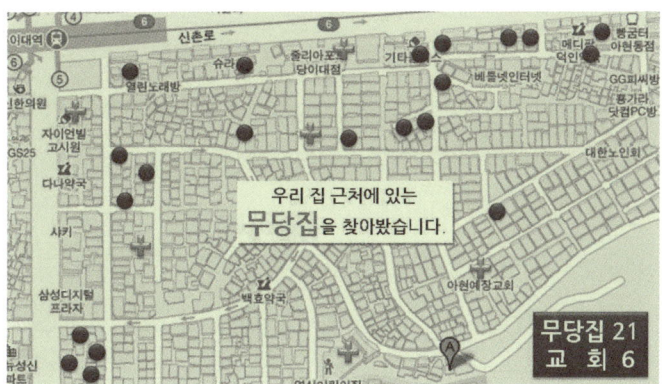

이대역 주변 무당집 분포도

그럼 조금 각도를 바꿔 연예계나 방송 혹은 영화계에서 관찰되는 무교의 모습을 볼까요? 여기도 장난이 아닙니다. 우선 연예계에 있다가 무당이 된 사람들이 적지 않습니다. 이번에 조사하다 보니까 한국의 대표 여배우였던 김지미 씨도 내림굿을 받았다는 사실을 알고 놀랬습니다.

무당을 다룬 영화를 보면, 우선 〈영매〉(2003)나 〈사이에서〉(2006)와 같은 다큐멘터리 독립 영화들이 떠오릅니다. 내용이 견실해서 이 방면에서 꽤 인정받은 영화들입니다. 특히 〈영매〉는 2년이라는 세월 동안 찍은 건데 그 사이에 주인공으로 나왔던 무당이 타계해서 그를 위해 씻김굿하는 것까지 필름에 담아서 이채로웠던 기억이 납니다. 상업 영화로는 최근에 〈청담보살〉(2009) 같은 영화가 있었지요. 그동안에 무당이 비중이 거의 없는 조연으로 나온 영화는 셀 수 없이 많았습니다. 그러나 〈청담보살〉처럼 무당이 아예 주인공으로 나오는 경우는 없었습니다. 또 비슷한 주제를 가진 드라마로는 당시 굉장한 인기를 끌었던 MBC 〈왕꽃선녀님〉(2005)을 빼놓을 수 없습니다. 그리고 드라마는 아니지만 무당이 주인공이 되어 프로그램을 이끄는 것도 많습니다. 가장 대표적인 게 QTV의 〈리얼 엑소시스트〉나 tvN의 〈엑소시스트〉라는 프로그램이고, MBC ESPN의 〈미스터리 X파일〉, YTN스타의 〈점(占)점(占) 다가와〉, 코미디TV의 〈고스트 스팟〉, 리빙TV의 〈타로 라이브〉 등 무당들이 등장하는 관련 프로그램들은 꽤 많습니다.

그러나 TV 프로그램 가운데 이 방면에서 가장 주목을 요하는 것은 MBC의 〈무릎팍 도사〉가 아니었나 싶습니다. 〈무릎팍 도사〉의 세

트장은 명확하게 밝히지는 않았지만 무당집이고 진행자인 강호동 씨가 무당으로 분한 것이라는 것은 누구나 다 압니다. 외국인들이 보면 이런 무대 세팅이 매우 생소할 겁니다. 그러나 한국인들은 무의식으로 무교나 무당에 익숙해 있어 거부감을 갖지 않았을 것이고 이것이 유명한 토크쇼의 배경으로 이어졌을 것입니다. 그만큼 무교는 우리에게 가깝게 와 있는 것이지요.

무교와 관계된 무형문화재들

사정이 이렇다 보니 우리나라에는 무교와 관계된 문화재들이 적지 않습니다. 문화재라고 하니까 짐짓 놀라는 분들도 있겠지요? 이때 말하는 문화재는 무형문화재입니다. 무교는 제도 종교가 아닌 터라 화려한 사원 같은 유형문화재는 없습니다. 기껏해야 인왕산에 있는 국사당 정도일 텐데 그것도 외견으로는 아주 초라해서 단지 사적(史蹟)으로만 등록되어 있을 뿐입니다. 그러나 무형문화재 쪽으로 가면 얘기가 달라집니다. 무교가 치성한 나라답게 한국은 무교와 관련된 많은 무형 유산을 갖고 있습니다.

굿과 관련한 인간문화재 혹은 기능보유자 가운데 가장 대표적인 분으로는 김금화 씨를 들 수 있습니다. 이분은 중요무형문화재 82호인 서해안 배연신굿과 대동굿의 기능보유자로 지정되어 있는데, 이게 1985년의 일이니까 이때부터 우리의 민속 신앙 무교의 주인공인 무당

남산에 있던 국사당 내부 모습과 현재의 국사당.
일제가 1925년 남산에 조선신궁을 지으면서 인왕산으로 강제 이전시켰다.

에 대한 시각이 좀 달라진 것 아닌지 모르겠습니다. 더 이상 미신이라고만 하지 않고, 비록 무교를 하나의 종교로서 인정한 것은 아니지만 적어도 예능적인 부분은 인정했으니 말입니다. 그런데 이것은 무당에 관한 것이고 굿에 관한 것은 이보다 한참 더 일찍 인정을 받습니다. 그리고 생각보다 훨씬 많은 굿이 진즉에 중요무형문화재로 등록되어 있었습니다. 이것은 중앙 정부가 인정한 굿들인데요, 주로 마을굿들입니다. 여러분들은 몇 개나 될 거라고 예상하십니까? 다음은 그 목록입니다. 다시 말하지만 이것은 중앙 정부에 등록된 것들만 뽑은 것입니다.

은산 별신제
강릉 단오제
하회 별신굿 탈놀이
양주 소놀이굿
제주 칠머리당굿
진도 씻김굿
풍어제 : 동해안 별신굿, 서해안 배연신굿 및 대동굿, 위도 띠뱃놀이, 남해안 별신굿
황해도 평산 소놀음굿
경기도 도당굿
서울 새남굿

벌써 10개가 훌쩍 넘지요? 그런데 이것은 중앙에 등록된 것이고 그 밖의 지역에 등록된 것까지 포함하면 전체 수가 얼마나 될지 모릅니다. 각 지방마다 색다른 무교가 있기 때문에 굿의 종류가 얼마나 많은지 모릅니다. 이걸 다 세는 것 자체가 힘들 지경입니다. 그 다음으로는 여기다 무교와 직접 관계된 것은 아니지만 간접적으로 관계된 것까지 포함하면 그 종류가 얼마나 많을지 아무도 모릅니다. 예를 들어 살풀이 춤도 무형문화재로 등록되어 있는데 이 춤은 현재 굿판과 관계없이 연행되고 있습니다만 원래는 굿판에서 유래했으니 무교와 간접적으로 연관되어 있는 게 사실입니다. 이런 게 한두 가지가 아닙니다. 그래서 이렇게 세다 보면 무형문화재 가운데 연행(performance)과 관계된 것은 대부분 무교와 연관 있다 해도 과언이 아닐 것입니다. 그래서 한국의 민속 문화는 거개가 무교와 관계되어 있다고 앞서 말했던 것입니다. 아니 그저 관계된 정도가 아니라 그 뿌리가 무교라고 할 수 있지요.

이 굿들은 1960년대 중반부터 서서히 중요무형문화재로 등록됩니다. 중요무형문화재 가운데 첫 번째로 등록된 것은 종묘제례악입니다. 그리고 1964년에 탈춤인 양주 별산대가 두 번째로 등록되었지요. 그런데 이 탈춤도 무당이 등장인물로 나오니 무교와 간접적인 연관이 있다고 하겠습니다. 위에서 본 마을굿 가운데 가장 먼저 등록된 것은 1966년에 등록된 은산 별신제입니다. 은산은 부여 옆에 있지요? 여기서는 몇 해에 한 번씩 백제를 부흥하려다 죽은 사람들을 위해 마을굿을 벌이는데, 이게 바로 은산 별신제입니다. 그 뒤로 앞서 인용한 많은 굿들이 중요무형문화재로 등록되었습니다.

중요무형문화재 71호 제주 칠머리당굿.
ⓒ 연합뉴스

여기서 우리의 주목을 끄는 것은 위의 굿 가운데 유네스코에 등재된 세계무형유산이 2~3개 된다는 사실입니다. 강릉 단오제는 종묘제례와 판소리에 이어 2005년 세 번째로 세계유산에 등재됩니다. 그리고 제주 칠머리당굿은 2009년에 등재됩니다. 그런데 2~3개라고 한 것은 하회 별신굿 탈놀이 때문입니다. 이 놀이는 세계무형유산에 등재되지는 않았지만 하회마을이 세계문화유산으로 등재되었으니 이 별신굿도 세계유산에 포함시킬 수 있지 않겠느냐는 것이지요. 하회마을이 세계유산이 되었다는 것은 건물만이 아니라 하회에 관한 모든 것을 말하는 것이니 그렇게 볼 수도 있겠다는 것입니다.

또 재미있는 것은 판소리입니다. 판소리가 한국이 낳은 세계적인 성악이라는 것은 누구나 아는 사실입니다. 판소리는 2003년에 세계무형유산으로 등재되었는데 문제되는 것은 이 판소리의 근본입니다. 잘 알려진 것처럼 판소리는 굿판에서 연유한 것입니다. 남도 굿판에서 여흥으로 부르던 것이 발전의 발전을 거듭해 세계적인 음악이 된 것입니다. 이렇게 되면 한국의 세계유산 가운데 무교와 관계되는 것이 3~4개나 되는 셈입니다. 여기서 계속 강조하고 싶은 것은 한국의 민속 문화는 그 뿌리의 대부분이 무교에 닿아 있다는 것입니다. 그만큼 무교는 우리와 가깝게 있습니다.

그래서 다음으로는 이런 무교와 아주 가깝게 있는 한국인들의 생활 속에 무교가 어떻게 침투해 있는가를 보았으면 합니다. 앞서 본 것들이 직접적으로 보이는 무교의 모습이었다면 이제부터 볼 것은 직접적인 영향은 아니더라도 그 근본이 무교와 관계되었을 것 같은 양상들입니다. 다시 말해 무교가 직접적으로 영향을 끼쳤다고는 할 수 없지만 무교가 아니면 달리 설명할 길이 없는 그런 사회적 현상에 대해서 보려고 합니다.

| 두 번째 판 |

신기가 펼친 한국의 현대 문화

다섯째 거리

노는 데 귀재인 한국인들

한국인들이 얼마나 노는 것을 좋아하는가에 대해서는 이미 잠깐 언급했고 아주 익숙한 주제라 그다지 상세하게 설명할 필요도 없을 것 같습니다. 그러나 우리는 이런 모습이 너무나 친숙한 나머지 그 실상을 잘 알지 못합니다. 또 다른 나라 사람들도 우리처럼 그렇게 논다고 생각을 합니다. 그러나 단연코 말하건대 한국인처럼 노는 민족은 지구상에 다시없을 겁니다. 이 양상이 워낙 다양하고 곳곳에 산재되어 있어 무엇부터 보아야할지 모를 지경입니다.

한국인들은 무엇보다도 음주가무에 뛰어납니다. 아니 너무 좋아한다고 하는 게 맞겠지요. 차분히 앉아서 토론하고 따지는 것은 잘 안 됩니다. 그저 소리 지르고 노래하고 춤추는 게 좋습니다. 이런 이야기를 하면 요즘에 누가 그렇게 노느냐고 하는 이들이 있습니다. 그런데 저는 지방 답사를 많이 다녀서 아는데 지방 답사에는 하나의 공식이 있답니다. 즉 서울에서 멀어질수록 한국적인 게 더 많이 남아 있다고 말입니다. 지방 유적지에 가면 지금도 많은 사람들이 공공장소에서 춤을 추고 노래를 하고 화투와 같은 놀이를 즐긴답니다.

2011년 5월에 갔던 부여의 부소산 답사에서도 이런 일을 많이 목격했습니다. 오전이었는데 벌써 낙화암으로 가는 길에서 관광객들이 노래를 부르면서 오르고 있는 것을 볼 수 있었습니다. 서울 유적지에는 이런 사람들이 별로 없지만 지방에는 아직도 숱하게 있습니다. 한국사에 관한 한 가장 오래된 기록인 『삼국지』「위지동이전」을 보면 한반도에 사는 사람들은 걸어 다니면서도 노래를 한다고 나와 있는데, 그것이 거짓이 아니라는 것을 지방 답사 때마다 확인하곤 합니다.

이렇게 놀기 좋아하는 한국인들을 두고 중국인들은 자신들과 비교해서 이렇게 표현했답니다. 자신들은 '궁리진성(窮理盡性)'을 하는데 한국인들은 '고무진신(鼓舞盡神)'을 한다고 말입니다. '궁리진성'이란 '이치를 궁리하는 데에 그 성품을 다하는 것'이고, '고무진신'이란 '두드리고 춤추는 데에 그 신명을 다하는 것'이라 풀이할 수 있습니다. 확실히 중국인은 한국인보다 사물의 이치를 이성적으로 파악하는 것 같습니다. 그러기에 성리학과 같이 분석력이 고도로 발달된 학문이 중국에서 만들어졌을 테지요.

제가 보기에 한국인들은 성리학 같은 좌뇌적인 학문을 창도하기 힘들 겁니다. 한국인들은 '쿨(cool)'하게 분석하고 판단하는 일을 하기보다는 마음을 마구 풀어 제치면서 감정을 발산하는 일을 좋아하기 때문입니다. 이런 이야기를 하면 어떤 분들은 '왜 한국인들이 철학적인 생각을 못한다는 것인가' 하고 반문하기도 합니다. 한국인들을 너무 얕보는 것 아니냐는 것이지요. 저도 그럴 생각은 전혀 없습니다만 제가 종교(철)학을 전공해 본 결과 얻은 결론입니다. 생각하는 일이 얼마나 어려운지 알았기 때문에 그런 이야기를 하는 것이지요. 우리나라에는 서양처럼, 예를 들어 셰익스피어의 『리어왕』이나 『맥베스』 등과 같이 인간의 비극을 철저하게 파고든 희곡 작품이 없지 않습니까? 우리가 좋아하는 것은 『흥부전』이나 『심청전』, 『춘향전』처럼 그저 그렇게 해피엔딩으로 끝나는 작품입니다. 이런 작품들은 인간의 한계이니 조건이니 하는 철학적인 성향과는 별 관계가 없습니다. 그저 인간의 선과 악 문제를 다루는 척하다가 나중에 악한을 꼭 회개시켜 다

좋게 끝내는 게 우리가 좋아하는 이야기의 전모입니다.

여러분들은 서양의 철학이나 과학이 얼마나 사물의 이치를 주밀하게 분석하고 꿰뚫고 들어가려 노력하는지 아십니까? 또 인도 철학에 나오는 논리학이 상상을 뛰어넘게 복잡하다는 것을 아십니까? 이에 대해 자세하게 논의하지는 않겠습니다. 왜냐하면 저도 그 주제들을 공부하다 포기해서 잘 모르기 때문입니다. 저도 나름대로 인도 철학이나 서양 철학을 공부해 봤는데 저와 같은 한국인의 사고 능력으로는 안 되겠다는 생각이 들어 일찌감치 포기했습니다. 이것은 한국인들의 머리가 부족해서 그런 것이 아니라 그런 능력을 발전시킬 만한 사회적 혹은 교육 체제가 잡혀 있지 않았기 때문에 일어난 일 같습니다. 한국 사회가 그저 흥청망청 노는 것만 좋아하고 창의적인 사고보다는 획일적인 사고를 키우는 데에 역점을 기울였으니 사고 능력이 발전했겠느냐는 것이지요.

한번은 독일에서 하이데거의 손(孫) 제자에게서 직접 배운 제 친구에게 물어봤습니다. "대체 한국인들이 (서양) 철학하는 일이 가능하냐"고 말입니다. 그랬더니 그 친구의 첫 번째 대답이 "우리나라 사람은 서양 철학 못해!"라는 것이었습니다. 이것은 결코 한국인을 낮추어 보는 것이 아닙니다. 그저 성향이 다르다는 것뿐입니다.

한국인들의 술 먹고 노는 이야기

한국인들이 사고에 약한 대신 흥이 아주 많아 놀기를 좋아하며 감성적이라는 데에는 제가 많은 증거 자료(?)를 제시할 수 있습니다. 앞에서 저는 한국인들이 가능한 한 빨리 망아경 혹은 흥청망청한 상태로 들어가기 위해 술을 많이 마신다고 했습니다. 일설에는 한국인들의 1인당 알코올 섭취량이 러시아에 이어 세계 2위라고 합니다마는 아직 확인하지는 못했습니다. 확인이 안 되는 이유는 한국인들이 즐겨 마시는 술은 도수가 약하기 때문에 마시는 양만 가지고는 단순 비교할 수 없다는 주장이 있기 때문입니다(그러나 어찌 됐든 독주 소비량은 한국이 세계 1위로 나왔더군요).

좌우간 한국인들이 술을 자주 마시는 것은 부정할 수 없는 사실이겠지요. 게다가 한국인들은 한 번 마시기 시작하면 대개 2~3차는 기본이니 마시는 절대 양이 많을 수밖에 없습니다. 한국인들의 음주 관습에 폭탄주 이야기가 빠질 수 없겠지요. 간략하게 살펴보면 충성주(일명 마빡주), 타이타닉주, 도미노주 등이 단골로 나오는 폭탄주의 일종입니다. 사실 폭탄주의 종류가 이 정도에서 그치는 게 아닙니다. 각종 블로그나 카페에 올라와 있는 폭탄주를 보면 그 종류가 50개가 넘습니다. 모두가 기발하기 짝이 없습니다. 타워팰리스주도 있고 성화봉송주 같은 아주 이채로운 폭탄주도 있습니다.

그런데 최근에 또 새로운 폭탄주를 발견했습니다. 외부 강의를 가서 배운 것입니다. 제가 가끔 외부 강의를 하는데 그럴 때마다 새로운

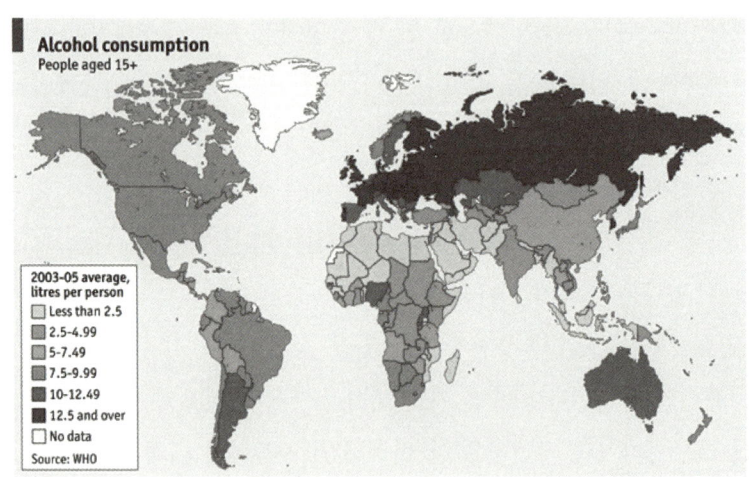

세계 알코올 소비량 지도.
아시아에서 남한만 가장 진하게 표시된 것이 이채롭다.

사실을 배워 재미있습니다. 한번은 방송국에서 예능 프로그램 피디들을 대상으로 이 주제에 대해 강의한 적이 있었습니다. 그랬더니 한 피디가 요즘에 '천안함 폭탄주'가 나왔다고 하더군요. 도의상 그 폭탄주에 대해서는 자세히 말할 수 없고 단지 폭탄주의 일종이라고만 아시면 됩니다. 앞으로도 아마 새로운 폭탄주가 계속해서 등장할 겁니다. 한국인들이 폭탄주를 워낙 즐기기 때문에 시대나 사건에 따라 계속해서 새로운 폭탄주를 만들어 내는 것입니다. 이렇게 보면 한국인들은 어떻게 하면 즐겁고 유쾌하게 술을 오랜 시간에 걸쳐 먹을 수 있는가를 연구의 연구를 거듭한 사람들처럼 보입니다.

이렇게 술을 먹으면 취하게 되고 취하면 한국인들은 곧 그 다음 일을 시작합니다. 말할 것도 없이 노래하는 일이지요. 한국인들은 흡사 노래를 못해 죽은 사람들이 다시 태어난 사람들 같습니다. 무슨 노래를 그렇게 좋아하는지 알 수 없습니다. 어떤 이들은 노래를 좋아하는 민족은 한국 말고도 얼마든지 많다고 주장하기도 합니다. 틀린 말은 아닙니다. 아니 노래를 싫어하는 민족은 없을 겁니다.

음악은 많은 예술 장르 가운데 모든 인종과 모든 계급이 좋아하는 유일한 예술 장르일 겁니다. 예술 가운데 가장 보편적인 장르라는 것이지요. 다른 장르, 즉 미술이나 공예, 건축 등은 자신이 직접 하기보다 장인이나 예술가들이 하는 것을 즐기는 경우가 태반이지요? 그림을 자신이 직접 그리며 좋아하는 사람이 몇이나 되겠습니까? 도자기를 누가 만들며 집을 누가 지을 수 있겠습니까? 그러나 음악은 즐기지 않는 사람이 드물 겁니다. 세상에 노래 한 번 해 보지 않은 사람이 있을까요? 상류층들은 그들 나름대로 그들에게 맞는 음악을 즐기고 기층민들 역시 그들에게 걸맞은 음악을 즐깁니다. 음악은 전문가가 하는 것을 듣는 경우도 있지만 그보다는 직접 본인이 하면서 즐기는 경우가 더 많습니다. 사람들은 자신이 좋아하는 노래가 있고 그것을 가끔씩 부릅니다. 그래서 음악을 가장 보편적인 예술 장르라고 하는 겁니다. 음악은 사람이 감정을 표현할 수 있는 가장 좋은 방법이기 때문입니다.

기쁘거나 흥이 나면 자연히 노래가 나옵니다. 그러면 기쁨이나 즐거움은 배가되게 마련입니다. 또 우리들은 종종 슬픈 노래를 부르기 좋아합니다. 그 슬픔 속에서 우리들의 마음이나 영혼이 정화되는 것을 느끼기 때문입니다. 그래서 사람들은 기쁘거나 슬프거나 노래를 하고 음악을 듣는 것입니다. 이런 관점에서 보면 음악은 그저 예술의 한 장르에 그치는 것이 아니라 그것이 존재하지 않으면 인간의 삶이 존립할 수 없게 되는 대단히 중요한 삶의 한 부분이라 할 수 있습니다.

한국인들은 음악을 노상 옆에 끼고 삽니다. 음악이 한국인들의 삶에서 대단히 중요한 부분을 차지하고 있는 것이지요. 이 사실을 통해 우리는 한국인이 대단히 감각적인 사람들이라는 것을 알 수 있습니다. 이것은 한국인들이 이성적이거나 합리적으로 하나하나 따지기보다는 기분에 따라 감성적으로 일을 처리하는 쪽을 더 선호할 것이라는 예측을 가능하게 합니다.

다시 앞에서 제기한 질문으로 돌아가 보겠습니다. "한국인들만 노래하는 것을 좋아하는 것은 아니지 않은가" 하는 질문 말입니다. 그런데 제가 과문한 탓인지 모르지만 한국인들처럼 아무 곳 아무 때나 노래하는 민족이 또 있을지 또 모르겠습니다. 대체로 사람들은 노래를 해도 일정한 곳이나 일정한 시간대에 하는 경우가 많습니다. 예를 들어 멕시코의 유명한 거리악사들인 마리아치도 신명 면에서는 한국인들 못지않습니다. 그러나 그들도 아무 때나 노래하는 것 같지는 않습니다. 대부분 옷을 제대로 차려 입고 일정한 시간이나 특정한 장소에서만 노래하지요. 또 브라질의 삼바 축제도 그 화려함과 광란의 정도는 상상을 불허합니다. 그런데 브라질 사람들이 그렇게 노는 것도 축제가 개최될 때만 아닌가요? 물론 축제와 일상을 비교할 수는 없지만 한국인들은 축제를 하든 일상 속에서 지내든 아무 때나 술을 마시고 노래를 하고 그러다 춤을 추는 국민들처럼 보입니다. 그러니까 한국은 전천후 축제의 나라라는 것이지요.

한국이 이런 나라라는 것은 많은 예에서 엿볼 수 있습니다. 그중에 압권은 역시 노래방일 겁니다. 노래방을 이렇게 좋아하는 민족이 우리 말고 또 있을까 하는 생각이 들 정도로 한국인들은 노래방을 정말 좋아합니다. 흡사 한국인들은 노래방 기계가 발명되기만 기다렸던 민족 같습니다. 이 기계는 1970년대에 일본에서 그 최초의 형태가 만들어졌다고 하니 일본이 원조가 되겠습니다.

『경향신문』의 박주연 기자가 쓴 기사를 보니 한국에서는 노래방 기계가 1991년 4월에 부산에서 첫 번째로 선을 보였다고 하더군요. 저도 이즈음에 새로 생긴 노래방에 갔던 기억이 선명합니다. 500원짜리 동전을 넣어서 한 곡씩 불렀고 영상도 형편없었습니다. 그러던 게 동영상이 들어가고 합창단 코러스가 들어가는 등 계속 진화해 지금은 제목을 기억하지 못하는 노래가 있을 때 몇 소절만 부르면 그 노래가 뜰 수 있게 만든 노래방 기계까지 나왔다고 하더군요. 좌우간 한국에서 노래방은 비약적으로 발전해 첫 번째 노래방이 생긴 지 1년여 만에 1만 개의 노래방이 생겼다고 합니다. 그야말로 짧은 시간에 폭발적으로 성장한 겁니다. 그래서 2009년도에 조사했을 때 3만 5천여 개의 노래방이 성업을 하고 있다고 했는데 지금도 아마 비슷한 숫자가 아닐까 합니다. 당시의 노래방이 점유하고 있는 시장 규모는 약 1조 3,400억 원 정도에 달한다고 하고 매일 노래방을 이용하는 사람들이 무려 190만 명이라는 엄청난 수에 달한다고 합니다.

그런데 이것은 노래방 숫자만 계산한 것이고 그 밖에 음식점이나 개인이 갖고 있는 노래방 기계까지 합하면 도대체 이 기계는 그 수가 얼마나 될지 계산 자체가 힘들 겁니다. 예컨대 무슨 잔치가 있으면 많은 경우 원맨 밴드가 동원됩니다. 보통 악사 한 명이 노래방 반주 기계를 들고 와 반주를 틀고 그에 맞추어 자신이 직접 전기 기타를 치지요. 그래서 특히 환갑잔치 같은 것을 할 때면 대개 이 사람이 해 주는 반주에 맞춰 잔치에 온 사람들이 노래를 하고 춤을 춥니다. 저는 이런 식으로 잔치하는 것을 좋아하지 않지만 이런 스타일이 잔치의 보통 모습입니다.

우리야 전혀 이상하지 않지만 과연 전 세계에서 어떤 민족이 이렇게 노는지 생각해 보셨습니까? 이전에 마을 잔치 때 모여서 노래하고 춤추던 습관이 이제는 원맨 밴드(혹은 노래방 기계)에 맞추어 노는 것으로 바뀐 것뿐입니다. 모습은 조금 바뀌었지만 흥청망청 노는 것은 전혀 바뀌지 않았습니다. 어떻든 한국에는 이렇게 노래방이 많고 노래방 기계를 이용하는 기회가 많기 때문에 한국인들은 아무 때나 아무 곳에서나 노래를 한다고 하는 것입니다. 그래서 한국인들이 있는 곳에는 노래방이 없는 곳이 없습니다. 한국은 말할 것도 없고 해외 어디든 한국인들이 모여 있는 곳에는 반드시 노래방이 있습니다. 일본에 가면 오히려 노래방 찾기가 쉽지 않습니다. 기계는 일본인들이 가장 먼저 만들어 놓고 정작 가장 많이 즐기는 건 한국인들입니다. 한국인들의 노래 사랑은 이제 시작에 불과합니다.

한국인들이 얼마나 노래를 좋아하는지는 자신들은 워낙 익숙해져 있어 잘 모릅니다. 저도 미국 유학 가서 다른 민족들을 만나기 전까지는 전 세계 인류가 한국인처럼 노는 줄 알았습니다. 그런데 한국인들처럼 만나면 무조건 술 마시고 그러다 취하면 아무 때나 노래하는 민족은 보지 못했습니다. 물론 그들(특히 서양인)도 파티를 하지요. 그러다 춤도 추긴 합니다. 그러나 그네들이 하는 건 모두 나름대로의 질서와 규범이 있습니다. 우선은 이야기를 한참 즐기다가 흥이 나면 춤을 추는데 이런 일련의 과정이 매우 질서정연하다는 것이지요. 그러나 이렇게 흥이 나서 놀지라도 노래를 하는 경우는 거의 없습니다. 한국인들처럼 서로 노래를 시키고 그러다 같이 합창을 하는 그런 문화는 잘 보지 못했다는 것입니다.

우리들은 툭하면 상대방 노래시키길 좋아합니다. 심지어는 노래하기 싫다는 사람을 노래시키는 노래까지 있지 않습니까? 그렇게 계속해서 옆에서 치근덕대면 하는 수 없이 노래를 하긴 합니다. 그런데 당사자가 막상 노래를 시작하면 주위 사람들이 그 다음부터는 잘 안 듣지요. 이것은 집단주의 문화권에서만 발생하는 아주 재미있는 현상입니다. 집단주의 문화에서는 개인의 독자적인 행동을 인정하지 않기 때문에 무엇을 하든 다 같이 해야 합니다. 따라서 집단으로 노래를 할 때 혼자만 안 하는 사람이 있으면 그걸 용납 못하고 기어코 노래를 시키는 겁니다. 그러나 일단 노래를 시작하면 그 사람을 노래시키는 데에 성공했기 때문에 노래를 들을 필요가 없습니다. 어차피 노래를 들으려고 한 것이 아니라 노래를 시킴으로써 자신들이 한 집단이라는 것을 확인하려고 한 것이기 때문입니다.

한국인들의 기이한 음악 사랑

이렇게 음악을 좋아하는 한국인들의 모습은 노래방 말고도 여러 군데에서 찾아볼 수 있습니다. 그 가운데 가장 대표적인 것은 TV 프로그램에서 찾아야 할 겁니다. TV는 가장 대중들과 가까운 매체이기 때문에 그 나라 사람들의 취향이나 바람이 그대로 드러납니다. 아침에 일어나면 가장 먼저 하는 일이 TV 켜는 것 아닌가요? 그리고 음식점에도 누가 보든 안 보든 무조건 TV를 켜 놓지 않습니까? 그래서 TV만큼 대중문화를 잘 반영하는 것은 없을 겁니다. 가끔씩 사람들이 'TV 프로그램이 천박하다' 혹은 '선정적이다'라고 비판하는데 TV

는 정확하게 대중들의 취향을 읽고 그 수준을 반영하기 때문에 비판하는 것이 외려 이상합니다. 자신들이 그런 것을 좋아하면서도 실제로 나오면 싫다고 하니 이율배반적인 것이라는 것입니다. 그게 싫으면 자신들이 먼저 바뀌어야죠.

이것은 흡사 자기들 수준은 별것 아니면서 국회의원들을 욕하는 것과 비슷한 상황이라 할 수 있습니다. 그런 이야기를 많이 하지요? 한국은 국민들은 똑똑한데 정치인들이 저질이고 엉망이라고 말입니다. 그래서 정치만 바뀌면 한국은 다 잘될 거라고 말입니다. 그런데 그런 일이 어찌 있을 수 있습니까? 국회의원은 그 국민들에게서 나왔으니 그 국민과 같은 것입니다. 국민이 똑똑하면 국회의원도 똑똑하고 그 반대도 마찬가지입니다. 그러니까 우리가 정작 할 일은 우리를 바꾸는 일이지 국회의원들을 비난하는 일이 아닙니다. 우리가 수준이 높아지면 국회의원들은 자연히 좋은 사람이 됩니다. TV가 바로 우리의 얼굴이라는 말을 하려다 이야기가 조금 빗나갔네요.

그러면 한국인들의 기이한 음악 사랑 열을 보기 위해 TV 프로그램을 점검하려면 어떻게 하면 될까요? 아주 간단합니다. 일요일 하루만 보면 되기 때문입니다. 한국의 일요일 TV 프로그램은 실로 가관입니다. 노래하고 노는 프로그램으로 온통 도배되어 있으니까요. 그 시작은 말할 것도 없이 SBS에서 일요일 아침 8시경에 방영하는 〈도전 1000곡〉입니다. 이 프로그램은 다 아시는 것처럼 연예인들이 나와 노래방 기계를 틀어 놓고 누가 끝까지 가사를 틀리지 않고 부르는가를 가지고 경연하는 것입니다. 그래서 이 프로그램은 처음부터 끝까지 노래와 춤만 있습니다. 그런데 생각해 보십시오. 일요일 아침부터 노래하고 춤추는 민족이 몇이나 되겠습니까? 주일 아침은 늦잠을 자던지 교회나 절에 가서 경건하고 조용하게 보내는 것이 인지상정일 것 같은데 한국인들은 기운이 뻗쳐 넘치는지 일요일 아침부터 노래를 해야 직성이 풀리는 모양입니다. 〈도전 1000곡〉은 2000년 10월에 첫 방송을 했으니까 벌써 12년째에 접어든 장수 프로그램입니다. 오락 프로그램은 시청률이 낮으면 바로 바뀌는데 이렇게 오래 지속되고 있는 것을 보니 상당히 인기가 많은 것을 알 수 있습니다.

한국인들의 노래 프로그램 사랑은 이제 시작에 불과합니다. 일요일 아침에 한탕 뛰고 나면 이번에는 12시 대에 KBS의 〈전국노래자랑〉이 기다리고 있습니다. 〈전국노래자랑〉은 그야말로 전 국민의 신명판입니다. 이 프로그램을 볼 때마다 느끼는 것이지만 한국인들의 신기는 정말로 못 말립니다. 누구 말마따나 '뒤집어서 말려도' 못 말립니다. 한번 가만히 생각해 보십시오. 수백 명의 청중이 있고 방송국 카메라가 몇 대씩이나 돌아가는 공개적인 자리에서 마구 춤을 추며 노래하는 일이 쉽겠습니까? 그런데 출연자들을 보면 모두가 연예인처럼 능숙하게 가무를 아주 잘합니다. 이런 일은 신기가 넘치지 않으면 가능한 일이 아닐 것입니다.

〈전국노래자랑〉과 관련해 잘 알려지지 않은 사실 하나를 알려 드리지요. 여러분들이 아시는지 모르지만 〈전국노래자랑〉은 일본 NHK의 프로그램을 본떠 만든 것입니다. 저는 NHK의 것을 보지 못했습니다마는 일본에서도 이 프로그램이 일요일 오전 10시쯤에 인기리에 방송되고 있다고 합니다. 그리고 그 구성도 아주 비슷하다고 합니다. 그런데 완전히 다른 한 요소가 있다고 합니다. 그것은 다름 아닌 채점 기준입니다. 두 방송국의 기준이 완전히 다릅니다. 우선 NHK의 경우를 보면, 일본에서는 출연자들이 기성 가수의 창법을 그대로 흉내 내야 높은 점수를 받는다고 합니다. 이에 비해 한국은 정반대입니다. 기성 가수의 것을 모방하면 무조건 상위권에서 멀어집니다. 그래서 아무리 노래를 잘하고 기교를 잘 부려도 모창은 한국 가요계에서는 가장 피해야 할 일입니다. 이것은 한국의 다른 노래자랑에서도 마찬가지입니다.

그런데 이런 음악적 관습이 현대에 와서 갑자기 툭 튀어나온 것이 아니라 한국 음악계는 이전부터 그랬습니다. 조선의 판소리계에서는 제일 싫어하는 소리를 '사진 소리'라고 불렀습니다. '사진 소리'란 스승의 소리를 똑같이 흉내 내어 하는 것인데, 이 소리를 하는 판소리꾼은 판소리계에서 전혀 인정을 받지 못합니다. 아니, 그런 판소리꾼은 스승의 문하를 떠나야 합니다. 이에 비해 일본의 전통 성악계는 완전 반대입니다. 스승의 것을 그대로 따라 하지 않으면 퇴출이라고 하니 말입니다. 어느 쪽이 더 낫다 못하다 그런 이야기가 아닙니다. 다만 한국인들은 변화를 좋아하는 경향이 있는 반면 일본인들은 변화보다는 보존하는 것을 더 높이 치는 성향이 강하다는 것이지요. 이런 한국인의 성향에 대해 저는 한국인들의 문화적 DNA 속에는 자유분방함에 대한 희구(希求)가 있다고 한 적이 있습니다. 이 점은 저의 책 『한국인은 왜 틀을 거부하는가?』(소나무)에서 충분히 설명했습니다. 다시 한국인들의 음악 사랑으로 돌아가 볼까요?

일요일 낮에 하는 노래 프로그램을 이야기하다 조금 옆으로 샜군요. 노래 프로그램 이야기가 끝나려면 아직 멀었습니다. 〈전국노래자랑〉을 다 보고 조금 있으면 오후 4시경 SBS에서 〈생방송 인기가요〉를 합니다. 가요 순위 프로그램 중에 하나이지요. 이런 프로그램은 SBS에서만 하는 것이 아니라 지상파 방송들이 다 합니다(교육방송은 빼고). 주말이 되면 각 방송국들이 요일을 바꾸어 앞다퉈 이런 프로그램을 방영합니다. KBS 2에서는 금요일 6시경에 〈뮤직뱅크〉를, MBC에서는 토요일 4시경에 〈쇼! 음악중심〉이라는 가요 순위 프로그램을 방영합니다. 이런 가요 프로그램들은 생방송으로 진행되는데, 〈뮤직뱅크〉는 무려 72개국에서 동시에 실시간으로 생방송된다고 합니다. 그러니 이런 효녀 프로그램을 누가 없애려고 하겠습니까? 아니 반대로 더 키우려 하겠지요.

그런데 가만히 생각해 보십시오. 대관절 어느 대명천지에 주말마다 이렇게 순위를 정해 노래를 해 '제끼는' TV 프로그램을 경쟁적으로 양산하는 나라가 있을까요? 그것도 대중음악을 전문으로 하는 케이블 채널이 아니라 어엿한 지상파에서 말입니다. 해도 정도껏이지 한국처럼 이렇게 주말에 젊다 못해 어린 친구들만 즐기는 대중음악 프로그램을 하는 나라는 실로 찾기 어려울 것입니다. 다른 나라, 특히 선진국들을 보면 이런 프로그램들은 당연히 음악 전문 케이블 채널에서 합니다.

그러나 한국에서는 아닙니다. 한국에서는 중앙 방송 세 곳 모두 이런 프로그램을 합니다. 이런 사정은 방송국에서 억지로 해서 된 것이 아닙니다. TV 프로그램은 방송사에서 마음대로 만드는 것 같지만 대부분 국민들이 원하는 걸 만들지 자기 마음대로 만들지 못합니다. TV 프로그램은 국민들의 생각이 반영되어 만들어지지 하늘에서 뚝 떨어진 것이 아니라는 말입니다. 한국인들이 워낙 노래하고 춤추는 것을 좋아하니 그런 염원이 그대로 TV에 반영된 것입니다. 그리고 그런 것들이 쌓이고 쌓여 K-pop이라는 명품이 나온 것일 겁니다. K-pop과 같은 명품은 결코 갑자기 만들어질 수 없습니다. 노래와 춤을 세계에서 가장⑦ 좋아하고 잘하는 민족이 주말이고 주중이고 가리지 않고 노래를 해댄 결과로 나온 것이 K-pop이라는 것입니다.

노래와 춤에 신들린 한국인들

일요일 TV 프로그램에 노래와 춤이 관련된 것이 얼마나 되는지 보고 있었는데 사실은 이제 반밖에 못 온 것입니다. 시간이 저녁으로 접어들면 온갖 예능 프로가 방송 3사, 아니 4사(KBS 1 채널까지 하면 4사)에서 방영됩니다. 너무나 잘 알려진 것들이니 여기서 일일이 거론하지 않겠습니다.

예능 프로그램은 그래도 주로 상업 방송에서 방영됩니다. 그런데 국영 방송인 KBS 1에서 하는 노래 프로그램이 있어 우리의 주목을 끕니다. 바로 일요일 저녁 6시경에 하는 〈열린 음악회〉입니다. 이 프로그램은 그 자체로 아주 이상한 프로그램입니다. 일요일 저녁 온 가족이 다 함께 보라고 만든 것이라는데 사실 이것은 말이 안 됩니다. 왜냐하면 노래에는 세대 차이가 뚜렷하게 있기 때문에 다른 세대의 노래를 듣는다는 것은 거의 있을 수 없는 일입니다. 이미자나 현철의 노래를 좋아하는 60대 이상 세대가 느닷없이 화면이 바뀌면서 2NE1이나 2PM 같은 아이돌 가수들이 나와서 노래를 하면 당장 채널 돌리라고 할 겁니다. 그러나 10대나 20대 친구들은 이미자나 현철이 나오면 도대체 저걸 노래라고 듣느냐고 하면서 불평과 함께 자리를 뜰 겁니다(감히 채널은 돌리지 못하고 말이죠). 그러니 이 프로그램은 가족 화합용이 아니라 가족 이산용이라 할 수 있습니다. 이 프로그램이 공영 방송이니까 지속되지 SBS처럼 상업 방송이었으면 벌써 없어졌을 겁니다. 아니 생기지도 않았을 겁니다. 거기다 웬 이탈리아 가곡이나 미국 유행가는 그리도 자주 나오는지요. 대체 우리 국민 가운데 푸치니의 오페라 〈투란도트〉에 나오는 〈공주는 잠 못 이루고(네순 도르마)〉라는 노래를 얼마나 알고 있다고 그런 남의 나라 노래를 자주 하는지 모르겠습니다. 그리고 항상 원어로 하기 때문에 무슨 소리인지는 전혀 알 수 없습니다. 제가 보기에는 프로그램 관계자들이 이런 서양의 오페라 곡을 해야 프로그램의 격조가 높아진다고 생각하는 것 같습니다. 만일 이 생각이 맞는다면 이것은 일종의 음악 사대주의죠.

저는 KBS 1 같은 중심 국영 방송에서는 외국어로 노래하는 것을 가능한 한 금해야 된다고 생각합니다. 이보다 더한 것은 팝송이라 불리는 미국 유행가를 할 때입니다. 이런 노래들을 듣고 있으면 미국서 공부했다는 저도 가사 뜻을 다 알아듣지 못하겠는데 그렇지 않은 거개의 국민들이 어찌 알겠습니까? 아니 가사 뜻도 전달되지 않는 노래를 어떻게 공영 방송에서 할 수 있습니까? 물론 번역이 자막으로 나오기는 하지만 한국의 최고 공영 방송에서 굳이 그렇게 영어로 노래해야 하는지는 잘 모르겠습니다.

사실 말이 나왔으니 말인데, 한국인의 음악 문화는 이런 큰 극장에서 점잖게 앉아 가수들이 하는 노래나 듣고 있는 것이 아닙니다. 판소리 판에서 알 수 있듯이 한국인들은 절대로 가만히 있지 않았습니다. 가만히 있기보다는 추임새를 하고 자기도 노래를 하고 그러다 흥이 나면 춤도 추고 그랬습니다. 그러나 이런 놀이 문화에 대해 정작 한국인들 자신(自身)은 자신(自信)이 없는 것 같습니다. 그런 식으로 음악 문화를 이끌고 가기보다 가만히 앉아서 외국 가곡이나 팝송을 부르는 것을 좋아하는 것 같기 때문입니다. 그러니까 외국 곡을 들어야 좀 우아하게 생각하는 것 같다는 것이지요. 이런 한국인의 모습을 서양인들이 보면 뭐라 할까요? 그들은 '한국인들이 왜 자기 노래는 안 하고 서양 우리들의 노래를 할까' 하고 의아해 하지 않을까요?

비슷한 맥락으로 생각되는데 세계적인 철학자인 독일의 하버마스(Jürgen Habermas)가 내한했을 때에도 비슷한 이야기가 있었죠? 하버마스는 세계적인 영적 사상가 켄 윌버(Ken Wilber)가 세상에서 가장 똑똑한 사람이라고 극찬한 사람인데 그가 한국에 왔을 때에 한국 교수들이 자기 철학을 연구하는 것을 보고 매우 놀랐답니다. 그리곤 "당신들은 당신들의 사상(불교나 유교)을 연구하지 왜 내 철학을 연구하느냐"

고 반문했다고 하지요. 우리가 우리 것을 하는 게 전혀 부끄러운 일이 아닌데 한국인들은 자신들의 문화적 자산에 아직도 열등감을 많이 갖고 있는 것 같습니다.

사설이 길었습니다. 이 프로그램의 문제점을 말하려는 게 아니었는데 평소에 항상 불만족스럽게 생각하던 점이 저절로 나왔습니다. 각설하고, 여기서 제가 이야기하고 싶었던 것은 한국에서는 핵심 방송사의 일요일 저녁 황금 시간대가 노래 프로그램으로 점령당했다는 사실입니다. 한국인들은 노래와 춤을 워낙 좋아하는지라 이런 게 전혀 이상하지 않습니다. 그런데 다른 나라 방송을 한번 보십시오. 제가 세계의 모든 국영 방송의 일요일 저녁 프로그램을 다 조사한 것은 아니지만 아마 우리나라 같은 경우는 그리 흔하지는 않을 것 같습니다. 적어도 미국을 비롯한 서양 제국(諸國)은 그렇지 않았습니다. 제가 미국서 공부한 것도 30년 전의 일이라 지금은 어떻게 바뀌었는지 모르지만 당시 미국의 지상파 방송의 일요일 저녁은 주로 영화 상영으로 채워져 있었지 노래 프로그램은 눈을 씻고 찾아보아도 없었습니다. 아니 노래하는 연예 프로그램 자체를 찾기가 힘들었던 기억이 납니다. 이런 연예 프로그램은 케이블 채널로 가야 있지 공중파 방송에서는 거의 볼 수 없었습니다. 사실 음악은 우리나라의 Mnet처럼 음악 전문 채널에서나 접할 수 있는 것이 맞겠지요.

그런데 이번에 처음으로 직접 홈페이지를 통해 찾아보니 일본의 NHK는 일요일 6시경에 〈Music Japan〉이라는 프로그램을 방영하고, 중국의 CCTV 역시 일요일 6시경에 〈정대종예(正大宗藝)〉라는 연예 프로그램을 하고 있더군요. 이 가운데 일본 것은 분명 노래하는 프로그램이지만 노래와 관계된 프로그램은 그것 하나밖에 없었습니다. 반면 중국 것은 퀴즈 프로그램 같은 것입니다. 따라서 이들 나라에서의 일요일 저녁 TV 프로그램은 노래하는 것과는 별 관계가 없는 것을 알 수 있습니다. 더 더욱이 일요일 저녁을 포함한 주말 저녁을 예능 프로그램으로 도배한 우리나라와는 사정이 완전히 다른 것이지요.

KBS 1의 노래 사랑은 아직도 끝나지 않았습니다. 〈열린 음악회〉가 끝나면 잠시 노래 프로그램은 소강상태로 들어갑니다. 그러다 밤이 깊어 11시가 되면 또 유명한 가요 프로그램이 나옵니다. 이 프로그램의 이름은 그 유명한 〈콘서트 7080〉입니다. 이 프로그램도 2004년부터 시작했고 진행자로서 배철수 씨가 확고부동한 위치를 갖고 있지요. 잘 알려진 것처럼 1970년대와 1980년대에 20대를 보낸 사람들을 위한 라이브 공연 프로그램입니다. 이 프로그램을 여기서 자세하게 소개할 필요는 없고 다만 한국인들은 일요일 밤까지 노래를 그치지 않는다는 것을 간증하는 것으로 족합니다.

그런데 일요일 밤에 노래하는 것은 말이 안 됩니다. 다음 날이 그 힘든 한 주일이 시작되는 월요일이니 일요일 밤에는 조신(操身)하고 조심(操心)하면서 노는 것을 그치고 잠을 자야 하지 않겠습니까? 제가 미국서 공부할 때에도 그곳 사람들이 금요일과 토요일까지만 놀고 일요일 밤은 아주 조용하게 지내는 것을 일상적으로 보아 왔습니다. 그런데 한국인들은 노래를 한시도 떼어 놓고 살지 못합니다. 주말이고 주중이고 가리지 않고 그저 노래를 불러 대고 춤을 추어야 직성이 풀리는 것으로 생각하니 말입니다.

일요일 밤까지 노래하면서 논 한국인들은 그래도 직성이 안 풀렸는지 월요일 밤에 또 노래를 합니다. 이것도 역시 '대한민국의 힘'이라는 표어를 자랑하는 KBS에서 방영되는 것이고 그것도 KBS 2가 아닌 KBS 1에서 출방되는 프로그램입니다. 이 프로그램은 소개도 필요 없을 겁니다. 1985년부터 방영된 아주 오래된 장수 프로그램으로 나이가 많은 이들을 위해 만들어진 프로그램이니까 말입니다. 네, 바로 〈가요무대〉가 그것입니다. 저는 솔직히 말해 〈콘서트 7080〉보다는 이 〈가요무대〉를 더 즐겨 봅니다. 식민지 시대의 옛 가요부터 1970년대 가요까지 모두 나오니 방영되는 가요의 범위가 넓어 꽤 재미있게 봅니다. 그보다 중요한 것은 한국인들은 일주일을 시작하는 월요일부터 노래를 한다는 사실입니다. 그것도 상업 방송이 아니고 국영 방송을 통해서 말이죠. 이 프로그램은 시청률도 9퍼센트 정도이니 꽤 괜찮은 편입니다. 방송이 오래되어서 그만큼 고정 시청자가 많은 때문이겠지요. 한국인들은 노래 프로그램은 세대별로 다 있어야 하는 줄로 생각하는 것 아닌지 모르겠습니다. 한국인에게 노래 부르기는 지상 과제이니 모든 사람이 즐겨야 한다고 생각했을 것이고 그러니 모든 세대를 위한 노래 프로그램이 있어야 한다고 생각한 것 아니냐는 것입니다. 그렇게 생각하니까 노래와 관계없는 사람이 나와도 반드시 노래를 시키는 경우가 많습니다. 예를 들어 토크쇼에서 영화배우를 초청해 놓고 이야기 나누다가 느닷없이 노래를 하라고 합니다. 연기자가 노래를 꼭 잘하는 건 아니잖습니까? 근데도 우리는 그에게서 노래를 들어야 직성이 풀립니다. 이렇게 노래 프로그램을 가지고 주저리주저리 하다 보니 글이 길어졌습니다. 이 주제에 관해서 할 이야기가 그렇게 많은 겁니다.

이렇게 한국인들끼리 노래하다 명절이 되면 이번엔 외국인 노동자들을 불러다 또 노래를 시킵니다. 한국 땅에 사는 한 한국인처럼 노래하고 살라는 것인지 모르겠습니다. 이렇게 한국에서는 기회만 있으면 노래를 하고 춤을 춥니다. (음주)가무가 완전 생활화된 것입니다.

그래서 저는 이전에 이런 한국인들의 신기 어린 음주가무 문화를 중간 완성시킨 게 '라디오 노래방'과 '관광버스 춤'이라고 밝힌 적이 있습니다. 중간 완성이라고 말한 것은 앞으로 어떤 센 것이 나와 이것들을 갈아 치울지 모르기 때문입니다. 신기에 가득 찬 한국인들의 놀이 정신은 어디로 진화할지 몰라 그렇게 표현한 것입니다.

저는 이 주제를 가지고 가끔 외부 강의를 하는데 라디오 노래방 이야기를 하면 청중들도 신기해합니다. "한국인들이 얼마나 노래를 좋아하길래 라디오 방송국에서 반주를 틀어 주면 그 반주에 맞추어서 전화기에 대고 노래를 합니까? 어떤 나라 사람들이 이런 일을 합니까?"라고 제가 말하면 청중들이 다 "와~" 하면서 웃습니다. 아니, 자기들이 매일같이 방송을 통해서 생활처럼 하는 일인데 그걸 이야기해 주면 웃어 대니 그게 외려 신기합니다. 또 이야기를 들어 보니 아침 출근길에도 휴대전화로 라디오 노래방 프로그램에서 노래를 한다고 하더군요. 한국인들이 지닌 신기가 얼마나 강하면 이렇게까지 노래를 해 대겠습니까?

이와 관련해 일본인 제자에게 들은 바가 있습니다. 이 제자는 모친이 한국인이기 때문에 일본과 한국의 문화를 잘 비교합니다. 식구들끼리 일본에서 노래방을 가면 다른 사람들은 가만히 앉아서 노래를 하는데 한국인인 모친만 자꾸 춤을 추려고 일어난다는 것입니다. 한국인인지라 그 흥을 어찌할 수 없는 것이지요. 또 미국인 동료도 비슷한 이야기를 한 적이 있습니다. 그와 같이 답사를 가서 학생들과 노래방을 간 적이 있습니다. 노래방에서 우리 (여)학생들이 어떻게 노는가는 잘 알지 않습니까? 한마디로 길길이 날뛴다고 할 수밖에 없지요. 특히나 자우림의 〈매직 카펫 라이드〉 같은 곡이 나오면 완전히 무당이 된 듯 도약춤을 추면서 껑충껑충 뜁니다. 그걸 보고 제 미국인 동료가 "저렇게 노는 학생들은 한국 학생밖에 없다"면서 자기는 그런 한국이 좋다고 하더군요. 여기 사는 우리들은 잘 모르고 있지만 우리 한국인들이 노는 게 유별나긴 유별난 모양입니다.

그 다음에 관광버스 춤도 그렇지요. 한국인들이 흥이 얼마나 많으면 버스의 복도처럼 작은 공간에서 춤을 출까요? 외국인들이 보면 까무러칠 일입니다. 버스 안에서 이렇게 노래를 하고 춤을 출 수 있는 것은 그 안에 노래방 기계가 있기 때문입니다. 그런데 노래방 기계를 버스에 장착하는 것은 불법입니다. 재미있는 것은 관광버스 가운데 이 기계가 없는 버스가 없다는 것입니다. 저는 답사를 많이 다니기 때문에 전세 버스를 많이 타는데 아직껏 노래방 기계를 달지 않은 버스는 보지 못했습니다.

한번은 어떤 기사 아저씨가 그러더군요. 어쩌다 국회의원들을 태웠는데 그들도 노래를 하겠다고 덤비더라고 말입니다. 국회의원은 입법을 하는 사람이니 누구보다도 법을 잘 지켜야 하는데 버스에서 노래를 하겠다는 것은 스스로 법을 어기겠다는 것 아니냐고 말입니다. 버스에서 춤추다 적발되면 기사만 벌금 내는 것이 아니라 춤추던 사람도 딱지를 떼입니다. 그러나 통 큰 한국인들은 그런 것에 신경 쓰지 않습니다. 버스에 커튼을 쳐 놓고 안 보이게 한 다음 마음껏 음주가무를 즐깁니다. 심지어 어떤 기사는 운전을 하면서 마이크를 자기 입 앞에 고정시켜 놓고 자신이 사회도 보고 노래도 해서 좌중의 흥을 한껏 올려놓습니다. 위험하기 짝이 없는 일이지요. 이렇게 하는 이유는 당연히 팁을 많이 받기 위해서입니다. 좌우간 우리는 이 관광버스 춤 현상에서도 춤과 노래를 지극히 사랑하는 한국인들의 모습을 다시 한 번 알아차릴 수 있었습니다.

한국인들의 끝이 없는 놀이 정신을 정리하며

이제 끝이 보이지 않는 한국인의 놀이 애호 정신을 정리해야겠습니다. 조금 미진한 부분이 있어 마저 이야기하고 끝을 맺을까 합니다. 이렇게 한국인들의 놀이에 대한 이야기는 끝이 없습니다. 제가 대학에 있으니 학생들의 놀이 문화에 대해 잠깐 말해 볼까 합니다. 한국 대학가의 놀이 문화, 더 나아가서 유흥 문화는 다른 나라에서 유례를 찾을 수 없을 정도로 정말 독특합니다. 한국의 대학가를 보면 학교 입구 주위로 유흥가가 형성되지 않은 곳을 찾기가 힘듭니다. 물론 그 대표적인 곳은 일명 '먹자골목'이라 불리는 연대 앞의 유흥가입니다. 그리고 홍대 앞도 둘째가라면 서러울 정도로 엄청나게 유흥 문화가 발전되어 있습니다. 세상에 대학가 앞에 이렇게 식당과 술집, 그리고 노래방 같은 유흥업소가 많은 나라가 이 나라 말고 또 어디 있을까요? 미국이 그렇지 않은 것은 말할 것도 없고 일본이나 중국도 대학가 앞은 정돈되어 있고 깨끗합니다. 북경에서 대학을 다닌 제 중국 제자들이 처음에 한국 대학에 와서 학교 주변이 너무 번화해서 놀랐다고 이구동성으로 말하더군요.

한국의 대학생들은 이렇게 식당이나 술집에서만 노는 게 아닙니다. 그들끼리 모였을 때에도 다른 방법으로 잘 놉니다. 이게 무슨 소리인가 하면, 우리나라 대학생들은 무슨 'MT'라도 갈라치면 우선 음식과 술을 많이 섭취하고 그 다음에는 게임을 하고 놉니다. 처음에는 워낙 이런 문화에 익숙해 잘 몰랐는데, 다른 나라 학생들이 모였을 때 과연 이렇게 게임을 하면서 놀까 생각을 해 보니 그렇지 않다는 결론에 다다랐습니다. 적어도 제가 미국에서 겪어 본 다른 나라 학생들은 모이면 부지런히 다른 친구와 대화를 하면서 견식을 넓히려 했지 집단으로 무슨 게임을 하는 것은 한 번도 보지 못했습니다. 제가 그러지 않았습니까? 한국인들은 대화를 하면서 조용하게 있기보다는 집단으로 신명이나 흥에 빠져 즐기기를 좋아한다고 말입니다. 그래서 한국인들은 여럿이 모이면 그 기운들이 모여 커지기 때문에 그것을 주체하지 못하고 차분하게 있기보다는 게임을 하는 것일 겁니다.

아울러 이렇게 모여 노는 데에는 한국의 집단주의 문화도 한몫을 했겠지요. 개별적으로 놀기보다는 집단으로 함께 노는 데에 익숙하니 이런 게임 문화가 발달했을 겁니다. 저는 게임을 별로 좋아하지 않아 잘 모르지만 학생들과 답사나 MT를 갔을 때 보면 참으로 많은 게임이 있구나 하고 놀랍니다. 그리고 이렇게 MT 때만 노는 게 아니라 한국 학생들은 학교에서 축제를 하던지 체육대회를 할 때에도 아무렇지도 않게 휴강을 하자고 합니다(혹은 졸업 여행을 갈 때에도 당당하게 휴강 요청을 합니다). 저도 대학 다닐 때 이런 경험을 많이 했습니다. 그리고 당연하다고도 생각했고요. 그러나 가만히 생각해 보면 이건 말이 안 되는 일입니다. 그까짓 과 대항 축구 시합이 뭐 대수라고 휴강하자고 할 수 있습니까? 학교에서는 항상 수업이 먼저여야 하는데 우리 대학가는 그렇지 않은 겁니다. 미국서 공부할 때 보니 거기에는 공휴일이 거의 없었습니다. 심지어 개교기념일도 절대 놀지 않았습니다. 또 교수 개인적인 일로도 휴강한다는 건 생각할 수조차 없었습니다. 그런데 가만 생각해 보니 그게 정상이고 우리가 좀 잘못된 것이었습니다. 하기야 제가 대학 다닐 때에는 노상 시위하느라 학기를 제대로 마친 적이 없어서 휴강하는 게 자연스러워 아무 때나 휴강하자고 했는지도 모르겠습니다.

이처럼 젊은 세대들이 놀기 좋아하는 건 전부 기성세대들에게서 배운 것 아닐까 싶습니다. 왜냐하면 기성세대들도 게임에 젖어 사는데 젊은 세대가 그렇지 않으면 이상한 것이지요. 기성세대가 많이 하는 게임은 무엇일까요? 말할 것도 없이 화투입니다. 굳이 제가 설명하지

유원지에서 화투 치는 사람들

않아도 한국인들이 화투를 얼마나 좋아하는지 아실 겁니다. 음식점에서 음식 나오기 전에 무료한 시간을 달래려고 화투를 치는 사람이 한국인 아닙니까? 그것으로 설명을 다한 것 아닐까요? 사실 화투는 굉장히 한국적인 게임입니다. 특히 포커와 비교해 보면 그렇습니다. 다른 점이 많이 있습니다만 가장 큰 차이점은 화투가 집단주의 문화의 게임이라면 포커는 개인주의 문화의 게임이라는 것입니다.

보십시오. '포커페이스'란 말이 있을 정도로 포커를 할 때에는 다른 사람에게 자기 심정을 드러내서는 안 됩니다. 철저하게 혼자 하는 게임이지요. 그리고 자기 혼자 배팅을 하고 그것에 대해서 혼자서만 책임을 집니다. 그에 비해 화투의 고스톱 같은 게임에서는 참가자가 모두 같이 어울려 놉니다. 자신의 심정을 감출 필요도 없을 뿐만 아니라 심지어 어떤 때에는 자신이 어떤 패를 갖고 있는지도 알려 줍니다. 뿐만 아니라 상대방에게도 어떤 패를 내라고 흥정을 합니다. 돈도 한 사람이 너무 많이 잃으면 나중에 그를 위해 개평(皆平)을 줍니다. 돈을 잃고 따는 게 개인에만 국한되는 일이 아니라 전체의 일이라는 것이지요. 아마 그래서 고스톱이 전 민족의 게임이 되지 않았나 싶습니다.

이처럼 한국인들은 시간만 나면 놉니다. 그래서 말인데 대중 공연 예술 가운데 유독 한국인들이 좋아하는 게 있지요? 바로 뮤지컬입니다. 뮤지컬은 아주 단순하게 보면 연극에다가 노래와 춤을 입힌 겁니다. 한국인들은 신명이 강해 차분하게 연극을 보고 서양 고전 음악을 감상하는 게 잘 안 됩니다. 그저 노래하고 뛰고 춤을 추면서 내면에 있는 신기 혹은 흥을 발산해야 직성이 풀립니다.

여러분들, 우리나라 드라마나 영화 가운데에 법정 공방처럼 두 집단이 날카로운 논리를 사용하며 서로를 공격하고 방어하는 그런 것을 주제로 만든 드라마나 영화를 보신 적이 있나요? 시청률이 높았던 드라마 가운데 이런 것은 하나도 없습니다. 그래서 그런지 서양(특히 미국)에서 법정 드라마 같은 것이 들어오면 백이면 백 흥행 참패였지요. 한국인들은 영화나 드라마를 보면서까지 생각을 하고 싶지는 않은 모양입니다. 그러나 뮤지컬처럼 이야기 라인은 단순하지만 노래와 춤이 있으면 그런 건 좋아합니다. 그래서 우리 주위에서 훌륭한 뮤지컬 배우들은 얼마든지 발견할 수 있는데 훌륭한 연극배우는 좀처럼 발견할 수 없는 것 아닐까요? 진짜로 없다기보다는 훌륭한 연극배우가 있어도 우리 피부에는 와 닿지 않는다는 말입니다.

이 정도 설명이면 우리 한국인들이 신명, 신기, 흥 등으로 표현할 수 있는 기운을 얼마나 많이 갖고 있는지 이해했을 것 같군요. 이제부터는 그런 한국인들이 현대에 어떤 일을 벌이고 있는지 보려 합니다. 이와 관련해 특히 우리의 주목을 끄는 것은 한류입니다. 다른 많은 사람들이 이미 한류에 대해 거론했지만 저도 한류에 대해서 언급하지 않을 수가 없습니다. 그만큼 한류는 대단한 현상이 되었습니다. 한류는 광범위한 문화 현상이라 다양한 각도에서 보아야 이해의 폭이 넓어질 것입니다. 저는 지금까지 본 시각에서 한류를 조명해 볼까 합니다. 즉 한민족이 지니고 있는 엄청난 신기가 현대라는 맥락에서 폭발해서 만들어진 게 한류라는 관점에서 보겠다는 것입니다. 한류에 대한 논의가 끝나면 그 밖에 한국인들의 신기가 또 드러나는 부분에 대해서 보려 합니다. 이 부분은 이전에도 간헐적으로 거론한 적이 있는데 여기서는 그것을 업데이트하고 종합해서 총체적으로 볼까 합니다. 그럼 한류부터 살펴볼까요?

여섯째 거리

한류 이야기

한류가 대체 뭐길래?

지금 제가 이 글을 쓰는 것은 2011년 8월경인데 지금 한국에는 한류, 한류, 한류 가지고 참으로 말이 많습니다. 한 마디로 하면 난리가 났다고 할 수 있지요. 특히 2011년 6월에 프랑스 파리에 있었던 한국 아이돌 가수들의 공연 소식 때문에 더 그렇게 됐다고 할 수 있습니다. 당시 파리에서는 소녀시대나 동방신기, 샤이니 등 한국에서도 인기 절정인 그룹들의 공연이 있었습니다. 이 공연을 두고 7천여 명이 들어갈 수 있는 극장의 좌석이 예매 10여 분 만에 매진됐다느니, 공연을 보기 위해 영국이나 스페인, 이탈리아, 핀란드에서까지 소녀 팬들이 왔다느니, 공연을 하루 더 연장해 달라느니, 그 극성 팬들을 만나러 한국의 문화부 장관이 파리로 날아갔다느니 하는 등등 이야기가 끊이지 않습니다. 이에 대한 자세한 이야기는 나중에 하겠습니다. 한류가 이 사건으로부터 시작한 것은 아니니까요.

어떻든 우리가 이때 놀란 것은 우리의 대중문화가 유럽의 청소년들에게도 먹힌다는 것이었습니다. 우리는 지금까지 그저 유럽이나 미국의 대중문화를 받아들여 소비하기만 했는데 우리 것이 그네들에게 먹힌다는 게 도무지 믿을 수가 없었습니다. 우리는 서양과의 관계에서 항상 대상이고 주변이었는데 한류로 인해 주체가 되니 어리둥절했던 겁니다. 지금껏 우리만 (서양을 보고) 환호하다 서양이 우리를 보고 환호하니 신기했던 겁니다.

이런 현상은 드라마에서도 일어났습니다. 아니, 사실 한류의 시작은 드라마였습니다. 대체로 한류의 시작은 1997년에 〈사랑이 뭐길래〉라는 드라마가 중국에서 큰 인기를 끈 때부터로 잡고 있습니다. 사실 중국에는 그 이전, 그러니까 1993년에 〈질투〉라는 드라마가 방영된 적이 있었습니다. 그런데 이 드라마는 반응이 미미해 별 영향을 주지 못했습니다. 그 뒤에 들어온 것이 〈사랑이 뭐길래〉였고, 이 드라마는 중국인들에게 한국 드라마라는 인식을 강하게 심어 주었습니다. 그 뒤로 한국 드라마는 '스토리가 천편일률적이다' 등 많은 비판에도 불구하고 세계로 계속 뻗어 나갔습니다.

세계에서 가장 많은 사랑을 받은 한국 드라마는 뭐니 뭐니 해도 〈대장금〉입니다. 이 드라마는 전 세계 60여 나라에서 방영되었다고 하니 가장 인기가 많은 것은 사실이겠습니다. 동남아는 진작 휩쓸었고 중동을 거쳐 아프리카의 탄자니아까지 내려갔다니 그 위력을 알 수 있습니다. 물론 일본에서 공전의 히트를 했던 〈겨울연가〉도 빼놓아선 안 되겠지요.

어떻든 여기서 중요한 것은 한국 드라마가 전 세계적으로 나름 인기를 끌고 있다는 사실입니다. 전 세계인들이 우리 드라마를 이렇게 좋아할 거라고 예상한 사람은 아무도 없었습니다. 그냥 '조금 저러다 말겠지' 했던 것이 예상과는 달리 전 세계적으로 관심을 끈 것입니다.

제가 한류에 관심을 갖기 시작한 것은 2000년 전후였습니다. 한국의 대중문화가 뜻밖에 외국서 인기를 끌어 신기한 나머지 그 앞뒤 사정을 캐 보았지요. 그때 조사한 것을 정리해 2002년에 출간한 『대한민국을 팔아라』(시공사)라는 책에 실은 적이 있었습니다. 이 책을 쓸 때에는 한류가 시작해서 불을 지피던 시기였는데 당시 한류에 대한 대체적인 전망은 얼마 못 갈 거라는 것이었습니다. 이른바 징검다리론(論)이었죠. 징검다리라고 했던 것은 아마 그 징검다리를 밟고 건너갈 수는 있지만 돌아올 수는 없다는 의미에서 그런 비유를 쓴 것 같았습니다. 다시 말해 한국의 대중문화가 중국 같은 외국으로 들어갈 수는 있지만 그곳에서 소멸되어 우리 쪽으로 다시 돌아오지는 않을 것이라는 의미로 썼던 것입니다.

당시 한국의 유수 연구 기관(대외경제정책연구원)에서도 중국 내의 한류는 2~3년 내로 없어질 거라고 전망했습니다. 그 이유로 당시는 중국이 아직 서양 문화를 소화할 수 있는 능력이 갖추어지지 않아 서양의 대중문화를 동양적으로 재해석해 만든 한국의 대중문화가 중국에 먹혔지만 곧 상황이 바뀐다는 것이었습니다. 즉 중국도 대중문화의 역량이 커져 서양 것을 스스로 소화하게 되면 더 이상 한국에 의존하지 않게 될 것이라는 예측이었습니다. 그때는 그럴듯했던 이 주장이 틀렸다는 것을 아는 데에는 그리 오랜 시간이 걸리지 않았습니다. 그것은 일본에서 이른바 '욘사마' 열풍이 불었기 때문입니다. 바로 이 시점에서 제가 2007년에 『한국인을 춤추게 하라』라는 책을 썼고 여기에서 당시 한류가 얼마나 어떻게 인기가 있었는지에 대해 설명을 했습니다.

일본에서 한국의 대중문화가 큰 호응을 받았다는 것은 대단한 의미가 있습니다. 일본은 경제적으로 세계 2위라는(지금은 중국에 추월당해 3위가 되었지만) 엄청난 나라라서 그랬는지 아시아에 대해서는 그다지 관심이 없는 것 같습니다. G7 시절에도 세계 부국들의 회합에 아시아에서는 유일하게 참여할 수 있는 나라였으니 자신들이 서구에 속해 있다고 생각했지 아시아의 일원이라고는 적어도 머리로는 생각 안 한 것 같습니다. 그러니까 비록 자기들이 물리적으로는 아시아의 동쪽 끝자락에 있어 아시아 국가이긴 하지만 정신이나 이념적으로는 서구의 일원으로 생각한 것 아닌지 모르겠습니다. 그러니 일본인들의 눈에는 아시아의 다른 국가들이 모두 한 수 내지 몇 수 아래로 보였을 것입니다. 특히나 한국은 자신들이 한 번 '집어 먹었던' 국가라 더 밑으로 보는 경향이 강했을 테지요. 그래도 중국은 당시 '죽을 쑤고' 있어도 4대 세계 문명 발상지이고 과거에 자신들이 엄청난 영향을 받았으니 대놓고 무시할 수 없었을 겁니다. 그에 비해 한국은 마음대로 무시해도 되고 안중에 없어도 괜찮다고 생각한 것 같습니다(이건 일본인들만 그런 것이 아니라 한국인들이 제3세계 사람들을 대하는 태도도 이와 비슷합니다).

게다가 한국은 남북으로 갈려 노상 싸우고 있고 정치는 독재여서 모든 것이 일본과는 비교가 안 되었으니 일본인들이 충분히 그렇게 볼 여지가 있었을 겁니다. 그래서 욘사마가 뜨기 몇 달 전까지만 해도 한국인들에게는 하숙을 꺼리던 그들이었습니다. 그랬던 그들이 한국 문화라면 환장을 하는 사람들로 바뀌었으니 대체 이걸 어떻게 이해할 수 있을지 아주 난감했습니다. 그러나 어쨌든 이것은 일어난 현상이었으니 신기하기가 이를 데 없었습니다. 그 뒤로 한국의 대중문화가 일본에서 어떤 위상을 누리고 있는가에 대한 것은 많이 알려져 있으니 여기서 재론할 필요는 없을 겁니다.

제가 일부러 한류 현상을 찾아서 연구하려 하지 않아도 계속해서

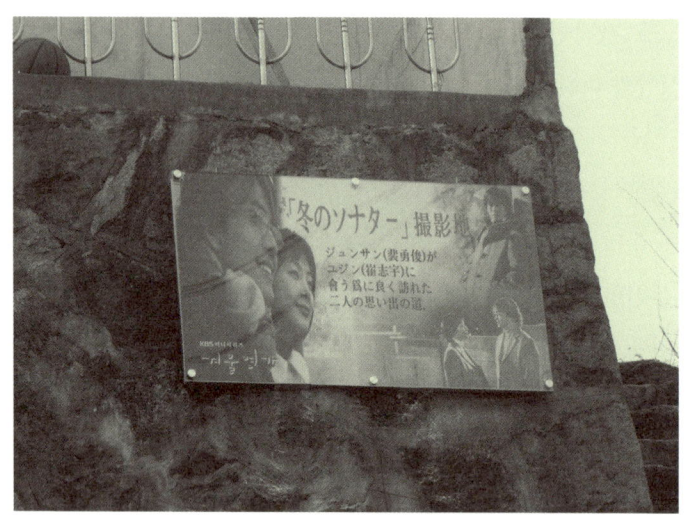

서울 북촌 중앙고교 근처의 〈겨울연가〉 촬영지에 붙은 안내 광고.

신기한 이야기들이 들려옵니다. 일본의 경우, 몇 년 전에 한국의 대중문화가 일본에서 조금 힘을 잃는 것 같더니 다시 새로운 드라마가 소개되면서 탄력을 받았다고 합니다. 그래서 일본 주부 가운데에는 남편에게 말도 안 하고 무조건 한국에 가는 사람들이 꽤 있답니다. 그래서 부부간에 문제가 생기기도 하고 심지어는 이혼을 하는 경우도 있다고 합니다.

이런 사정은 일본에 사는 주부에게만 있는 일은 아닌가 봅니다. 하와이 대학 한국학센터의 소장을 맡고 있는 김영희 교수의 말을 들어보니 하와이에도 한국 드라마에 빠져 정기적으로 한국을 방문하는 일본인 주부들이 수백 명 있다고 합니다. 뉴욕도 사정이 비슷하다고 합니다. 그곳에 사는 일본 주부들이 그룹을 이루어 무조건 욘사마 등을 찾으러 한국에 간다는 것이지요. 그런 주부들을 남편이 이해 못하면 이혼으로 이어진다고 하고요.

그래서 그런 이야기를 들을 때마다 저는 농담조로 이렇게 이야기합니다. 배용준이 영원히 살고 싶으면 지금 죽으면 된다고 말입니다. 만일 그런 일이 실제로 일어난다면 아마도 일본인들은 욘사마를 위해 신사를 만들어 영원히 그를 기릴 겁니다. 신사에 있으니 일본 사람들의 추앙을 받으며 영생하는 것 아니겠냐는 말이지요. 사실 신사는 이렇게 해서 만들어지는 경우가 많았습니다.

그런데 이와 비슷한 일이 벌써 벌어지고 있다고 하더군요. 한류를 주제로 학생들과 세미나를 하고 있었는데 제 일본인 제자가 그러더군요. 자신이 조사하다 보니 '고(ㄱ)려 신사'라는 곳에 누가 이미 배용준

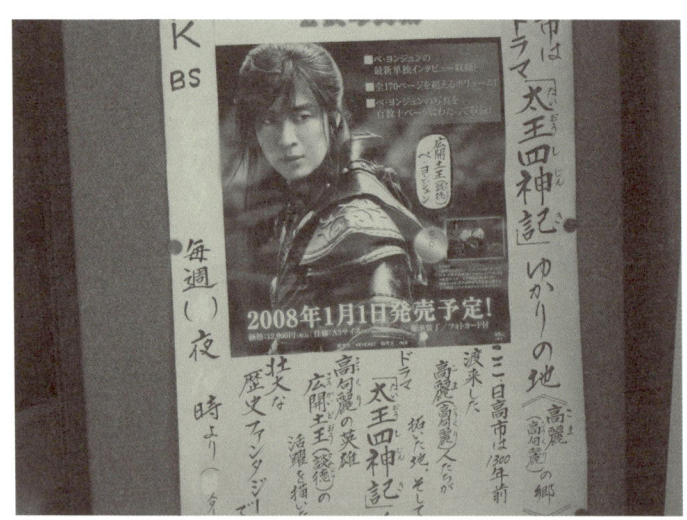

고려 신사에 걸려 있는 배용준 브로마이드

의 브로마이드를 걸어 놓았다는 겁니다. 직접 욘사마를 기리는 것은 아니지만 그와 비슷한 일이 일어나고 있는 겁니다.

배용준의 뒤에도 한류 스타들의 발걸음은 계속 이어졌습니다. 원빈, 이병헌, 류시원 등 다 거론하기가 힘들 지경입니다. 최근에는 〈미남이시네요〉라는 드라마가 인기리에 방송되어 주인공인 장근석의 인기가 대단하다고 합니다. 이 드라마가 좀 심상치 않습니다. 장근석이 제2의 욘사마가 될 가능성이 보이기 때문입니다. 이 드라마의 DVD 판매량은 이미 〈겨울연가〉를 넘어섰습니다. 일본에서 〈겨울연가〉 이후로 그 이상의 드라마가 안 나올 줄 알았는데 또 대박이 터진 거지요.

어디 드라마뿐만 인가요? 한국 아이돌 그룹들의 일본 진출도 잘 알려진 것처럼 대단합니다. 자세한 것은 뒤에 보겠지만 카라를 위시해 동방신기에서 파생(?)되어 나온 JYJ, 그리고 소녀시대 등의 일본 사회를 향한 강타는 일찍이 예견하지 못한 대단한 것이었습니다(물론 미국에 가서 적지 않은 성공을 거둔 원더걸스도 잊어서는 안 되겠지요).

그래서 이상하다 했습니다. 이렇게 일본이 한국 문화에 함몰된 채 그냥 갈 것 같지는 않았기 때문입니다. 일본은 정치인들이 아직도 한국을 비롯해 아시아 국가들을 향해 잊어버릴 만하면 꼭 망언을 일삼는데, 이렇게 자신들이 '업수이' 보던 한국의 대중문화가 자신들의 사회에 범람하는 꼴을 보고만 있지는 않을 거라는 것이지요. 아니나 다를까 다카오카 소스케라는 일본의 유명 배우가 반한류 발언을 하는가 하면 한국 드라마를 가장 많이 방영하고 있는 후지 TV 방송국 앞에서 적지 않은 사람들이 모여 "제발 한류 방송을 중단하라"면서 데

모를 했다고 하지요. 그들이 갖고 있는 이런 심정은 충분히 이해가 되는데, 어쨌든 이런 일들은 모두 그만큼 한류가 일본 사회에 크게 인기를 끌고 있다는 증거가 되겠습니다.

마지막으로 한류가 대단하다는 것은 전혀 다른 분야에서도 감지됩니다. 다른 분야란 바로 학계입니다. 학계를 구성하고 있는 교수들 가운데 대중문화를 학문의 관심 분야로 삼는 경우는 별로 없습니다. 그럴 만도 하겠지요. 자기 전공을 공부하기도 바쁜데 '그까짓' 대중문화까지 연구하겠습니까? 그런데 한류는 심상치 않습니다. 지금까지 엄청난 연구가 나왔기 때문입니다. 수십 권의 책이 나온 것은 말할 것도 없고 다양한 전공의 시각에서 쓴 논문도 수십 수백 편에 달합니다. 한류가 1990년대 말부터 생긴 사회 현상이라는 것을 생각해 볼 때 짧은 시간에 상당히 많은 연구가 이뤄진 것입니다.

게다가 앞에서 언급한 것처럼 학자들은 한류에 대해 평상시에 관심을 갖고 학문적 주제로 생각하지도 않았습니다. 학자들이란 대중문화에 대해 겉으로는 폄하하지 않더라도 적어도 속으로는 한 단계 낮추어 보는 경향이 있습니다. 그런데 많은 학자들이 한류 연구에 뛰어들었습니다. 교수들이란 자기 전공에 관한 논문 쓰기에 바빠서 다른 것들에 대해서는 관심을 두기가 힘듭니다. 그런데 이 한류라는 대중문화에 대해 수많은 교수들이 달려 붙었으니 극히 생소하기 짝이 없습니다.

그 교수들의 전공도 다양합니다. 예컨대, 여러분들에게는 매우 생소할 터인데, 한국 신학계에는 '한국문화신학학회'라는 학회가 있습니다. 이 학회의 목표는 한국 문화를 신학의 관점에서 보려는 것입니다. 그런데 이 신학회에는 정기적으로 한류만 따로 공부하는 소모임이 있답니다. 재미있지 않나요? 서양 신학과 한류는 아무 관계도 없는데 서양 신학을 전공한 이들이 한류를 연구하니 말입니다. 다시 말해 신학 전공자들까지 한류를 연구하는 지경에 이른 것입니다. 그만큼 한류가 우리에게 주는 인상이나 영향이 강한 것입니다.

이렇듯 한류에 대해서는 정말 이야기가 많습니다. 또 계속해서 새로운 이야기가 만들어집니다. 그래서 지금 한 이야기는 곧 구닥다리가 되고 맙니다. 그만큼 소재가 무궁무진하다는 것이지요. 그러나 그렇다고 해서 한류를 둘러싸고 얽힌 이야기를 보지 않고는 갈 수 없는 일입니다. 그 가운데에는 믿기 힘든 이야기도 있고 과장된 면도 있습니다. 지금부터는 그걸 볼까 합니다.

여러 한류 이야기

한류에 관해서는 워낙 이야기가 많아 무엇부터 시작해야 할지 모를 지경입니다. 또 시시콜콜 다 쓸 수도 없습니다. 왜냐하면 한류에 대해서는 그동안 아주 많은 매체들이 소개했기 때문에 예서까지 되풀이할 필요가 없기 때문입니다. 그리고 한류에 관한 것들은 자꾸 환경이 변합니다. 따라서 지금 쓴 것이 이 책이 출간될 때에 또 바뀔 수 있고 나중이 되면 한갓 유행처럼 잊힐 수도 있으니 조심해서 써야 할 것 같습니다. 그래서 앞으로 한류가 어떤 식으로 변모하든 기록에 남길 만한 것들을 중심으로 볼까 합니다. 그 가운데에서도 주목할 만한 것들을 골라 자료로 정리해 놓으면 앞으로 다른 이들이 연구하는 데 도움이 될 수 있을 것입니다.

한류월드 이야기

처음으로 거론하고 싶은 것은 '한류월드'에 관한 이야기입니다. 2000년대 초에 한류가 아시아에서 대성공을 거두자 2004년 경기도에서는 고양시에 '한류우드'라고 하는, 한류를 중심으로 한 복합 문화 관광단지를 기획합니다. 그러다 2009년에 명칭을 한류월드(www.e-hallyu.com)로 바꾸고 건설에 박차를 가합니다. 이 안에는 한류 드라마나 영화 혹은 애니메이션 등이 소개되는 테마파크가 있고 콘텐츠 지원 시설, 방송 미디어시설, 호텔, 상업 시설 등 그야말로 복합 문화 관광단지에 손색이 없는 시설물이 들어설 예정입니다. 그런데 이것을 처음으로 기획했을 때 어떤 유명한 일본인이 이 기획에 대해 폄하 발언을 했습니다. 그는 일본에서 경영의 구루라고 불리는 오마에 겐이치(大前研一)이라는 사람입니다.

이 사람은 한국 경제에 대해서 독설을 날린 것으로도 유명하지요. 독설이라고는 하지만 자세히 들어 보면 정확한 면도 많이 있습니다. 그런 그가 일본에서 유행하는 한류는 일시적인 현상에 불과한 것이라고 주장했습니다. 따라서 한국에서 짓는 한류우(월)드는 미래를 제대로 예측하지 못한 것이라는 것이죠. 쉽게 말해서 한류는 아시아에서 금세 없어질 텐데 그런 일시적인 것을 가지고 왜 그렇게 큰 건설 공사를 하느냐는 것이죠.

오마에 겐이치가 이렇게 말한 것이 2005년경으로 기억되는데 그의 예측은 보기 좋게 빗나가고 말았지요? 그가 왜 이렇게 말했는지에 대해서 이해 못할 바는 아닙니다. 그는 한국을 여러 모로 부정적으로 평가했습니다. 예를 들어 한국 기업들은 일본 기업을 따라잡기가 매우 힘들 것인 반면 대만과 중국의 기업들은 한국 기업을 바짝 따라오고 있으니 그 사이에 끼인 한국 기업의 앞날이 불투명하다는 것이 그 한 예입니다. 그런가 하면 한국이라는 나라는 남북, 노사, 노소(老少), 보수/진보 등으로 분열된 것으로만 보인다고 했습니다. 그러니까 그의 생각은 나라가 이 모양인데 그런 나라에서 온 대중문화라는 게 얼마나 오래 버티겠느냐 그런 것 아니었나 싶습니다. 아마도 이런 태도는 한국을 몇 수 아래로 보는 일본 지식인들의 전형적인 태도일 겁니다.

2007년쯤인가요? 사실 일본에서 한류 문화가 조금 가라앉는 듯 보였습니다. 그래서 이제 일본에서 한류는 끝났다는 성급한 진단이 나오기도 했지요. 그러나 그것도 잠깐, 한류는 다시 탄력을 받아 일본에서 승승장구하고 있습니다. 이렇듯 한류는 많은 사람들의 예측을 무색하게 만듭니다. 그만큼 새로운 현상이라 정확하게 진단하기가 힘듭니다. 앞으로도 어떻게 변화할지 모르지만 어떻든 이 한류월드가 빨리 건설되어서 제대로만 돌아간다면 얼마든지 성공할 수 있을 겁니다. 왜냐하면 한류가 또 세계 어느 곳에서 어떤 성공을 거둘지 아무도 모르기 때문입니다.

빌보드 차트 이야기

'빌보드 차트'라는 게 무엇인지는 아마 여러분들도 대강 아실 겁니다. 이것은 『빌보드』라는 잡지에 실려 있는 것입니다. 『빌보드』는 음악 관련 주간지로서 1894년에 뉴욕서 창간된 아주 오래된 잡지입니다. 이 잡지가 1950년대 중반부터 대중음악의 인기 순위를 조사해 발표했는데 이게 빌보드 차트인 것이지요. 그런데 이게 공신력을 인정받아 흡사 세계의 모든 대중음악을 평가하는 무소불위의 차트가 되어 버렸습니다. 그런데 빌보드 차트는 굉장히 복잡해서 그걸 다 설명하기는 힘듭니다. 가장 중요한 것은 모든 싱글 앨범의 인기를 정하는 '더 빌보드 핫 100(The Billboard Hot 100)'입니다. 그리고 마이너로서 수십 개의 하위 차트가 있답니다.

여러분들은 한국 가수 중에 누가 빌보드 차트에 올랐다느니 하는 뉴스를 들어 본 적이 있을 겁니다. 굳이 그 내력을 본다면, 한국 가수 중에 이 차트에 가장 먼저 올라간 사람은 김범수입니다. 2001년 12월에 그의 노래 중 〈하루〉라는 노래가 영어 버전인 〈Hello Goodbye Hello〉라는 제목으로 이 차트에 올라간 것(51위)이지요. 그는 당시 '얼굴 없는 가수'였는데도 불구하고 이 사건 때문에 주요 TV 뉴스에 등장하기도 했습니다. 그런데 그 노래가 올라간 차트는 메인 차트가 아니라 마이너 차트인 수십 개의 하위 차트 중 하나(100 세일즈 차트)였습니다. 그러나 이것도 한국 가요사에 작은 일은 아니었지요. 동양권 가수의 노래가 이런 차트에 한 번이라도 올라가는 일은 쉽지 않기 때문입니다.

그런데 2009년에 우리의 걸그룹인 원더걸스가 〈노바디〉라는 노래로 빌보드 차트에 올라갔다고 하고 아시아인으로는 일본 가수 뒤를 이어 30년 만에 처음 올라갔다는 소식이 들렸지요? 이게 진짜 빌보드입니다. 왜냐면 원더걸스가 올라간 빌보드 차트는 메인인 '핫 100' 차트이기 때문입니다. 여기서 우리 소녀들이 76위를 했다는 것입니다. 이게 대단하다는 것은 30년 전에 일본 가수가 한 번 이 차트에 올라간 이래 동양 가수들은 어느 누구도 오르지 못했는데 원더걸스가 느닷없이 이 위업을 달성했기 때문입니다(글쎄요, 꼭 빌보드에 올라야 대단한 것은 아니겠으나 여기서는 그냥 세간의 평가를 따르겠습니다).

빌보드 메인 차트에 올라가는 것이 얼마나 어려운지는 모르겠지만 풍문에 따르면 동양인으로 거기에 오르는 것은 '하늘에 별 따기'라고 하더군요. 그런데 사족을 붙이면 한국 가수 중에 이것과 비슷한 메인 차트에 올라간 가수가 있었다고 합니다. 보아가 그 주인공인데 그도 2009년에 이 차트에 오르긴 했는데 '빌보드 200'에 127위로 올랐다고 합니다. 이 차트는 '핫 100'과는 조금 다르게 집계가 되는데 같은 메인 차트이긴 하지만 핫 100보다는 조금 하위에 있는 모양입니다. 어떻든 한국 가수들이 이렇게 빌보드에서 깃발을 날리고 있는 상황이 계속되더니 2011년 8월 또 새로운 소식이 날아 왔습니다.

새로운 소식이란 『빌보드』지(誌)에서 '블루오션으로 급부상하고 있는 K-pop의 성장 가능성을 높이 사 일본에 이어 아시아에서 두 번째로 빌보드 K-pop 차트를 런칭(신설)했다'는 것입니다. 그러니까 이 차트는 하위의 마이너 차트에 해당하겠지요. 그러나 전 아시아에서 두 번째로 이 차트가 열렸다는 게 중요하겠습니다. 물론『빌보드』지에서는 서양인 관점에서 음악을 고른 것이겠죠. 다시 말해 한국의 대중음악이 그네들의 기준에 한층 가까워졌기 때문에 인정해 주었다는 것이지요. 그 기준이 저들 것이라 썩 기분 좋은 것이 아니지만 현재 지구 문화는 서양인들이 압도적으로 끌고 가고 있으니 어쩔 수 없는 일입니다. 그래서 어떻든 이 잡지에서는 매주 한국 가요의 순위를 정해서 이것을 미국과 한국의 빌보드 차트에서 동시에 발표하고, 더불어 일본이나 러시아, 브라질 등에도 빌보드 네트워크를 이용해 알린다고 합니다.

그런가 하면『빌보드』지의 홈페이지(www.billboard.com)로 들어가 보면 (2011년 8월 현재) 첫 화면에 원더걸스가 상시 나와 있는 것을 볼 수 있습니다. 이런 세계적인 대중가요 관련 기관이 보유한 홈페이지의 첫 화면에 우리 가수가 등장하니 이 역시 대단합니다. 이 글을 쓰면서 저는『빌보드』지의 홈페이지나 '빌보드 코리아'의 홈페이지를 처음 들어가 봤습니다. 빌보드에 관해서는 익히 알고 있었지만 인문학을 전공하는 제가 그 홈페이지를 방문하는 일은 생각도 안 해본 일인데 이번에 재미있고 좋은 경험을 했습니다. 빌보드 차트라는 말을 1960년대 후반부터 들어왔지만 이렇게 복잡하고 다양한 시스템이 갖추어진 대중음악 정보 및 순위 프로그램인 줄은 꿈에도 몰랐습니다. 아마도 저는 이런 맛에 다양한 주제에 관해 글을 쓰는 모양입니다.

K-pop 이야기

한국 대중가요의 세계 진출 이야기는 이젠 하도 많아 식상할 지경입니다. 그중에서도 2011년 6월에 파리에서 이수만 회장이 이끄는 SM 엔터테인먼트 소속의 아이돌 그룹들이 성공적으로 유럽 데뷔 공연을 한 것은 아마 한국 대중가요사에 영원히 남을 일일 것입니다. 공연장에는 이틀 전부터 몰려와 밤을 샌 팬들이 있다고 하고, 본 공연에는 프랑스는 말할 것도 없고 스페인이나 이탈리아, 폴란드, 세르비아 등지에서 온 7천여 명의 팬들이 공연을 열렬하게 관람했습니다. 공연뿐만이 아니지요. 우리 젊은 가수들이 공연을 위해 프랑스 드골 공항에 도착했을 때 천여 명의 프랑스 팬들이 나와 열성적으로 맞이했다는 사실도 놀랍습니다. 저도 이 광경들을 모두 뉴스로 보았는데 프랑스의 젊은이들이 소녀시대의 〈지〉라는 노래를 춤과 함께 따라 하는 모습을 보고 잠시 동안 눈을 의심했습니다.

임진모 씨 같은 대중가요 전문가들에 따르면 이런 공항 소동은 한국 대중음악 역사에서 의미심장한 일입니다. 왜 그런가 하면 공항에서의 이와 같은 열성적인 환대는 아무 가수나 받는 게 아니라 당대 최고의 아이콘만이 누릴 수 있는 특권이라는데 우리 젊은 가수들이 이 일을 치렀으니 얼마나 대단하냐는 것이지요. 하기야 우리나라 연예인 가운데 이 같은 거대한 공항 소동의 원조는 말할 것도 없이 욘사마입니다. 그가 일본 간사이(關西) 공항에 내렸을 때 운집했던 팬의 숫자가 미국 영화배우 톰 크루즈나 영국 축구 선수 데이비드 베컴의 경우를 능가했다고 합니다.

어떻든 우리 젊은 가수들이 유럽에서 한국 가요 사상 처음으로 이런 대접을 받는 것을 보고 저 같은 50대 후반들은 도대체 실감이 나지 않았습니다. '아니 그럴 리가…… 저거 또 언론사들이 뻥치는 거 아닌가?' 하는 생각이 듭니다. 이런 우리들의 반응은 당연한 것입니다. 우리는 유럽의 문물을 받기만 하는 것이지 우리가 그들에게 무엇을 줄 수 있다고는 생각하지 않았기 때문입니다. 대중가요도 그렇습니다. 우리는 당연히 미국이나 유럽의 노래를 따라 부르기만 하는 것이지 그들이 우리 것을 따라 하리라고는 꿈에도 생각하지 못했습니다. 다시 말해 서구 문화는 일방적으로 우리가 받아들이는 것이지 쌍방으로 교류한다는 것은 전혀 생각할 수 없는 일이었습니다.

그런데 이런 현상이 갑자기 생긴 것은 아니더군요. 그리고 과거처럼 인터넷이 발전되지 않은 시기에는 생각할 수도 없는 일이었습니다. 그동안 한국의 대중문화는 세계적으로 그 가치를 인정받을 길이 없었습니다. 대중문화의 유통 시장을 선진국들이 선점하고 있었기 때문에 한국의 대중문화는 유통 경로를 확보하기가 어려웠습니다. 선진국들이 한국 문화에 그다지 관심이 없는 건 당연한 것이지요. 그동안 한국인들은 자국 문화를 알리기 위해 별 노력을 안 했으니 다른 나라에서 먼저 알아줄 리가 만무하지 않겠습니까? 지금에야 국가브랜드위원회 같은 게 생겨 조금 신경을 쓰지만 이전에는 한국의 이미지를 알리는 데에 별 관심이 없었습니다. 지금 국가브랜드위원회 같은 기관이 있어도 한국의 이미지가 올라간다는 소리는 들어 본 적이 없습니다. 그러니 이전에는 오죽했겠습니까?

이 같은 이유 때문에 한국의 대중문화가 국제 사회에서 과소평가되는 것은 당연한 일입니다. 그런데 우리에게도 길이 생긴 겁니다. 바로 인터넷 기술과 그에 따른 문화의 발달로 유투브나 트위터 같은 소셜 네트워크 서비스(SNS)가 가능해지면서 알게 모르게 우리의 대중문화가 전 세계의 젊은이들에게 스며들어 갔고 그것이 축척되어 이런 현상이 나온 것이지요. 우리 가수들의 노래는 정식의 대형 기획사를 낀 거대한 공연에서 유명해진 게 아니라 손에서 손으로 귀에서 귀로 소문이 전파됐을 것이고 전혀 눈치 못 차리는 사이에 우리의 대중음악이 게릴라처럼 전 세계의 젊은이들의 마음을 때린 것입니다. 이런 젊은이가 아주 많은 것은 아니지만 유럽의 젊은이들에게 꽤 '임팩트'를 준 것입니다. 그래서 영국에도 K-pop 사이트와 팬클럽이 생기고 프랑스에서는 공항 소동이 생긴 것입니다.

대중음악 평론가 임진모 씨는 한국 대중가요의 유럽 강타를 비틀즈가 미국을 강타했을 때와 비교하더군요. 그러면서 당시 비틀즈의 미국 상륙이 거의 침공에 가까운 수준이라서 '브리티시 인베이전(British Invasion)'이라고 했듯이, 이에 견주어 '코리안 인베이전'으로 불러야 하는 것 아닌가 하는 의견을 조심스럽게 내놓고 있습니다. 이런 생각이 반드시 무리인 것은 아닌 게 비틀즈의 고향이며 서양 팝의 본향이라 할 수 있는 영국에서 K-pop을 따라 하는 한국 음악 경연 대회가 열렸다던가, '비틀즈의 성지'라 불리는 애비로드 스튜디오(Abbey Road Studio)에서 한국의 아이돌 그룹 샤이니가 아시아 최초로 공연을 가졌기 때문입니다. 그런데 이게 정식 공연은 아니고 샤이니가 일본에 데

뷔하기 위해 일본의 언론 매체들만 불러 하는 약식 공연이었던 모양입니다. 스튜디오에서 하는 공연이니 클 수가 없었겠죠. 그런데 영국 팬들이 너무 많이 몰려 그 근처 교통이 마비되고 그랬던 모양입니다. 참고로 덧붙이면 애비로드는 비틀즈가 만든 마지막 앨범의 전면 사진을 찍은 곳입니다. 여러분들에게도 익숙한 사진으로 생각되는데 비틀즈 네 사람이 횡단보도를 걷는 모습을 찍은 사진이 그것입니다. 이 때문에 아무것도 없는 이곳에 많은 관광객들이 옵니다. 바로 그곳에서 샤이니가 아시아인으로서는 처음으로 공연을 한 것입니다.

한류 문화는 한국이 주체가 되어서 자본을 앞세우고 다른 나라에 강요하는 것이 아니라 좋습니다. K-pop을 만들었던 사람들이 기껏해야 중국을 비롯한 아시아 국가 정도만 생각하고 수출하려고 했는데 그들도 모르는 사이 우리 음악이 유럽이나 남미, 서아시아를 넘어서 아프리카까지 뻗어 갔으니 말입니다. 이것은 일방적으로 수출하는 것이 아니고 개개 나라의 젊은이들이 자발적으로 연대하고 조직해서 나온 것이라 더욱이 값지다고 할 수 있겠습니다. 우리는 그저 우리가 좋아하고 있었는데 그게 소리 없이 전 세계로 퍼져 나간 것입니다.

그래서 한류의 특징은 그저 자본이나 브랜드만을 가지고 얻을 수 없는 문화의 힘이라고 이수만 씨는 설명하고 있습니다. 그에 따르면 한류 문화는 IT보다 훨씬 복잡하고 정교한 '문화기술(CT, Culture Technology)'이라 한국이 매우 유리한 위치에 있다고 합니다. 이런 맥락에서 한류는 일시적인 현상으로 그치지 않고 아주 탄탄한 '글로벌 문화'라고 하는 이들도 있습니다.

비틀즈의 〈애비로드〉 앨범 커버

장금이 이야기

그 다음으로 볼 한류는 한국 드라마 가운데 가장 많은 해외 국가에서 방영된 〈대장금〉에 관한 이야기입니다. 한국 드라마 가운데 〈대장금〉만큼 국제적인 드라마는 다시 발견하기 힘들 겁니다. 〈대장금〉은 2004년부터 수출 방영되어 일단 일본이나 중국은 말할 것도 없고 대만, 홍콩, 베트남, 필리핀 등 아시아 여러 나라들에서 엄청난 인기를 끕니다. 그러다 아랍권이나 아프리카에도 진출해 전 세계의 약 60개 나라에서 숱한 화제를 남기면서 방영이 됐습니다. 그러니 한국 드라마로서는 가장 유명한 작품 아니냐는 것이지요. 이런 점에서 이 드라마의 기록을 깰 수 있는 한국 드라마가 금세 나오지는 않을 것이라는 성급한 추단을 해 봅니다.

저는 드라마를 거의 안 보는데 사극은 더 더욱이 보지 않습니다. 왜냐하면 사실 왜곡이 너무 심하기 때문입니다. 예를 들어 왕비(중전)가 사는 중궁전에 왕비의 오빠나 아버지 같은 남자들이 뻔질나게 출입하는 장면이 사극에 무척 많이 나오는데 이게 말이 됩니까? 중궁전이 얼마나 내밀한 곳인데 남자들이 들어간다는 말입니까? 왕비와 아무리 가까운 친척이라도 그곳은 들어갈 수 있는 곳이 아닙니다. 이건 빙산의 일각이고 드라마 곳곳에 사실이 아닌 것이 너무 자주 나옵니다. 이런 사실을 방송국에서도 모르는 것이 아닙니다. 그래서 드라마 작가나 연출자는 사극을 역사적 관점에서 보지 말고 드라마로만 봐 달라고 시청자들에게 주문합니다. 그러니까 픽션으로 보아 달라는 것이지요. 그런데 문제는 사극을 보는 많은 시청자들이 드라마를 통해서 국사 공부를 한다는 사실입니다. 그래서 우스갯소리로 아이들에게 삼국 통일은 누가 했느냐고 하면 '가수 엄정화 동생(엄태웅)이 했다'고 하는 소리가 들려옵니다. 드라마 〈선덕여왕〉에서 김유신의 역할을 배우 엄태웅이 했기 때문이죠. 웃을 수도 없고 그렇다고 심각하게 생각할 수도 없는 기이한 상황입니다. 그저 단순하게 한국인들에게 드라마가 이 정도로 인기가 있다는 징표로만 이해할까 합니다.

이러한 현상은 〈대장금〉도 마찬가지입니다. 시청자들이 드라마를 통해서 알고 있는 대장금에 대한 이야기는 거의가 허구이기 때문입니다. 제가 이 드라마를 다 본 것은 아닙니다마는 줄거리의 큰 틀은 이렇지요? 천민인 장금이가 음식 제조에 뛰어나 수라간에서 일하는 상궁이 됩니다. 그러다 모함에 빠져 유배를 갔다가 그곳서 의술을 배우고 궁궐에 컴백합니다. 그 뒤에도 온갖 방해가 있었지만 그 난관들을 다 뚫고 임금의 주치의가 되지요. 그뿐만이 아니라 마지막에는 사랑까지 이루어 해피엔딩으로 막을 내립니다.

그러나 이 이야기들은 거의 전부가 허구입니다. 사람들이 드라마 〈대장금〉의 스토리를 하도 있는 그대로 받아들여 제가 『조선왕조실록』을 한 번 검색해 보았습니다. 그랬더니 장금이라는 의녀 이름은 전체 『조선왕조실록』 가운데 『중종실록』에 10여 군데 나오는 것이 전부였습니다. 다른 왕의 실록에는 전혀 나오지 않았습니다. 게다가 중종의 주치의가 되었다는 이야기는 어디에도 없습니다. 단지 다른 의녀보다 의술이 조금 능했다 하는 정도입니다. 그래서 '대장금'이라는 이름이 나오는데 그것도 딱 한 번입니다. 게다가 천민 출신이라느니, 요리 솜씨가 뛰어나 수라간 상궁이 되었다느니 하는 소리는 아예 한 글자도 없습니다. 여러분 한번 상식적으로 생각해 보십시오. 어떻게 여자가 임금의 주치의가 될 수 있겠습니까? 조선이 어떤 사회인데 여자가 궁궐에서 의술의 총책임자가 될 수 있겠느냐는 말입니다. 조선 같은 철저한 남성 중심의 가부장제 사회에서 여자가 남자들 사회에서 우두머리가 된다는 것은 애당초 있을 수 없는 일입니다. 그렇게 뻔한 사실인데도 사람들은 별 의심 없이 사극을 사실로 믿습니다.

사실 왜곡이 그 정도에서 그치는 게 아닙니다. 한 번 어쩌다 〈대장금〉을 보았는데, 글쎄 중종이 장금이와 함께 창덕궁 부용지를 걷더군요. 세상에 이런 일이 조선조에 어떻게 있을 수 있습니까? 의녀란 대단히 미천한 신분이라 기생도 겸업했는데 어떻게 지존인 주상이 그 천한 의녀와 궐내를 거닌다는 말입니까? 게다가 저 언덕 위에서는 대장금을 사모하는 민정호(지진희 분)가 나무 뒤에 숨어 약간은 질투 어린 눈으로 쳐다보고 있습니다. 이건 사극이 아니라 완전히 현대판 로맨스 극입니다. 요즘 드라마에서 단골로 등장하는 삼각관계인데요 실로 난센스 같은 이야기이지요. 이런 것 가지고 시시콜콜 시비를 걸 생각은 전혀 없습니다. 왜냐면 〈대장금〉은 드라마로만 보면 훌륭한 극이기 때문입니다. 대본의 완성도가 좋기 때문에 수준 높은 드라마가 나온 것이지요. 역사극이 아니라 그저 드라마의 하나로 보면 〈대장금〉은 아주 훌륭하지 않습니까?

이와 비슷한 게 또 하나 있지요? 영화 〈왕의 남자〉(2005)입니다. 이 영화의 주인공인 '공길'도 『조선왕조실록』을 보면 그 방대한 기록에서 딱 한 번 나옵니다. 그래서 〈대장금〉보다 상황이 더 안 좋습니다. 그런데 이 한 가지를 가지고 작가들이 무한한 상상력을 발휘하여 이렇게 멋진 극본을 쓴 것입니다. 여담이지만 이런 면에서 고전 번역이 얼마나 중요한지 아시겠지요? 『조선왕조실록』이 번역되지 않았다면 이처럼 훌륭한 극본이 탄생하지 않았을 것이기 때문입니다. 현대의 작가들이 아무리 유능해도 한문으로 된 『조선왕조실록』을 뒤져서 이렇게 좋은 이야기를 만들기는 어려울 것입니다. 한글로 번역이 되어 접근성이 수월해지니 이런 좋은 극본이 나온 것입니다.

〈대장금〉의 역사적 사실 여부는 그만 따지고 이 드라마에 얽힌 이야기를 한번 해 볼까 합니다. 드라마 〈대장금〉이 중국이나 일본 혹은 동남아에서 뿌린 일화는 많이 알고 있으실 터이니 여기서는 지나치기로 하지요. 서아시아의 터키나 이란 등지뿐만 아니라 세르비아, 보스니아, 마케도니아 같은 동유럽 국가, 그리고 가나, 나이지리아, 케냐, 짐바브웨, 탄자니아, 에티오피아 등과 같은 아프리카 국가에서도 방영되었다는 것도 다 알고 계실 겁니다. 이 나라들과 연관된 이야기가 많습니다. 이들 가운데에는 이슬람 국가가 많아 수출이 쉽지는 않았다고 합니다. 이슬람 국가는 아무래도 여성에 관한 한 까다롭기 때문입니다. 그런데 짐바브웨의 이야기가 재미있더군요. 이 나라의 ZTV라는 방송에서는 2008년 〈대장금〉을 방영하면서 전 국민을 대상으로 〈대장금〉에 관해서 퀴즈 문제를 냈는데 전 국민 1,300만 명 중 약 3분의 1인 480만 명이 응모했다고 합니다. 이뿐만이 아닙니다. 짐바브웨에서는 올림픽 기간 중에 올림픽 경기 방송을 중단하고 〈대장금〉을 방영했다고 하더군요.

〈대장금〉이 얼마나 많은 국가에서 방영되고 있는가를 알 수 있는 재미있는 블로그(http://blog.daum.net/dreamsblog/12247241)가 있어 소개합니다. 이 블로그에는 세계 지도에 〈대장금〉이 수출된 국가들을 표시하여 한눈에 알 수 있어 좋습니다. 구미를 빼고 주요한 나라에는 〈대장금〉이 모두 수출된 것으로 보입니다. 이것을 통해 보면 〈대장금〉의 주인공인 이영애 씨는 세계에서 가장 유명한 한국 배우일 겁니다. 60여 나라에 알려진 한국 배우는 없을 테니까요.

〈대장금〉과 관련해 또 재미있는 나라는 이란입니다. 우리 드라마가 이란 같은 이슬람 국가에서 엄청난 인기를 끌고 있다는 사실을 접했을 때 저는 처음에 대단히 의아했습니다. 외국 문화에 상대적으로 폐쇄적인 것으로 보이는 이란 사회가 어쩐 일로 우리 드라마를 많이 보는가 하고 말입니다. 이 나라에서는 〈대장금〉이 "Jewel in the Palace(왕궁의 보석)"라는 제목으로 2000년대 말에 방영됐다고 하는데 우리의 주목을 끄는 것은 폭발적인 시청률입니다. 그 시청률이 보통 85~90퍼센트였다고 하니 믿을 수가 없습니다. 그래서 〈대장금〉이 방송되는 시간에는 거리에 차도 없고 사람도 없었다고 합니다.

그러면 왜 이란에서 〈대장금〉이 인기가 대단할까요? 물론 〈대장금〉뿐 아니라 송일국이 주연했던 〈주몽〉도 높은 인기를 끌었다고 하더군요. 어떤 이의 전언에 따르면 이란 TV는 그리 볼 만한 프로그램이 없고 웬만한 프로그램들은 모두 시청률이 60~70퍼센트가 넘는다는군요. 그런 판국에 〈대장금〉처럼 온 가족이 볼 수 있으면서 스토리

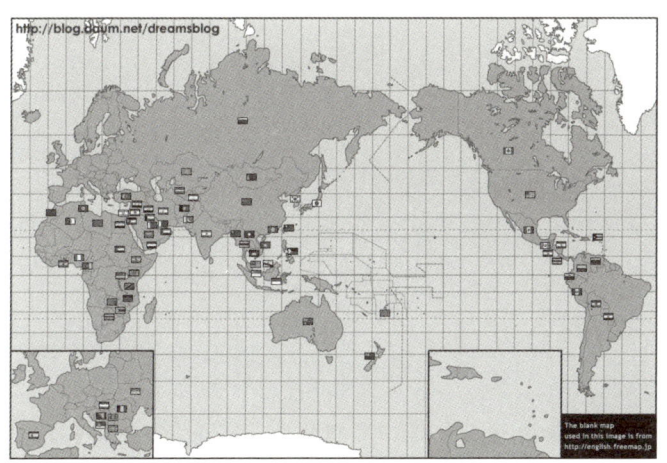

〈대장금〉 방영 국가 지도

라인이 탄탄하고 재미있는 드라마를 방영하니까 환장한 것일 테지요. 〈대장금〉은 인간의 변태적인 성향을 다루지 않았기 때문에 가족이 함께 보는 데에 전혀 문제가 없습니다. 터키에서도 방송 심사가 매우 까다롭다고 하는데 〈대장금〉은 문제가 없었다고 합니다. 〈대장금〉에서는 여성의 노출 장면이 나오는 것도 아니지요, 남녀의 노골적인 성적 표현이 있는 것도 아니지요, 과도한 폭력이 나오는 것도 아니지요 등등 여러 모로 이슬람의 기준에 맞았을 겁니다. 대개 서구의 드라마에는 여자가 벗는다든지 남녀가 뒤엉키는 장면이 빠지지 않습니다. 이런 건 이슬람에서 용납할 수가 없겠지요. 그런데 한복으로 온몸을 가린 한국 여성들의 모습은 오히려 온몸을 감춘 이슬람 여성들 같아 친숙했을 것입니다.

그런가 하면 이란은 역사적으로 그 위치가 동서 문명의 교차로에 있어 많은 충돌을 겪었을 뿐만 아니라 이슬람에서는 수가 상대적으로 적은 시아파가 주류를 이루고 있어 적지 않은 갈등이 있었습니다. 따라서 장금이가 수많은 역경을 극복하고 자신의 꿈을 이루는 〈대장금〉의 스토리가 이란의 역사적 경험과 비슷해 많은 이란인들이 공감했다는 분석도 나왔습니다.

이영애 씨의 이란 초청설을 둘러싼 재미있는 이야기도 있습니다. 이란 방송가에서는 이영애 씨를 초청하고 싶었는데 이슬람 성직자 회의에서 막았다는 풍문이 그것입니다. 그 이유로 댄 것을 보니 그럴듯합니다. 즉 이영애 씨가 오면 이슬람 사회에서 가장 존경받는 여성인 파티마의 인기를 능가할지도 모른다는 것이지요. 파티마는 이슬람을 세운 무함마드(마호메트)의 무남독녀이기 때문에 이슬람권에서는 여성으로서, 또 이슬람의 정통성을 확보하고 있는 사람으로서 가장 중요한 인사입니다. 이영애 씨가 이란에 오면 바로 이 파티마의 인기가 흔들릴 거 같다는 이야기인데, 아마 호사가들이 지어 낸 말일 겁니다. 그러나 어찌 됐든 당시에 이영애 씨의 인기가 어땠는가를 보여주는 좋은 실례가 아닌가 합니다.

한류의 미래는?

지금까지 본 대로만 하면 흡사 K-컬처가 아시아를 넘어 전 지구로 서서히 확산되고 있는 것 같습니다. 너무 성급한 판단 아니냐는 생각도 가질 수 있겠지만 조짐이 유별난 것은 확실합니다. 왜냐하면 한류는 이렇게 한 번 반짝했다가 곧 스러질 것 같지 않기 때문입니다.

그러면 이런 한류의 미래는 어떻게 될까요? 이에 관한 이야기 가운데 SM엔터테인먼트 회사의 프로듀서이자 회장인 이수만 씨가 2011년 8월 16일 경영학회 통합학술대회에서 참석한 교수들을 대상으로 밝힌 포부는 실로 당차기 그지없습니다. 유럽에서 한류가 확산되는 데에 주역 노릇을 한 주인공다운 발언이었는데 사뭇 귀가 솔깃한 내용이 많았습니다. 사실 그의 생각이나 진단이 평범했다면 이런 큰 학회에 초청받지도 못했을 겁니다. 이 학회는 한국에 있는 34개의 경영 관련 학회가 한꺼번에 모인 것이라 하니 그 규모나 저명도를 알 만합니다. 그래서 그런지 이런 학회에서 발표한 이 회장의 한류에 대한 분석은 다른 사람들이 한 것과 차원을 달리합니다. 그래서 이번에는 그것을 볼까 합니다. 이 내용은 그 학회에 참가했던 교수들이 이 회장에게 질문하고 답하는 형식으로 이루어졌습니다.

이 회장에 따르면 SM 측은 2011년 6월 파리에서 'SM 타운 라이브 월드 투어 인 파리' 공연을 한 뒤 축하 파티를 했는데 이것을 페이스북(www.facebook.com/smtown)으로 생중계를 했답니다. 그런데 이 중계가 3일간 8,700만 뷰를 기록했다고 하는데 이것은 페이스북 사상 최단 기간 최다 클릭수라고 합니다. 말이 8,700만 번이지 이게 보통 숫자입니까? 우리나라 인구수보다 훨씬 많은 사람들이 SM 소속 가수들이 노래하는 것을 보고 듣고 따라 한 것입니다. 그래서 그런지 유튜브의 SM 타운(www.youtube.com/smtown)을 방문한 사람의 수도 2~3년 새에 10배나 늘었다고 하더군요.

사실 그동안 우리나라는 우리의 문화 콘텐츠를 외국에 알릴 방법이 빈약했습니다. 상대적으로 한국은 세계에 잘 알려져 있지 않아 외국에서 한국 문화에 대한 관심이 적었던 게 사실입니다. 우리가 더 적극적으로 우리의 문화를 알렸어야 했는데 그 노력이 미약했고 또 외국, 그중에서도 특히 서양의 엔터테인먼트 회사들의 장벽이 높았습니다. 턱이 높아 우리 것을 알릴 방도가 없었던 거지요. 그런데 인류는 급속하게 발달하는 IT 문화를 갖기 시작을 했고 여기서 한국은 물 만난 고기 같은 판국에 접어들게 됩니다. 누구에게나 상식처럼 되어 있듯이 우리 한국은 IT에 관한 한 세계 최강국 중에 하나 아닙니까? 그동안 한국은 IT 산업이 하드웨어만 발달했지 그 안에 넣을 소프트웨어는 아직 멀었다고 했는데, 한류에 관해서는 그런 이야기가 쏙 들어가겠습니다. 조금 쉽게 비유해서 말하면, 과거 한국은 좋은 건설 기술이 있어 고속도로는 잘 만들지만 그 도로를 달릴 차는 없는 그런 형국에 해당된다는 것이지요. 그런데 이번에는 극히 발전된 IT 기술에 신명이 넘치는 한국적인 콘텐츠를 실어 전 세계로 송부한 것입니다.

그런데 그 다음의 이 회장 발언이 가관입니다. 기상천외해서 믿기지 않습니다. 그에 따르면 앞으로의 세계는 눈에 보이는 물리적인 국가 같은 것보다는 '버추얼(virtual) 네이션', 즉 가상 국가라는 개념이 급부상한다는 겁니다. 물론 이때 이 회장이 지향하는 가상 국가의 이데올로기는 한류인데, 이 회장은 당차게도 그 중심에 SM 타운이 설 것이라고 단언합니다. 그래서 프랑스의 한류 팬들은 비록 물리적으로는 프랑스 사람이지만 이 가상 국가에서는 '재프랑스 동포'와 다를 게 없다는 것입니다. 국적이나 인종으로는 프랑스 사람이지만 이념적으로는 한국 동포나 다름없다는 것이지요. 이와 같이 계속 밀고 나가면 SM 타운의 음악을 중심으로 중국인이나 미국인, 그리고 남아프리카공화국인이나 태국인 등이 모두 가상 세계에서 큰 동질감을 느끼게 될 것이라고 말합니다. 이전에는 이런 가상 국가 가운데 '마이클 잭슨 네이션'이나 '브리티니 스피어스 네이션'이 제일 컸는데 지금은 'SM 네이션'이 그들과 경쟁한다고 합니다. 이것은 참으로 담대한 발언이 아닐 수 없습니다. 국적이나 인종도 초월하는 세계를 만들자고 하니 말입니다.

그런데 이 회장은 한 걸음 더 나아가 잘 이해하기 힘든 발언을 합니다. 이 SM의 가상 국가는 한국이 근거지이기 때문에 한국에서 한류 팬들의 전당 대회를 할 수도 있다고 말입니다. 설마 이게 정치 집회를 하자는 것은 아니겠지요? 그러니까 이 회장은 아예 국가 하나를 세울 생각을 하는 모양입니다. 하기야 가상 국가를 세우자는 것이니 물리적인 힘이 들 것은 없습니다. 그러니 못할 것도 없겠다는 생각입니다. 그런데 이 의견에 대해서는 참으로 많은 의문이 듭니다. 우선 과연 지금 한류에 환장하는 청소년들이 어른이 되어서도 한국 노래를 듣고 한국 드라마를 볼까 하는 것이 맨 처음에 드는 의문입니다. 이들이 성장하면 어린 시절 일은 다 잊고 자신들의 문화로 되돌아가지 않을까요? 그러니까 한류는 어릴 때 한 번 미치고 마는 것이지 어른이 되어서도 즐기는 문화는 아니라는 것입니다. 글쎄요, 그러나 꾸준히 어린 세대들이 생길 것이니 걱정할 필요는 없을지도 모르겠습니다. 좌우간 이 문제는 더 두고 보아야 할 것으로 생각됩니다.

그 다음으로 이 회장이 받은 질문은 "이제 K-pop이 유럽에 퍼져 나가기 시작했으니 미국으로 갈 생각은 없느냐"는 것이었습니다. 보통 영화배우나 가수 등 대중예술가들이 종착점으로 생각하는 곳이 미국 아닙니까? 그것은 충분히 이해할 수 있습니다. 이런 대중예술들이 많은 경우 미국에서 비롯됐고 그곳에서 가장 많이 발달했으니 그 본고장에서 인정받고 싶은 것은 당연하겠지요. 그래서 한국의 대표적인 아이돌 그룹인 원더걸스가 '빌보드 차트'에 올랐을 때 경이롭다고 한 것입니다. 그런데 정작 그 미국인들은 유럽에 진출하는 것을 목표로 하는 경우가 있으니 또 머리가 갸우뚱해집니다. 예를 들어 미국 록 음악의 시조라 할 수 있는 엘비스 프레슬리가 미국에서 성공하고 유럽 진출을 꾀한 것이 그런 것이겠지요. 천하의 엘비스도 초기에는 유럽 사람들의 많은 저항을 받았다고 하더군요. 그런데 우리의 한류는 정작 미국인들은 힘들어하는 유럽 진출을 이미 이루었으니 앞으로 어찌해야 할지 잘 모르겠습니다. 아마도 이런 배경 아래 이 회장에게 미국 진출 여부를 물어보았던 것 같습니다. 이에 대한 이 회장의 답은 아주 단호했습니다.

   이 회장의 답은 "미국에 진출할 필요 없다"는 것이었습니다. 아니 질문 자체가 잘못됐다고 하더군요. 앞으로 미래에 가장 큰 시장은 중국인데 왜 미국에 가느냐는 것이지요. 이 말은 상당히 일리 있게 들립니다. 그에 따르면 이제 중국은 세계에서 가장 큰 시장이 될 것이기 때문에 동양의 할리우드는 중국에 생긴다고 합니다. 그런데 중국의 할리우드는 한국처럼 버추얼한 할리우드가 아니라 아날로그적입니다. 이에 비해 한국은 가상으로 할리우드를 만들기 때문에 콘텐츠를 계속 만들어 낼 수 있고 이것으로 엄청난 돈을 벌 수 있다는 것입니다. 하기야 이 회장이 공전의 히트 그룹인 동방신기(東方神起)를 만든 것도 진즉에 중국을 겨냥한 것이었지요. 동방신기라고 할 때 동방이란 바로 중국을 말합니다. 이 회장의 야심은 중국에서 가장 훌륭한 인재를 뽑아 그곳에서 훈련시켜 중국어로 노래 부르게 해 전 중국적으로 유명하게 만들겠다는 것입니다. 한국 가수가 한국 노래를 불러 중국서 히트하는 것보다 이 방법이 훨씬 더 효율적이라는 것입니다. 이 회장은 여기서 더 나아갑니다. 한국이 이런 식으로 문화 콘텐츠를 가지고

로열티를 받고 그것을 팔면 한국 기업은 그냥 앉아서 돈을 벌 수 있게 된답니다. 그렇게 되면 한국인들은 세계 최초로 세금을 내지 않는 국가를 만들 수 있다는, 듣기에 따라서 아주 '황당한(?)' 발언을 합니다.

이 주장은 물론 문제가 있어 보이기는 합니다. 그러나 단지 한류로 벌어들인 수입으로 세금까지 안 낼 수 있게 하겠다는 것은 그만큼 자신이 하는 일에 자신이 있다는 것 아니겠습니까? 그 자신감을 알 수 있는 것이, 앞으로 이 회장이 펼치게 될 동양의 한류 시스템은 미국의 할리우드보다 그 규모가 훨씬 더 커진다고 합니다. 그렇게 되면 지금은 현대나 삼성처럼 물건을 만들어 파는 회사들이 가장 큰 기업이지만 앞으로 나올 가장 큰 기업은 문화 콘텐츠를 만드는 회사 쪽에서 나온다는 것입니다. 이 회장의 자신감은 하늘을 찌를 듯한데 반드시 허장성세인 것만은 아닌 게 우리의 대중가요가 이렇게 전 세계에서 큰 유행을 할지 누가 알았습니까? 우리 문화는 항상 변두리에 있다고 생각해 전 세계적으로 인기를 끌 것이라고는 어느 누구도 생각하지 못한 일 아닙니까? 여기에 이수만 회장의 공이 컸으니 자신감을 단단하게 가진 겁니다. 어찌 됐든 목표나 이상을 높게 잡는 것은 전혀 손해 나는 일이 아닙니다. 이상이 높을수록 나중에 결국 다다르게 되는 목표도 높아질 테니까요.

이 정도면 한류가 지금 어떤 상황에 처해 있는지 아셨을 것으로 믿습니다. 한류 열풍이 과장되고 뻥튀기된 것이라 생각해 아무리 깎아내리려 했지만 그 실상은 대단했습니다. 그리고 앞으로도 어떻게 될지는 어느 누구도 확실히 모릅니다. 다만 확실한 게 있다면 한류가 그저 한순간에 명멸하는 그런 한시적인 것이 아니라 상당히 오래갈 것이라는 것입니다. 얼마나 오래갈 것인지는 현재의 상황에서는 정확하게 예측하기 힘듭니다. 또 어떤 변수가 있을지 모릅니다. 따라서 미래에 대해 섣부른 판단을 하기보다는 다른 주제를 보려고 합니다. 즉 한류는 어떤 요인으로 성공할 수 있었는가에 대한 것입니다. 이것이 제대로 분석되어야 한류의 미래에 대해서도 어느 정도 예측이 가능하지 않을까 싶습니다.

일곱째 거리

한류 성공의 비밀은?

과연 한류의 성공은 어떤 요인 때문에 가능했던 것일까요? 이에 대해서는 상당히 많은 연구와 분석이 있습니다. 그것들을 보면 매우 다양하고 복잡한 요소들이 한류의 성공을 가능하게 했다는 것을 알 수 있습니다. 한류를 성공하게 만든 요소 가운데 대표적인 것은 앞에서도 언급한 것처럼 SNS의 발달과 같은 현대의 IT 체제를 들 수 있습니다. 그런가 하면 하나의 훌륭한 작품을 만들어 내기 위해 다국적 팀이 구성되어 국제 감각에 맞게 노래나 안무를 만들었던 것도 유력한 요인입니다.

그러나 그런 식의 설명은 그동안 많이 있었기 때문에 다시 볼 필요 없습니다. 따라서 여기서는 아직까지 조망되지 않았던 요인에 대해 보려고 합니다. 특히 전통과 관련해서 한류 성공의 원인을 찾아보려고 합니다. 한류는 현대에 와서 갑자기 생긴 현상이 아니라는 관점에서 전통의 어떤 요인과 연결되어 있는지 찾아보려고 합니다. 한류란 이 땅에서 생겨난 것이니 분명 전통과도 연결되는 부분이 있습니다. 이에 대해서는 다른 연구에서 그다지 보지 못했습니다. 사실 앞에서 간헐적으로 이 요인에 대해서 설명했는데 여기서는 그것들을 다 모아서 종합 정리해 보겠습니다.

한류를 주목해야 하는 이유

한류 성공의 비밀을 이야기하려 할 때 가장 먼저 거론하고 싶은 주제는 '왜 우리는 한류를 주목해야 하는가'입니다. 물론 한류는 세계적으로 큰 유행을 하고 있으니 무조건 주목할 필요가 있습니다. 그런데 한국 문화사 입장에서 보면 아주 독특한 현상이라 한국인으로서 주목하지 않을 수가 없었습니다. 인문학(종교학) 전공자인 제가 이런 대중문화에 대해 관심 갖는다는 것 자체가 부적절할 수도 있습니다. 인문학 전공의 50대 교수가 10대 아이들이 열광하는 음악에 관심을 갖고 40~50대 주부들이 환장하는 드라마에 관심을 갖는 것은 그리 어울리는 것 같지 않습니다.

솔직히 말하면 저는 어린 아이돌 그룹의 음악은 조금 듣지만 드라마는 거의 보지 않습니다. 아이돌 음악도 관심이 있어서라기보다 학생들과 함께 있다 보니 자연스레 듣게 되었던 것이지요. 그래서 들어 보면 아주 가끔 저 같은 이른바 '노털'들도 좋아할 만한 노래가 있더군요. 그런 '노털'들을 보통 삼촌 팬이라고 하는 모양인데 저는 삼촌도 아니고 그렇다고 할아버지가 될 수는 없고 뭐라 불러야 할지 모르겠습니다.

아이돌 그룹의 노래는 그나마 조금 듣지만 드라마는 거의 안 봅니다. 왜냐하면 제가 보기에 한국 드라마는 작품의 완성도가 조금 떨어지는 것 같아서입니다. 그런데 이것은 작가의 역량이나 배우들의 연기력 때문이 아니라 드라마 제작 시스템과 관련된 문제에서 발생한 현상 같습니다. 제작비 문제도 그렇고 또 한 회, 한 회를 시간을 충분히 두고 만드는 것이 아니라 그때그때 사정에 맞게 급조하다 보니 작품의 완성도가 떨어질 수밖에 없겠지요. 한국 방송사나 독립 프로덕션들은 그런 열악한 환경 속에서도 참으로 좋은 작품들을 많이 만들어 낸다는 생각이 듭니다. 작품이 좋지 않았다면 이렇게 전 세계에 수출되어 큰 인기를 누릴 수 없었겠지요.

논지가 조금 옆으로 샜습니다마는 제가 여기서 말하고 싶은 것은 이와 같이 한류의 주역인 노래나 드라마에 대해 잘 모르는 제가 왜 이 한류를 주목할 수밖에 없었는가에 대한 것입니다.

지금의 한류가 우리 역사적 관점에서 볼 때 대단하다는 것은 지극히 단순한 데에서 찾아볼 수 있습니다. 고조선, 아니 단군부터 시작해서 지금까지 문화와 관련해서 한국에 있었던 모든 것 가운데 범지구적으로 사랑받은 것은 한류가 최초입니다. 우리는 지난 누천 년 동안 항상 중국의 그늘 밑에서 변방국 신세를 면치 못했는데, 우리의 대중문화가 전 세계를 석권하게 되었으니 주목하지 않을 수 없는 것입니다. 우리 문화가 그동안 주변 나라에서 별 인기가 없었던 것은 자명한 사실인데도 그리 많이 알려져 있지 않았습니다. 사실 그렇지 않습니까? 우리 문화가 이전에 언제 다른 나라에서 이렇게 인기를 끌었던 적이 있었나요? 항간에는 과거에도 한류가 있었다고 말하는 이도 있습니다. 굳이 찾아보면 전혀 없었던 것은 아닙니다만 그게 그리 강한 영향력을 지녔던 것도 아니고 지역적으로도 방대하지 않았습니다. 그저 부분적으로만 잠깐 인기를 끈 적이 있었을 뿐 더 이상은 아니었습니다.

이 사정을 아주 간소하게 볼까요? 아마도 최초의 한류는 7~8세기경 한반도의 문화가 대거 일본으로 이식된 것을 들 수 있을 겁니다. 한반도의 문화가 고대 일본에 끼친 영향은 말로 다할 수 없습니다. 이때를 즈음해 일본의 인구가 80~90퍼센트 증가하는데 이것이 모두 한반도에서 간 사람들 때문이었습니다. 이 사람들 가운데에는 학자, 승려, 여러 방면의 장인 등 수많은 직종의 사람들이 포함되어 있는데 그들은 일본이 나라로서 서는 데 큰 역할을 합니다. 그래서 이 사람들은 일본 문화를 대폭 업그레이드시키고 지배층이 됩니다. 이렇게 보면 당시의 지배층들은 모두 한반도계가 됩니다. 그런데 이들 사이에는 어느 지역에서 왔느냐, 혹은 언제 왔느냐를 가지고 집단이 나누어져 권력 다툼이 생겨납니다. 당시의 상황을 아주 거칠게 보면, 먼저 온 사람들이 더 높은 관직에 가 있었고 백제 쪽 사람들이 신라나 고구려 계열 이민자보다 유리한 위치에 있었던 것을 알 수 있습니다.

이때 한반도(특히 백제) 문화가 얼마나 지대한 영향을 끼쳤는가를 알 수 있는 결정적인 증거가 있습니다. 자세한 것은 생략하고, 한국어와 일어의 문법을 비교해 볼까요? 사실 두 나라의 말은 얼마나 가깝습니까? 한국인에게 가장 쉬운 외국어는 일어입니다. 일어는 우리말과 어순이 같아 생각하지 않고 바로 이야기할 수 있습니다. 게다가 종결어미가 평상문일 때에 '다'나 '요', '나', '네' 등으로 끝나는 것이나 의문문일 때에는 '까'로 끝나는 것이 같은 것을 보면 이 두 언어가 얼마나 가까운 것인지 알 수 있습니다. 가령 '소오다(そうだ) → 그렇다', '아루요(あるよ) → 있어요', '기레이나(きれいな) → 좋구나', '기레이네(きれいね) → 좋네' 등처럼 종결어미가 다 같지요? 그런가 하면 의문형은 한국어든 일어든 모두 '까'로 끝납니다. 예를 들어 '아리마스까(ありますか) → 있습니까'라고 말입니다. 이런 예는 부지기수로 많습니다. 이것은 한반도에서 건너간 사람들의 언어가 주축이 되어 일본어가 만들어졌음을 뜻합니다. 이것도 한류라면 한류라고 해야겠지요.

문법적인 것 말고 일본어 표현을 보면 한반도 문화가 고대 일본에서 얼마나 인기가 있었는가를 알 수 있게 해 주는 결정적인 예가 있습니다. 지금 일본어 표현에는 '구다라 나이(くだらない)'라는 것이 있습니다. 여기서 '구다라'는 '백제'를, '나이'는 '아니다'를 뜻합니다. 그러니까 전체 뜻은 '백제 것이 아니다'라는 것인데 일상적으로 쓸 때의 의미는 '(백제 것이 아니면) 형편없다'라는 것입니다. 그러니까 한반도에서 온 백제 것이 아니면 아무것도 아니라는 말이지요.

이만큼 한반도 문화가 고대 일본에서 인기가 있었습니다. 이런 예는 지천에 널려 있습니다. 일본 열도에서 한반도의 흔적을 찾는 것은 매우 쉬운 일입니다. 이것만 가지고도 책 몇 권이 나올 수 있습니다. 그래서 이 주제를 가지고 책을 쓴 재일동포였던 고(故) 김달수 선생은 일본에 남아 있는 한반도 흔적을 모두 조사해 일본의 저명한 출판사인 고단샤(講談社)에서 12권의 문고판 책으로 내기도 했습니다. 이런 여러 면에서 볼 때 첫 번째 한류는 이때 일본으로 간 우리 문화라고도 볼 수 있겠습니다. 이 점은 이해가 됩니다만 이때의 일은 너무 오래되었고 게다가 일본이라는 한정된 지역에만 국한되는 일이라 오늘날 한류와는 비교할 수 없을 것입니다. 그러니까 규모나 지역의 다양성 등에서 이 두 가지 한류는 비교할 수 있는 대상이 아니라는 것입니다.

그 다음의 역사를 보면, 그 이후로 한국 문화는 주변 국가에서 그다지 인기가 없었던 것을 알 수 있습니다. 그래도 억지로 한국 문화가 이웃 나라에서 인기를 끌었던 예를 들어 보면, 당 나라 황실에서 고구려 가무가 인기를 끌었던 것이나 원나라 황실에서 고려풍의 문화가 유행했다는 것 말고는 더 생각나는 게 없습니다. 글쎄요, 또 생각해 보면 고려 때 우리 것 가운데 중국에서 조금 인기를 끈 것이 있습니다. 예컨대 고려 청자와 고려 종이가 그것입니다. 이 둘은 중국 송대의 유명한 문장가인 소동파가 천하명품 가운데 포함시킨 우리의 것입니다. 10개 중에 2개가 우리 것이었으니 결코 적은 게 아닙니다. 그러다 조선으로 넘어오면 중국에서 주목받는 한제(韓製)가 거의 없어졌습니다. 예를 들어 청자와 같은 수준의 조선 백자는 전혀 중국인들의 관심 대상이 되지 못했습니다. 그저 하치의 물건으로만 보였죠.

게다가 조선은 폐쇄적인 국가였기 때문에 문화를 수출하려는 생각이 별로 없었습니다. 그러니 조선의 문화가 주변 국가에서 인기를 끈다는 것은 생각할 수 없는 일이었습니다. 어떻든 그렇게 조선조는 지나갔고 불행하게도 그 다음 무대는 왜정기였으니 이 시기에 대해서는 더 할 말이 없습니다. 이 시기는 한국 문화 절단기(?) 혹은 쇠퇴기로 기억될 터이니 이런 상황에서 자국 문화를 매력적으로 만들어 수출한다는 것은 꿈에서조차 생각하기 어려운 일입니다. 따라서 왜정기도 그냥 지나갑니다. 다음에 오는 대한민국도 그다지 매력이지 않습니다. 그때부터는 미국 문화 일색의 시기가 도래합니다. 이 시기는 현재도 진행 중이라 상세히 설명할 필요 없습니다. 이 점에 대해서는 제가 2002년에 『콜라 독립을 넘어서』(사계절)라는 졸저를 써서 일상생활 속에 들어와 있는 미국 문화에 대해 밝히려고 한 적이 있었습니다. 우리도 모르는 사이에 우리의 일상 속 깊이 들어와 있는 미국 문화의 요소들이 참으로 많습니다. 우리는 해방된 다음부터 지금껏 미국 문화를 내재화시켰고 그 결과로 미국의 잣대로 모든 것을 가늠하고 재단했습니다. 따라서 우리의 전통적인 것은 모두가 다 촌스러운 것이 되었고 미국 것만이 훌륭한 것이라는 생각이 무의식중에 자리 잡았습니다.

제가 『콜라 독립을 넘어서』라는 책을 냈을 때 한국 사회에는 반미 열풍이 잔뜩 불고 있어 저나 출판사 측은 이 책이 꽤 잘 팔릴 거라 생각했는데 그 예상은 완전히 빗나갔습니다. 그 이유를 생각해 보니 정작 한국인들은 자신 안에 내재화되어 있는 미국적 요소를 그다지 느끼지 못하고 있어 그것을 지적해도 별다른 감흥이 없었던 것 같습니다. 한국인들의 가치 체계 안에는 미국적인 것이 주인 행세를 하고 있으니 그것을 말해 봐야 알아차릴 수 없었을 겁니다. 워낙 일상적인 것이 되어 수상한 점을 찾지 못했을 것이라는 얘기입니다.

우리의 주제와 연관해서 가장 비근한 예를 본다면, 한국인들은 기독교를 참된 종교로 생각하고 나머지 전통 종교인 불교나 유교는 덜 떨어진 종교로 생각하는 경향을 들 수 있겠습니다. 그런 까닭으로 생각되는데, 해방 후에 당시로서는 낯설고 세가 약한 종교인 기독교의 예수 생일이 가장 먼저 국가 경축일이 되는 일이 일어난 겁니다. 그리고 그런 작업은 계속되어 예수가 태어난 날은 '기독탄일'이 아니라 '성탄절'이라 부르고, 기독교의 경전은 '기독경'이 아니라 '성경'이라고 부르게 됩니다. 기독교와 관계된 것들은 보통명사를 이용해 부름으로써 보편적이라는 것을 강조하는 것이지요. 그에 비해 한국적인 것들은 '변방적'인 특수한 문화로 여겨졌습니다. 그러니까 한국인들은 자신의 가치관에 미국적인 것을 중심에 놓고 그 나머지 것들은 그 시각에서 봄으로써 스스로의 문화를 주변화시켰습니다.

그래서 그런지 한국어를 제대로 못하는 데에는 별 부끄러움이 없는데 영어를 못하면 부끄러워하고, 한국어를 잘하는 사람에 대해서는 별 칭송을 안 하는데 영어를 잘하는 사람에게는 온갖 부러운 시선을 보냅니다. 우리는 그렇게 1948년에 건국해서 최근까지 그렇게 살았습니다. 그런 까닭에 세계 문화의 중심에는 한국이라는 나라가 절대로, 결코 설 수 없을 것이라는 생각을 무의식중에 갖고 있었습니다. 그러다가 한류로 인해 큰 '사단(事端)'이 벌어지기 시작했습니다. 우리 문화 중 한류라는 극히 일부의 문화가 세계의 중심에 서는 조짐을 보이기 시작한 것입니다. 그래서 이 사건에 주목할 수밖에 없다는 것입니다.

좀 다른 이야기이지만 한국이 더 이상 변방국이 아니라는 징조가 천천히 나타나기 시작하고 있는데 지면 관계상 이것들을 다 볼 수는 없습니다. 물론 경제적인 면에서 한국이 중요한 나라가 되었다는 것이 가장 명확한 징조이겠지요. 그러나 제가 관심이 가는 것은 중국과의 관계입니다. 중국은 우리가 누천 년 동안 바라만 보고 살았던 나라이지 않았습니까? 그런데 지금 그런 구도가 변해 아주 재미있습니다.

우리는 지난 역사 동안 스스로 중국의 제후국 정도로 생각해 중국을 추월한 적이 없습니다(고구려가 다소 예외일 수 있겠습니다마는). 이것은 우리뿐 아니라 중국 주변의 다른 나라들이 모두 그랬으니까 우리만 자책할 필요는 없겠죠. 그런데 지난 1990년대에 한국이 전체 역사 동안에 처음으로 중국을 약 15년 동안 추월한 적이 있었습니다. 한국은 잘나가고 있었던 반면 중국은 아직 경제 기반이 제대로 서지 못해 아주 하치의 물건만 만들어 낼 때였습니다. 그래서 당시에는 'Made in China' 하면 경멸의 대상이었던 것을 기억하실 겁니다. 그런 때문으로 생각되는데 그때를 즈음해서 중국에서는 한국을 배워야 한다는 슬로건들이 많았습니다. 이것은 참으로 재미있는 일이었습니다. 중국은 그 오랜 역사 동안 한 번도 한국에 대해서 그런 이야기를 한 적이 없었기 때문입니다. 우리를 그저 몇 수 아래로 생각했으니 그럴 법도 한 일입니다.

역사를 보면 우리는 중국에 지대한 관심을 갖고 있었는데 중국은 우리에게 그다지 관심이 없었습니다. 그래서 인적 교류도 거의 일방적이었습니다. 한국에서 중국으로 가는 사람들은 많았지만 중국에서 한국으로 오는 사람들은 극히 제한적이었습니다. 옛 역사를 보면 중국에서 한국을 공부하러 온 유학생은 거의 없었습니다. 여러분들도 생각해 보십시오. 중국 사람 가운데 신라나 고려, 조선이 좋아서 한반도로 넘어와 한국 문화를 공부한 사람이 누가 있습니까? 기껏해야 송나라 때 사신으로와 『고려도경』을 남긴 서긍(徐兢) 같은 사람이 전부이지 않습니까? 명청(明淸) 지식인 가운데 조선에 대해 글을 쓴 사람이 몇이나 될까요?

그런데 말입니다. 지금은 상황이 달라도 너무나 달라졌습니다. 중국에 있는 외국 유학생 가운데 한국인이 가장 많다고 하는데 이것은 이해할 만합니다. 그런데 한국에 중국 학생이 얼마나 많습니까? 중국 학생이 이렇게 한국에 많이 들어와 있는 것은 단군 이래 처음입니다. 한국 대학에는 중국 학생이 넘쳐나는데 그들의 전공도 다양합니다. 인문학 쪽에서는 한국 종교나 문학을 전공하는 학생들까지 생겨났습니다. 그뿐만이 아닙니다. 중국 전역에 있는 대학에 한국어문학과가 수십 개나 됩니다. 중국에서 제일 좋은 대학인 북경대에는 조선(한국)어문학과가 있고 조선어문학연구소도 있습니다. 이것은 흡사 청나라 조정의 연구 기관에 조선문화연구소가 있는 것과 다를 바 없습니다. 그런데 이런 일은 명청 시대에는 결코 없었습니다. 북경에는 북경대만 한국어과가 있는 게 아닙니다. 북경 제1외국어대나 제2외국어대에도 역시 모두 한국어과가 있습니다. 이 대학에서 온 제 제자들이 있기 때문에 잘 압니다. 게다가 한국어학과는 인기가 좋습니다. 아마 취직이 잘되기 때문이겠지요.

좌우간 이런 일은 우리 역사에서 처음으로 일어난 진귀한 일입니다. 이렇게 중국을 비롯해서 해외에 한국학을 연구하겠다는 사람들이 많아지고 있는데 이게 모두 다 한류 덕입니다. 그리고 국내에 있는 한국어 교육원에도 전 세계로부터 많은 외국인들이 몰려오고 있는데 이것도 한류에서 비롯된 것입니다. 이런 상황에 대해 장황하게 쓰는 까닭은 한국이 이제는 변방 국가가 아니라는 것을 강변하기 위해서였습니다. 그리고 이런 조짐들이 앞으로 한국이 나아갈 길 혹은 그 미

북경대 서문. 현판은 마오쩌둥의 글씨.

래를 보여준 것이라고 볼 수도 있겠습니다.

한류는 왜 성공했을까?
— 사람들이 잘 모르는 가장 큰 이유

그런데 한국인들은 한류가 어떤 이유로 이렇게까지 성공했는지에 대해 그 근본적인 이유를 잘 모르는 것 같습니다. 사람들은 지금까지 한류의 성공에 대해 많은 분석을 내놓았습니다. 사회적인 요인이나 경제적인 요인, 또 대중예술적인 요인 등 여러 요인들을 제시했습니다. 그들이 제시한 것은 다 일리가 있습니다. 그러나 이런 요소들이 다 갖추어져 있어도 가장 근본적인 것이 없으면 한류 같은 문화 현상은 결코 성공하지 못합니다. 그것이 무엇일까요?

한류가 성공할 수밖에 없었던 가장 큰 이유는 한국인들이 한류의 내용을 이루는 노래와 춤, 그리고 드라마를 지극히 사랑했다는 것입니다. 문화란 그렇습니다. 어떤 나라의 문화가 다른 나라에서 환영을 받으려면 대부분의 경우에 자국에서 먼저 큰 인기를 끌어야 합니다.

이것은 아주 간단한 비유로 설명할 수 있습니다. 냄비 속의 내용물이 밖으로 넘치려면 자체 내에서 먼저 끓어올라야 합니다. 문화도 그렇다는 것이지요. 어떤 일정한 나라의 문화가 옆으로 확산되려면 우선 무엇보다도 자국민들이 환장하도록 좋아해야 합니다. 그러면 그 열기가 자연스럽게 이웃 나라로 전달됩니다. 그 열기가 전달된 다음에 그곳 사람들이 좋아하고 말고는 그들에게 달렸습니다. 그러나 무엇보다도 선결 조건은 자국인들의 관심이라 할 수 있습니다. 그런데 이런 사실을 한국인들은 잘 모르고 있습니다. 한류가 그냥 어쩌다 생긴 것처럼 생각하고 있으니 말입니다.

생각해 보십시오. 우리 한국인들이 노래나 드라마를 얼마나 좋아합니까? 노래에 대해서는 앞에서 충분히 얘기했지요. 한국인들의 일상에서 노래라는 문화적 요소가 얼마나 중요한 부분을 차지하고 있는지 말입니다. 세계에서 (음주)가무를 가장 잘하고 지독하게 좋아하는 민족이 이런 세계적인 노래 문화를 만들어 내지 않으면 그 누가 만들어 낼 수 있겠습니까?

물론 한국인들이 잘하는 건 대중가요만이 아니지요. 서양 고전 음악에서도 한국인들이 두각을 나타냅니다. 전 세계에 있는 유명 음악 대학에는 한국인 학생들이 넘칩니다. 제가 어쩌다 미국의 3대 음악 학교 중에 하나인 줄리아드 음악 대학의 졸업식을 화상(畵上)으로 볼 기회가 있었는데 졸업생들 이름 가운데 한국 학생들이 줄지어 있더군요. 한국 학생들이 그렇게 많은 것입니다. 그리고 세계적인 유명 콩쿠르에서도 아시아 학생으로는 한국 학생들이 단연 상을 많이 탑니다. 이렇게 음악을 좋아하는 학생들이 많은데도 그중에 작곡을 전공하는 학생은 아주 드뭅니다. 이것은 현재 세계에서 이름을 날리고 있는 한국 음악가들을 보면 알 수 있습니다. 이들은 대부분 연주가들이지 작곡가는 거의 없습니다. 세계적인 작곡가로 굳이 생각나는 사람이 있다면 이미 타계한 윤이상 선생 정도가 있고, 현재로는 독일에 있는 진은

숙 선생 정도가 생각날 뿐입니다.

그런데 연주와 작곡은 같은 음악이지만 둘은 사뭇 다릅니다. 뜨거운 열정과 차가운 냉정의 차이라고나 할까요? 아무래도 연주는 차가운 이성이 아니라 열렬한 감성으로 하는 것일 겁니다. 차분한 문기보다는 치솟아 오르는 신기로 하는 것이죠. 그렇다고 연주할 때 감정만 가지고 한다는 것은 아닙니다. 음정과 박자를 맞추고 하려면 냉정함도 있어야겠지요. 그러나 전체적으로 보면 연주에는 감정적인 부분이 많이 들어가는 것이 사실입니다.

어떻든 여기에서도 알 수 있듯이 한국인들은 감정을 발산하는 일에 강합니다. 그래서 일상적으로 노래방에 가서 고래고래 소리를 지르면서 감정을 발산해야 살아 나갈 수 있는 것일 테지요. 사정이 이렇다는 것은 이 감정적인 능력과 대극을 이루는 능력, 즉 이성적인 능력은 그만큼 약하다는 것을 의미할 수도 있습니다.

한류를 타고 한국인들이 노래로 세계를 휘어잡는 것은 어찌 보면 당연한 것입니다. 일요일 아침부터 노래하고 춤추는 민족이 이런 일을 해내지 않으면 누가 하겠습니까? 신기가 세계에서 가장 풍부한 민족이 매일 TV나 노래방 등을 통해 가무를 연마했으니 전 세계가 좋아하는 대중가요 콘텐츠를 만들어 낸 것 아닐까요? 물론 대중들이 노래를 좋아한다고 무조건 세계적인 콘텐츠가 나오는 것은 아닙니다. 그러나 이렇게 범사회적으로 가무를 좋아하면 그중에 그 방면으로 능력이 출중한 사람이 나올 확률이 훨씬 높아집니다. 사회적 기반이 넓기 때문입니다. 사회적인 여건이 잘 안 되어 있는데 그 속에서 천재적인 사람이 나오기란 어려운 일입니다. 그런데 한국은 사회 전체가 오락을 지향하고 있었고 그중에 잠재력이 뛰어난 친구를 발탁해 오랫동안 정교한 훈련을 시켰기 때문에 이렇게 세계적인 연예인들이 나오게 된 것일 겁니다.

드라마는 어떻습니까? 드라마도 한국인들이 엄청 좋아하는 대중 연예물이지 않습니까? 드라마에 대한 한국인들의 열정은 널리 알려져 있습니다. 한국을 드라마 공화국이라고 하지 않습니까? 남녀노소 가리지 않고 온통 드라마만 보고 다니는 것 같습니다. 그래서 지상파는 물론 케이블 TV에서도 죽어라 하고 드라마를 만듭니다. 저는 TV를 잘 보지 않는데 그 이유 가운데 하나가 드라마가 너무 많기 때문입니다. 뭔 드라마가 그리도 많은지 아침부터 불륜 드라마를 해 대도 시청률은 잘도 올라갑니다. 게다가 하루 자고 일어나서 포털 사이트 보면 그 전날 했던 주요 드라마 이야기가 다 나옵니다. 누구와 누가 어디서 어떤 키스를 했다느니 무슨 '앓이'를 한다느니 등등 드라마라는 픽션 이야기를 흡사 진짜처럼 살포해 댑니다. 드라마 내용을 모르는 저는 가끔 진짜 뉴스인 줄 알고 클릭했다가 드라마 스토리인 것을 알고서는 씁쓸했던 경우가 꽤 있었습니다. 이러니 드라마를 전혀 보지 않는 저도 인기 있는 드라마들의 줄거리는 대충 알게 됩니다. 그리고 한 드라마에서 어떤 장면이 화제가 되면 TV 연예 프로그램에서는 온통 그것을 흉내 내기에 바쁩니다. 예를 들어 '거품 키스'나 '사탕 키스'라고 명명된 키스가 드라마에서 한 번 나오면 바로 그 다음 날로 온 포털 사이트에 뜰 뿐만 아니라 예능 프로그램에 출연한 연예인들이 너도나도 따라 하기에 바쁩니다. 이럴 때면 한국은 5천만이 모여 사는 큰 나라가 아니라 옆집에서 무슨 일이 일어나는지 다 아는 작은 마을 같습니다. 어쩜 그리도 일사불란하게 움직일 수 있는지 궁금합니다. 이런 현상 모두가 한국인들이 얼마나 드라마를 좋아하는지를 보여줍니다.

한국 드라마 현상이 갖고 있는 큰 특징으로는 또 열렬한 시청자들의 참여를 들 수 있겠죠. 그러니까 드라마 스토리의 진행이 작가를 비롯한 제작진들의 일방적인 주도로 가는 것이 아니라 시청자들이 적극적으로 의견을 표명하고 제작진은 그것을 받아들여 계속해서 고쳐 나간다는 것이죠. 열렬한 참여는 시청률이 엄청나게 높은 것에서 알 수 있습니다. 역대 시청률로 따지면 〈사랑이 뭐길래〉, 〈첫사랑〉, 〈모래시계〉나 〈허준〉 등등이 수위권에 있었는데 무려 60퍼센트가 훨씬 넘습니다. 그런데 말이 60퍼센트이지 이건 국민의 반 이상이 이 드라마들을 보았다는 이야기 아닙니까? 우리나라 TV가 앞에서 거론한 이란 국영 방송처럼 재미없는 프로그램만 방영하는 TV가 아닌데 어떻게 이렇게 높은 시청률이 나올 수 있는지 경이롭기까지 합니다. 한국 TV는 프로그램이 대단히 다양해서 볼거리가 아주 많은데도 이렇게 많은 사람들이 드라마를 그리 많이 보니 말입니다. 이것으로도 한국인들이 얼마나 드라마를 좋아하는지 알 수 있습니다.

그런데 한국 드라마의 광팬들이 그냥 수동적으로 드라마를 보나요? 결코 그렇지 않지요? 현대는 인터넷 문화가 발전되어 있으니 이것을 적절하게 활용합니다. 예를 들어 어떤 인기 드라마가 방영되면 그 다음 날로 포털 사이트에 스토리의 향방에 대해 토론하는 장이 형성됩니다. 그래서 거기에서 어떤 인물은 더 살려 내라고 하고 또 어떤 인물은 빨리 축출해라 하는 등등의 여론이 형성됩니다. 아니면 방송국 홈페이지의 게시판을 이용하여 자신의 의견을 열렬하게 표현합니다. 이런 과정을 거치다 보면 원래는 암으로 죽는 것으로 설정됐던 주인공이 시청자들의 열띤 주문과 바람에 의해 살게 되는 경우도 있습니다.

그런데 이 과정에서 결정된 것이 옳던 그르던 이를 통해 대중들의 소망이 확실하게 반영되기 때문에 한층 더 대중들이 좋아하는 시나리오가 완성됩니다. 그러니까 뼈대는 작가가 만들지만 수많은 대중들이 공업으로 드라마를 만드는 셈이지요. 그러다 보니 해외에 수출됐을 때에도 해당 국가의 국민들로부터 보다 더 넓은 공감대를 형성하게 되는 것 아닐까요?

다음은 서유럽의 한류 현상에 대해 연구하는 프랑스 보르도 대학 언론정보학과의 홍석경 교수의 분석입니다. 홍 교수는 SM 소속 가수들의 발표회 표가 금세 동이 났다는 소식을 듣고 한국서 의아해 했다는 것을 오히려 이상하게 생각하더군요. 왜냐하면 프랑스의 한류 팬들은 벌써 몇 년 전부터 자체적으로 인터넷을 통해 한류에 광범위하게 노출되어 있었답니다. 따라서 이들이 한국 대중문화에 환호하는 것은 갑작스러운 게 아니라 다 충분한 준비 기간을 거쳤다는 얘깁니다.

홍 교수는 드라마를 예로 들어 이런 현상에 대해 설명합니다. 전 세계의 한류 팬들은 팬섭(Fansub)이 있어 한국 드라마의 자막을 단다고 합니다. '팬섭'이란 전문 회사가 자막을 정확히 번역해 올린 것이 아니라 팬(fan)들이 자막(subtitle)을 올렸다고 해 줄여서 fansub으로 된 것이지요. 홍 교수 이야기로는 한국 드라마는 한국에서 방송된 뒤 일주일 정도 지나면 15~17개의 언어로 집단 번역된다고 합니다. 제가 중국 갔을 때 보니 중국은 이 작업이 가장 빠른 것 같았습니다. 밤에 방영된 한국 드라마가 그 다음 날 새벽이면 중국어 자막이 붙어서 인터넷에 올라온다고 하니 말입니다. 참으로 대단한 일입니다. 이게 다 불법일 텐데 세상은 그냥 이렇게 돌아가는 모양입니다. 그러나 꼭 나쁜 것만은 아닌 게 이런 과정을 통해 우리 한류가 전 세계에 알려졌으니 말입니다. 그리고 한류를 통해 한국이라는 국가 브랜드가 다만 소폭이지만 상승했으니 그게 어딥니까?

홍 교수가 그 다음에 지적하는 한국 드라마의 특징이 재미있습니다. 많은 유럽인들이 한국 드라마를 좋아하는 이유는 너무나 완벽한 미국 드라마에 비해 한국 드라마는 좀 비어 있기 때문이라고 합니다. 그래서 한국 드라마는 감정이입이 쉽다는 거예요. 다시 말해서 미국 드라마는 구성(플롯)이 너무 복잡하고 시나리오가 지나치게 완벽하게 짜여 있지만, 한국 드라마는 감성적으로 만들어져 있어 머리를 그렇게 쓰지 않고 편하게 볼 수 있다는 겁니다.

저는 이 지적이 아주 재밌습니다. 제가 계속해서 그런 말을 했지요? 한국인들은 논리를 가지고 빈틈없이 따지는 데에는 약하다고 말입니다. 감성은 풍부하지만 이성 쪽이 약하다고 말입니다. 그래서 한국에는 법정 드라마가 거의 없고 서양에서 법정을 주제로 한 영화나 드라마가 들어오면 대개 흥행에 실패한다고 했습니다. 조금 다른 맥락이지만 한국인들의 이런 성향 때문에 선거 유세를 할 때에도 후보자들은 한국인들의 감성에 호소해야지 합리적으로 꼬치꼬치 따지면서 말하면 유권자들로부터 외면 받습니다. 한국에서는 그렇게 잘 따지는 사람들에 대해서는 '정(나미)이 없는 사람'이라면서 멀리하는 경향이 있습니다. 저는 한국 드라마를 접할 때마다 너무 논리의 비약이 심하다고 생각했는데 그게 오히려 보는 사람들에게는 편안함을 주었다니 참으로 재미있는 현상입니다.

한국 드라마의 이런 모습에 대해 비슷하게 진단한 이가 또 있습니다. 가요를 비롯해 한국의 대중문화 연구에 관한 한 독보적인 존재인 이영미 씨는 「한국의 드라마 – 톡 쏘는 한 방의 매운맛, 한국 드라마의 매력」(『한국학의 즐거움』, 휴머니스트, 2011)이라는 글에서, 어떤 주간지의 글을 인용해 한국, 일본, 미국 드라마들의 특징을 요약해 놓았는데 그 내용이 어찌나 정곡을 찌르는지 놀랍기만 합니다. 한 번 볼까요?

> 한드(한국 드라마)는 막장, 일드(일본 드라마)는 과장, 미드(미국 드라마)는 긴장.
> 한드는 맵고, 일드는 심심, 미드는 느끼.
> 한드는 쓸데없이 흥분, 일드는 쓸데없이 열심, 미드는 쓸데없이 진지.
> 한드는 안 봐도 스토리 알고, 일드는 봐도 모르겠고, 미드는 끝까지 봐야 안다.

이런 인용과 더불어 이영미 씨는 한국 드라마의 성공 비결에 대해 "한국 드라마가 틀은 엉성한데 그 장면 장면이 감각적인 데에 그 비결이 있다"라고 주장합니다. 그의 말을 그대로 옮기면 "엉성한 뼈대에 풍부한 살"이 그것이지요. 사실 한국 드라마의 스토리 라인은 얼마나 단순합니까? 노상 그게 그겁니다. 남녀의 뻔한 삼각관계, 불치병, 불륜, 출생의 비밀, 부모들의 원한 관계 등을 빼면 한국 드라마는 남는 게 별로 없습니다. 그래서 한국 드라마는 막장이고 매울 수밖에 없으며 갑자기 흥분하는 게 많고 뻔한 이야기라는 소리가 나옵니다.

그런데 틀은 이렇게 엉성한데 각 장면들은 빼어납니다. 아름다운 풍경에서 예쁘고 멋진 배우들이 근사하게 사랑하고 아쉬워하고 안타까워하고 화내고 오열하는 등등 인간의 감정을 아주 풍부하게 표현합니다. 이런 명장면들이 시청자들을 달구는 겁니다. 그래서 시청률이 높은 드라마일수록 반드시 명장면들이 있습니다. 드라마 속 명장면을 보고 전 국민이 환호하고 이어서 곧 코미디언들이 그 장면을 패러디합니다. 그러면 우리들은 그것을 보고 또 즐거워합니다.

그런데 이럴 때는 결코 빠지지 않는 것이 있습니다. 그야말로 장면에 딱 맞는 분위기 있는 음악입니다. 명장면에는 기막힌 음악이 있어 그 완성도를 훨씬 높여 줍니다. 이렇게 음악이 흐를 때 배우가 명대사를 날립니다. 명대사란 예를 들어 "당신을 부숴 버릴 거야"나 "그러니까 난 그쪽한테 대놓고 매달리고 있는 거라고" 하는 등등이지요. 이런 것들이 종합되면 시청자들은 그 장면에 '빡' 갑니다(사실 저는 이런 것 때문에 한국 드라마를 잘 보지 않습니다마는).

이야기를 조리 있게 끌고 가기보다는 우연적인 요소, 예컨대 주인공의 원수가 사실은 친아버지였다는 식의 설정을 넣어 이야기를 아주 무리하게 확 틀어 놓습니다. 앞뒤 관계가 너무 맞지 않아 엉성하기 짝이 없습니다. 그러나 이런 설정을 한국 시청자들은 그다지 문제 삼지 않는 모양입니다. 즉 한국 시청자들은 스토리 라인과 같은 이성적이고 합리적인 것에는 크게 관심이 없다는 것이지요. 대신에 순간순간의 감각적인 장면에만 관심을 갖고 있습니다. 그 감각만 충족시키면 되지 골치 아프게 일이 어떻게 전개되던 간에 아주 말이 안 되는 것만 아니면 그냥 눈감아 줍니다. 우리는 여기서 다시 한 번 우리 한국인들이 얼마나 감각적인 사람들인지 느낄 수 있습니다.

한류 드라마의 성공에 대한 분석을 놓고 홍석경 교수는 이 밖에도 재미있는 몇 가지 요인들을 제시합니다. 재미있다기보다 유럽 사람들이 보기에 좀 특이하게 보이는 점을 들고 있습니다. 그런데 그 요소들을 들어 보면 우리 한국인들은 워낙 일상적인 것이라 이상하지 않는데 유럽인들이 보기에는 낯설 것 같습니다. 예를 들어 한국 드라마에 보면 교육 수준이 대단히 높은 사람들이 왜 선을 봐서 결혼하는지, 그리고 사회적으로 아주 성공하고 얼굴도 잘생긴 남자가 왜 여자 앞에서는 그렇게 수줍어하는지, 초현대식 아파트와 욕실도 없는 다세대 주택이 어떻게 공존하는지 하는 등등이 유럽인들에게는 신기하게 느껴진다고 합니다.

그런가 하면 유럽에는 청소년용 대중문화가 부족하답니다. 그런 까닭으로 생각되는데, 프랑스에서는 일본 만화(망가)가 굉장히 인기입니다. 세계 2위의 시장이라니까 말입니다. 이게 다 유럽 청소년들이 소비하기 때문에 생긴 현상으로 생각됩니다. 홍 교수의 분석에 따르면 프랑스 한류의 뿌리는 이 일본 만화라는 겁니다. 왜냐하면 일본 만화를 보는 유럽 청소년들이 동양 정서에 익숙해져서 그 만화들이 드라마로 나와도 거부감이 들지 않는다는 것이지요. 대충 어떤 드라마들을 말하는지 아시겠지요? 〈풀하우스〉나 〈꽃보다 남자〉 같은 드라마가 그것입니다. 이런 식으로 유럽 청소년들이 한국 드라마에 눈을 뜨고 점점 더 관심의 영역을 더 넓혀 나가다 종국에는 한국의 대중문화 전반에 걸쳐 관심을 갖게 되는 것이랍니다.

이 주제와 관련해서 마지막으로 이야기할 게 한 가지 더 있습니다. 프랑스 청소년들이 한국 드라마를 보는 또 한 가지 이유는 한국 아이돌 가수들이 드라마에 출연하기 때문이랍니다. 이 때문에 드라마를 만드는 기획사에는 드라마를 제작할 때 아이돌 가수를 출연시킨다고 하더군요. 이런 사정은 충분히 이해할 만합니다.

이런 전반적인 것을 분석하고 난 다음에 홍 교수가 마지막으로 내린 결론은 '프랑스의 한류는 금방 지나갈 유행이 아니라는 것'입니다. 이 점은 제가 앞에서 누누이 강조한 바입니다.

한식 세계화가 필패일 수밖에 없는 이유

이번 글의 제목은 조금 생뚱맞지요? 갑자기 한식의 세계화를 이야기하니 말입니다. 제가 갑자기 한식의 세계화를 거론하는 것은 앞에서 이야기한 것을 더 명료하게 설명하기 위해서입니다. 물론 한국 음식의 수출 문제도 한류와 엮어져 있으니 한식에 대한 이야기도 이상할 것은 없습니다. 단지 한식의 세계화에 대한 문제를 잠깐 짚어 보면 한류 문제를 더 확실하게 이해할 수 있다고 생각돼 조금 옆으로 빠져서 설명하려는 것입니다. 저는 우리 문화를 수출하기 위해서 가장 우선해야 하는 조건은 '어떤 문화가 되든지 우리 한국인들이 그 문화를 먼저 향유하고 누리고 즐겨야 한다'는 것이라고 생각합니다.

이 공식을 한번 한식에 대입해 볼까요? 우선 묻고 싶은 질문은 이런 겁니다. 우리 한국인들은 자신들의 음식인 한식을 사랑하면서 잘 먹고 있나요? 물론 우리는 매끼 밥을 먹습니다(사실 매끼는 아니겠습니다마는). 그런데 우리가 이 한식에 얼마나 신경을 쓰고 있나요? 과연 제대로 된 한식은 무엇인가요? 그런 정통의 한국 음식을 본 적이 있나요? 문화란 전통과 격조가 있어야 합니다. 그래야 경쟁력이 있고 수출도 할 수 있습니다.

지금 우리가 격조 있는 식사를 하러 갈 때 주로 어떤 곳을 갑니까? 대개가 이탈리아 음식점이 주가 된 서양식 식당 아닌가요? 파스타 파는 식당이 좀 비싸면 그 다음에는 베트남 쌀국수 집에 갑니다. 그래야 뭔가 별식을 먹는 느낌이 듭니다. 그리고 이런 음식점들은 크게 성공을 해서 체인점이 많습니다. 이런 곳에서 가장 인기 있는 음식은 주지하다시피 국수입니다. 스파게티는 이탈리아식 국수이고, 베트남 쌀국수는 말 그대로 국수입니다. 이런 국숫집들은 체인점이 성황을 이루게 마련인데 우리식 국수인 칼국수 집은 그런 경우를 들은 적이 없습니다('명동 칼국수' 같은 예외가 전혀 없는 것은 아닙니다마는). 또 칼국수라고 하면 그다지 격조가 느껴지지도 않습니다.

　이와 같이 한식은 대체적으로 뭔가 싸구려 같은 느낌을 받습니다. 격조가 떨어지는 것처럼 느끼기 때문일 겁니다. 그래서 그런지 젊은 세대들은 한식집에 잘 가지 않습니다. 한정식 집이 있지만 그런 곳은 외국 손님이 오든지 아니면 회사 돈으로 먹든지 할 때에만 가는 곳이지 자기 돈 내면서 일상적으로 가지는 않습니다. 그러나 스파게티 집이나 쌀국수 집은 당연히 비싼 자기 돈 내고 가야되는 줄로 압니다. 그래서 제가 가르치고 있는 이화여대에서 보면, 어린 학생들이 스파게티 식당에서 만 원 이상 쓰는 것은 비싸다고 생각하지 않는데 그 돈 내고 국밥 집에는 결코 가지 않습니다. 또 한정식 집은 굉장히 비싸다는 통념이 있습니다. 사실 좋은 음식점은 다 비싼데 유독 한정식 집만 비싸다는 생각을 갖는 경향이 있지요.

　그 다음 문제는 한식을 제대로 하는 식당이 없다는 것입니다. 이건 꽤 심각한 문제입니다. 음식 강국인 프랑스나 일본 등을 보면 전통이 있고 품격 높은 식당들이 많습니다. 물론 그런 식당들은 말할 수 없이 비싸지만 확실한 전통과 맛을 즐길 수 있기 때문에 아무리 비싸도 지금까지 이어져 오고 있습니다. 이런 높은 품격의 식당은 음식 문화를 진작하는 데에 대단히 중요한 역할을 합니다. 왜냐하면 일종의 문화적 원형 역할을 하기 때문입니다. 이런 식당의 음식들은 앞으로 한식이 발전해 가는 데에 일종의 이정표 역할을 합니다.

　전통이란 잠깐 동안에 형성된 것이 아니라 적어도 수백 년을 거쳐 완성된 것들입니다. 따라서 그 안에는 활용할 수 있는 무한정의 요소들이 잠재되어 있습니다. 그래서 전통이 중요한 것입니다. 우리나라에도 그런 음식들이 있긴 있습니다. 종가 음식이나 왕실 음식 등이 그런 것이겠지요.

그런데 지금 우리가 한없이 격조 높은 한정식을 진정으로 누릴 수 있는 곳은 적어도 제가 다녀 본 곳 가운데에는 없었습니다. 인사동이나 삼청동 등지에 한정식 집이 적지 않게 있지만 우리 음식을 제대로 하는 곳은 하나도 보지 못했습니다. 그런데 이때 말하는 한정식은 음식만이 아니라 음식과 관련된 모든 것을 말합니다. 식당은 그저 밥만 먹으러 가는 곳이 아닙니다. 식당에서 우리는 음식과 관련된 모든 문화를 즐길 수 있습니다. 그러니까 식당이니 음식은 말할 것도 없고 음식을 담는 그릇이나 수저 같은 도구들, 그리고 실내 장식(분위기), 손님을 대하는 예절(서비스), 그리고 더 욕심을 부린다면 음악 같은 것까지 해서 음식과 관련된 모든 것을 즐길 수 있어야 합니다. 제 말씀은 이런 모든 면에서 볼 때 서울에 있는 한정식 집은 제대로 하고 있는 집이 하나도 없다는 것입니다.

저는 비싼 한정식 집에 가서 실망한 적이 많습니다. 한식을 이상하게 왜곡해서 말도 안 되는 퓨전 음식을 만드는 것도 역겨운데 다른 요소들을 보아도 어디 하나 제대로 된 것이 없습니다. 그중에 제일 못마땅한 것은 서양식을 흉내 내어 코스 요리로 바꾼 것입니다. 물론 코스 요리 자체가 나쁜 것은 결코 아닙니다. 양식에는 코스 요리가 어울립니다. 그러나 무작정 양식을 따라 하다가 한식의 기본을 잊어버렸습니다. 수프부터 나오는 양식을 따라 하느라고 죽을 처음에 내오는가

하면, 한식과는 영 안 어울리는 샐러드가 상 위에 올라옵니다. 그리고 앞 음식을 미처 못 먹었는데 새 음식이 나오면 이전 음식을 새 음식의 그릇에 같이 담습니다. 이런 일을 예사롭게 하는데 세상에 어떻게 '헌' 음식을 '새' 음식을 섞겠다는 발상을 할 수 있을까요? 그러다 맨 마지막에 밥과 국이 나옵니다. 아니 그렇게 배터지게 먹고 또 밥을 먹으라는 말인가요?

요즘 먹는 한정식에는 이렇듯 불합리하게 보이는 일이 한두 가지가 아닙니다. 삼청동에 있던 어떤 유명한, 자칭 궁중 음식 전문이라는 한정식 집은 식당 초입부터 일본식으로 조경이 된 정원을 만들어 놓았더군요. 그렇게 만든 사람이나 그곳에서 음식을 먹는 사람이나 뭐가 뭔지 모르니 그냥 그렇게 하는 겁니다. 그 주인에 그 손님이지요.

예서 그런 것을 다 밝힐 필요는 없습니다. 한정식의 문제점을 지적하자고 이 이야기를 시작한 것은 아니니까요. 한식에 이렇게 많은 문제가 있다는 것은 더 지적하지 않아도 됩니다. 왜냐하면 유력한 증거가 있기 때문입니다. 그것은 국민들이 한식을 찾지 않는 현상으로 쉽게 알 수 있습니다. 앞에서 본 것처럼 한국인들은 외식을 할 때 한식보다 외국 음식을 더 좋아합니다. 아니 한식집에는 잘 안 갑니다. 그저 한 끼 식사를 간단하게 하던가 고기에 술 마실 때에만 가는 저렴한 곳이 한식집이라는 인상이 강합니다.

한국인들이 한식을 외면하는 유력한 증거는 국내 유수의 특급 호텔에 한정식 집이 있는 곳이 극히 적다는 데에서도 찾을 수 있습니다. 이전에는 좋은 호텔에는 한식집이 있었지요. 그러나 한식집들이 전통을 제대로 계승·발전시키지 못해 경쟁력이 현저하게 떨어졌습니다. 그래서 한국인들이 외면하게 된 것입니다. 같은 값이면 우아한 이탈리아 음식점이나 일식집에 가지 뭔가 부족한 듯한 한식집을 갈 리가 없겠지요. 그래서 최고급 호텔에서 한식집들이 퇴출된 것일 겁니다.

이렇게 우리가 우리 음식을 제대로 즐기지 않는데 어느 외국인이 한식을 좋다고 하겠습니까? 우리가 우리 것을 아끼지 않는데 어떤 외국인이 할 일이 없어서 우리 것을 홍보하고 받아들이겠냐는 것이지요. 한식 수출의 필패론은 이런 배경에서 나온 주장입니다.

사실 이뿐만이 아닙니다. 이 지면은 한식을 이야기하는 곳이 아니어서 가능한 한 상세한 언급은 피했습니다. 그러나 마지막으로, 한식의 수출 불가능론에는 지금까지 한식에 대한 연구를 게을리했다는 것도 그 이유로 포함되어야 할 것입니다. 연구라는 것은 건축에 비유하면 땅속에 기반을 마련하는 것입니다. 밖에서는 보이지 않지만 이것이 없으면 건물이 설 수 없습니다. 음식도 마찬가지입니다. 한식이 제대로 서려면 많은 인원이 풍부한 재정 지원을 받아 전통 음식을 심층적으로 연구해야 합니다. 그저 잔머리를 굴려 전통 음식을 조금씩 변형하는 것으로는 안 됩니다.

어떤 유명한 요리사가 그러더군요. 한식을 세계화하려면 한식이 무엇인지 정의부터 하라고 말입니다. 대단히 일리 있는 말입니다. 그런데 한식을 정의하려면 먼저 많은 연구가 있어야 합니다. 간단하게 정의하는 일이 장황하게 설명하는 것보다 백배 천배는 어렵습니다. 그러나 이렇게 간단하게 정의해야 선명한 개념이 떠오릅니다. 확실한 행동은 이런 개념이 확립되었을 때만 가능한 것입니다.

지금 대학의 식품영양학과에 있는 교수들 가운데 한식을 문화적으로 연구한 사람은 아주 적습니다. 대부분 영양학만 하고 있지요. 이렇게 연구도 안 한 상태에서 무슨 수출을 꿈꿉니까? 그런데 보십시오. SM 같은 기획사들이 노래를 수출하려고 할 때 대충했겠습니까? 상세한 내력은 잘 모르지만 아마 수많은 연구와 분석이 있었을 겁니다. 그렇지 않고서야 지금처럼 상품 가치가 아주 높은 콘텐츠를 만들어 낼 수 없었겠지요.

한류 성공의 또 다른 이유
— 유교와 한류

유교와 드라마 1

자, 이 정도면 한류가 성공할 수밖에 없는 원인 중에 가장 큰 것들은 다 본 셈입니다. 이제 그 다음 원인에 대해 보려 하는데 그 내용을 다 볼 수는 없습니다. 제가 역량도 안 되고 너무 복잡하기 때문입니다. 그래서 여기서는 사회적인 요인이나 경영적인 것, 혹은 음악적인 것에 대해서는 다루지 않고 문화적인 것에 대해서만 보려고 합니다. 특히 전통 문화와 연관된 것들을 집중적으로 보았으면 합니다. 여기서 제가 이야기하는 것들은 다른 연구에서는 잘 보이지 않을 겁니다. 유교와 연관된 것을 보려고 하기 때문입니다.

제가 보기에 잘 나가는 한류 드라마들의 기본 모티프는 전부 유교와 관계가 있는 것 같습니다. 이것은 어쩌면 어쩔 수 없는 일인 줄도 모릅니다. 한국 사회란 아직도 전 세계에서 가장 유교적인 사회니까 말입니다. 사실 이 부분은 한국인의 신기와 관련이 있는 주제는 아닙니다. 그러나 잠시 쉬어 가는 것으로 생각하고 한류에서 보이는 유교적인 영향에 대해 볼까 합니다.

한국인 본인들은 아니라고 할는지 몰라도 한국인의 의식 구조는 여전히 유교(적인 가치관)가 지배합니다. 이 점에 대해서는 제가 진즉 의견을 피력한 바가 있습니다. 지금 대한민국은 조선을 이은 나라입니다. 물론 그 사이에 일제기가 있었지만 일본 역시 유교적인 가치관이 강한 사회라 그 지배를 받은 한국의 유교 문화가 단절되지는 않았습니다. 그런데 조선은 인류 역사상 가장 유교적인 왕조였습니다. 이 점에 대해서는 중국인들도 놀랐습니다. 유교는 자기네들이 만들어 낸 가르침인데 이웃 나라인 조선에서 더 신봉하니 말입니다. 중국의 제후국이자 변방국이었던 조선은 아마 더 중화적으로 됨으로써 중화적 질서의 중심에 더 가까이 가려고 노력한 것 같습니다. 이념적으로 볼 때 중국 다음으로 자기들이 있다는 것을 확인하고 싶었던 것이지요. 원래 변방에 있는 국가나 사람들은 이렇게 처신을 합니다.

이와 비슷한 경향이나 성향은 현대 한국의 개신교도들에게서 보입니다. 한국의 개신교는 거개가 미국서 들어온 것인데 한국 개신교도들은 미국적인 가치관이나 풍습을 더 철저하게 지킴으로써 미국화되려고 많은 노력을 합니다. 한 예를 들어 보면, 11월 중순에 하는 추수

감사절은 유럽서 종교 박해를 피해 미국으로 간 사람들이 감사 예배를 드리기 위해 만든 것입니다. 따라서 유럽 개신교에는 이런 관습이 없습니다. 그런데 한국 개신교도들은 자신들과 아무 관계도 없는 이 추수감사절을 꼬박 지킵니다. 그 날짜가 11월 중순이라 한국에서 추수하는 시기와는 아무 상관도 없는데 말입니다. 한국 개신교도들은 외려 한 술 더 떠서 미국 개신교들의 신앙이 약해졌다고 비난합니다. 그리고 이제는 예수님이 재림하면 남한에 올 거라고 공언을 합니다. 이런 주장은 명이 망한 후 중화는 조선으로 왔다고 주장하던 조선 성리학자들의 그것과 아주 비슷합니다.

어떻든 조선은 전 인민을 유교화시키려고 부단히 애를 씁니다. 그 과정은 대단히 복잡하게 전개되었지만 자세한 것은 생략하기로 하고 다만 앞으로의 설명을 위해 아주 간단하게 보지요. 유교가 조선 사회에 정착되는 것은 조선이 건국하고 한참 뒤인 17세기 중반이라고 말해집니다. 그 증거로는 제사권의 장남 독점과 장남 우대의 불평등 상속제가 이때 정착된 것을 들 수 있습니다. 이것으로 유교식 가부장제가 완성된 것입니다. 이 과정에서 여성들의 권리는 철저하게 무시되었습니다. 이렇게 정착된 가부장적인 유교가 지금까지 전해져 왔습니다. 물론 상속제나 제사 제도 같은 것들이 표면적으로는 많이 변했지만 가장 기본적인 유교적인 가치관의 큰 틀은 전혀 변하지 않았습니다.

지금까지 내려오면서 가장 많이 변한 것으로는 여성들의 지위를 들 수 있겠습니다. 여성들의 지위는 이전과는 비교도 안 되게 좋아졌습니다. 그러나 그것 빼고는 부자유친이나 장유유서와 같은 오륜의 규범은 여전히 위력을 발휘하고 있습니다. 그래서 현대 한국인들은 무엇을 하든 유교적으로 행동합니다. 사정이 그러하니 한국인들이 즐겨 보는 드라마에도 이러한 유교적인 덕목이 빠질 리가 없습니다. 그중에서 드라마에 반영되는 유교적인 덕목으로는 '효'나 가족의 강조, 그 부대 산물로 나오는 핏줄의 강조, 상하를 엄격하게 나누는 위계의 강조 등이 있겠습니다.

아시다시피 이런 유교적인 요소와 관계된 내용은 한국 드라마에 빠짐없이 등장합니다. 특히 한국 드라마가 가족 관계에서 벗어나는 일은 거의 없습니다. 모든 게 언제나 부모와 얽혀 있습니다. 이런 내용이 어떤 때는 긍정적으로 펼쳐지지만 어떤 때는 부정적으로 나옵니다. 그래서 어떤 드라마에서는 아주 밝은 효의 관계가 형성되는가 하면 어떤 드라마에서는 부모와 일이 꼬이면서 이상한 효의 관계가 형성되기도 합니다. 그런가 하면 효에서 생긴 엄격한 상하관계가 사회로 확장되어 사사건건 나이 따지고 아래위를 결정해서 위계질서를 강조하는 것도 한국 드라마에는 빠지지 않고 나옵니다.

우선 효의 요소들이 긍정적으로 나온 드라마를 꼽으라면 아무래도 중국에서 한류 붐을 처음으로 일으킨 〈사랑이 뭐길래〉를 들 수 있을 겁니다. 이 드라마가 왜 중국에서 인기가 있었는가에 대해서는 많은 분석이 있었습니다. 그 가운데 가장 돋보이는 글은 현재 북경대 한국 언어문화학부의 진징이(金景一) 교수가 쓴 「한류, 중국을 달구다」(『세계가 사랑한 한국』, 파이카, 2010)입니다(진 교수의 한국 이름은 물론 '김경일'입니다). 재중동포인 진 교수가 쓴 내용을 아주 간단하게 요약해 볼까 합니다.

진 교수는 한류가 중국에서 무진장의 인기를 끈 것을 "수천 년만의 역류"라고 평가합니다. 제가 한 표현보다 훨씬 더 극적이라 재미있습니다. 중국으로부터 누천 년을 거의 받아오기만 하던 한국이 21세기 전후로 대중문화를 중국에 수출해 엄청난 반향을 일으켰으니 그렇게 말할 만합니다. 그가 진단한 한류 드라마의 인기 요인 역시 제가 진단한 것과 거의 비슷합니다. 중국인들이 자기네들의 유교 문화를 한국 드라마에서 되찾은 겁니다.

중국은 근대에 아편 전쟁이나 신해혁명, 문화혁명을 거치면서 커다란 문화 공백기를 겪었습니다. 예를 들어 중국인은 신해혁명 뒤에 신문화 운동을 일으켜 민중의 개성을 해방시켜야 한다는 생각 아래 당시 중국 사회의 근간이었던 유교적 가치관을 무너뜨렸답니다. 이때 없어진 것 가운데 재미있는 예는 큰절입니다. 중국에서도 한국처럼 큰절을 하는 관습이 보편화되어 있었는데 이게 굴종의 의미가 내포해 있다고 간주해 이때 없애 버렸다는 겁니다. 그래서 혼례, 상례 등과 같은 의식의 경우에도 큰절 대신 허리 굽히는 것으로 대체했다고 합니다. 그런데 중국인들도 막연하게 옛 예법에 대한 동경이 있었나 봅니다. 다 잊은 줄 알았는데 한국 드라마에서 부모에게 인사할 때에도 큰절을 올리는 것을 보니 이전의 자신들의 모습이 생각나 기분 좋아진 것일 겁니다. 이 밖에도 중국서는 사라진 많은 유교적인 모습이 한국 드라마에서 보이는데 그것은 조금 뒤에 설명하겠습니다.

중국인들이 자신들의 정신적 가치인 유교를 버리는 작업은 이 뒤에 더욱더 가속화됩니다. 여러분들이 잘 아는 바와 같이 1966년부터

1976년까지 있었던 문화혁명이 그것입니다. 이때 중국은 문화적 암흑기에 들어가게 되는데 당시 표방했던 유명한 슬로건이 바로 파사구(破四舊)입니다. '파사구'란 '낡은 사상', '낡은 문화', '낡은 풍속', '낡은 습관'을 타파한다는 것인데, 이것은 전통적인 것과 완전 단절하겠다는 뜻입니다. 이때 중국에서 전통적인 것은 그야말로 씨를 말리게 됩니다. 이것은 지금 중국인들을 만나보면 알 수 있습니다.

제가 1980년대 중반에 미국서 공부할 때의 일입니다. 당시 중국이 미국과 수교하면서 중국 학생들이 미국으로 대거 몰려왔습니다. 이때 제가 태어나 처음으로 만난 중국 학생들은 미국 학생들보다 더 낯설고 생경했습니다. 저는 옛날에 한국서 보던 화교들을 생각하고 이 중국 학생들도 생각하는 것이 우리와 비슷할 것이라 예측했는데 외려 미국인들보다 더 이상했습니다. 그래서 같은 동양, 아니 같은 중화권 사람인데도 친해지기가 힘들었던 기억이 납니다. 지금 생각해 보니 이들은 철저하게 과거를 단절하는 과정을 거친 뒤라 한국이나 중국이 같이 갖고 있었던 가치를 많이 잃어버린 것이었습니다. 그래서 같은 문화권에 속해 있다는 느낌이 들지 않았던 것입니다.

진 교수가 보는 한국의 전통적인 가치관은 크게 세 가지입니다. 즉 '질서와 서열을 중시하는 권위주의', '가족과 나라를 우선으로 하는 공동체 정신', '도덕과 정신적인 가치를 추구하는 태도'인데 이것들은 모두 유교에서 가장 중시하는 덕목이라는 것을 알 수 있습니다.

여러분들도 금세 눈치를 챘겠지만 이 덕목들이 한국 드라마에는 다 들어 있습니다. 그래서 중국인들이 좋아하는 것인데, 진 교수의 분석에 따르면 한국 드라마에서는 주인공들이 서구적 가치관도 유지하면서 결국은 한국적(혹은 유교적) 가치관을 고수하기 때문에 중국인들이 좋아한다는 것입니다. 여기서 말하는 서구적 가치관이란 각각 권위주의에는 민주주의가, 공동체 정신에는 개인주의가, 정신적 가치에는 물질적 가치가 대응됩니다. 이 두 종류의 가치는 한국 사회 내에서 갈등과 충돌을 일으켰는데 한국인들은 전통적 가치관을 비교적 잘 고수한 것으로 평가하고 있습니다.

특정 드라마로 예를 들자면, 1998년에 57퍼센트라는 경이로운 시청률을 기록한 MBC 드라마 〈보고 또 보고〉에서 주인공 정은주(김지수 분)의 모습이 중국인에게 감동을 준 모양입니다. 간호사인 정은주는 서구적 가치관인 부에 대한 욕망을 솔직하게 드러냅니다. 그러나 중국인들이 감동한 것은 그가 성공을 위해 분투하면서도 끝내 도덕성을 잃지 않으려고 노력하는 모습이었다고 합니다.

이런 드라마가 또 하나 있지요? 바로 〈대장금〉입니다. 장금이는 아주 미천한 신분인 궁녀로 시작해 어의가 되기까지 수많은 역경을 겪습니다. 그런데 어떤 유혹에도 흔들리지 않고 순수한 태도를 지키면서 자기의 꿈을 실현시킵니다. 이런 데에서 중국인들은 크게 감동을 받는다는 것이지요.

다시 〈사랑이 뭐길래〉로 돌아가 이런 관점에서 보도록 하지요. 주지하다시피 이 드라마에는 가부장의 권력이 막강한 정통 유교식 가족이 배경으로 나옵니다. 할아버지로 나오는 이순재 씨가 그 주인공이지요. 이 사람 앞에서는 아내도 아무 소리 못합니다. 그런가 하면 아들인 최민수와 하희라 부부 역시 아버지 앞에서는 고양이 앞에 쥐입니다. 꼼짝 못합니다. 효와 위계질서로 똘똘 뭉친 가족이지요. 전형적인 유교식 가부장 가족입니다. 이런 집안이 당시에 얼마나 있었는지 모르지만 이 드라마는 분명 한국 사회를 반영한 것일 겁니다. 바로 여기에 중국인들이 환호한 겁니다.

〈사랑이 뭐길래〉에서 보이는 가족 관계는 중국에서도 이전에는 일상적인 것이었는데 사회주의 혁명을 거치면서 다 사라졌습니다. 그런데 느닷없이 한국 드라마에 그런 모습이 나오니까 중국인들이 향수에 젖었겠지요. 원래 자기들 것이었는데 한국에는 남아 있으니 말입니다.

그런데 재미있는 것은 이 드라마에서 아주 엄격한 아버지로 나오는 이순재 씨가 2006년에 방영된 〈거침없이 하이킥〉이라는 시트콤에서는 웃기는 할아버지로 나온다는 겁니다. 즉 이전의 엄격함이나 권위는 완전히 사라지고 밤에 몰래 포르노나 보는 '야동 순재'로 전락하고 만 것이지요. 이것 역시 변화하는 한국 사회의 모습을 보여준다고 하겠습니다. 이전의 엄격한 유교적 가부장제가 크게 흔들린 한국 사회의 모습을 보여주는 것입니다. 그리고 권위주의도 사정없이 약해진 한국 사회의 모습을 봅니다. 요즘 한국 사회는 가정도 그렇지만 사회 어디에도 진정한 의미의 권위를 가진 사람이나 집단이 없습니다. 이 시트콤에서도 한국 사회의 그런 모습을 편린으로나마 느낄 수 있습니다.

유교와 관련해서 그 다음으로 많이 나오는 것은 출생의 비밀입니다. 한국 드라마의 이 점은 정말로 무리라고 생각되는 부분이 많습니다. 왜냐하면 아무 복선도 깔아 놓지 않고 있다가 갑자기 어떤 사람이 주인공의 생부/생모인 것이 밝혀지고 그것에 따라 이야기 줄거리가 180도 바뀝니다. 그러니까 이야기를 풀어 나갈 때 논리적인 방법으로 자연스럽게 진행시키는 것이 아니라 느닷없이 출생의 비밀을 폭로해 밑도 끝도 없이 이야기를 반전시켜 버린다는 것입니다. 그래서 원수였던 사람이 같은 편이 되기도 하고 반대로 되는 경우도 있습니다.

예를 들어 볼까요? 2008년에 MBC에서 방영한 〈에덴의 동쪽〉이라는 드라마가 있었습니다. 복잡한 줄거리는 생략하고 아주 간단하게만 보면, 주인공의 철천지원수가 있었는데 사실은 주인공을 낳은 친아버지였습니다. 어느 정도 원수였는가 하면 자신을 기른 아버지를 죽였으니 더 이상의 원수는 없었을 겁니다. 그런데 뒤늦게 이 사실을 안 주인공의 변신이 주목됩니다. 물론 초기에 주인공은 조금 방황을 합니다. 그런 끝에 주인공은 마음을 바꾸어 비록 원수이지만 친아버지라는 것 때문에 외려 생부를 보호하게 됩니다.

그런데 이런 설정에서도 아주 강한 유교의 영향을 느낄 수 있습니다. 우선 아버지의 원수를 갚는 부분입니다. 아버지의 원수를 갚는 것은 동서양을 막론하고 당연한 것이긴 합니다. 그런데 유교 문화권 사회에서는 이 점을 지나치게 중시합니다. 유교에서는 가장 중요한 존재가 아버지이기 때문입니다. 따라서 유교에서는 다른 것은 용서하라고 해도 아버지(그리고/혹은 어머니)를 죽인 원수는 반드시 갚아야 한다고 가르칩니다. 이 원수를 갚지 않으면 외려 그것이 불효입니다. 이런 점이 강조되기 때문에 유교 문화권에 속한 한국에서는 드라마에 이런 주제가 자주 등장합니다.

사실 드라마의 진행을 좀 더 자극적으로 하려면 이보다 더 좋은 방법이 없겠지요. 그런데 이런 설정이 다른 나라에서는 잘 안 먹히기 때문에 다른 나라 드라마에서는 이 모티프를 그리 자주 이용하지 않습니다. 이에 비해 한국서는 이 모티프가 잘 통하기 때문에 스토리의 흐름이 왜곡되는데도 단골로 등장하는 것입니다.

그 다음에는 순혈주의입니다. 유교에서는 어떤 환경적 요인보다 나를 직접 낳은 부모가 최고입니다. 피를 최고로 칩니다. 아무리 키워 준 사람이 있어도 나중에 친부모가 나타나면 그 친부모가 더 중한 대접을 받습니다. 이것은 유교에서 부모자식 관계를 절대로 변할 수 없는 관계로 설정한 것에서 알 수 있습니다. 낳아 준 은혜는 그 어느 것보다도 큽니다. 핏줄을 통해 인연이 됐으면 그것은 어떤 것으로도 자를 수 없습니다.

맹자는 이러한 부(모)와 자(녀)의 관계를 친(親)이라는 특수한 용어를 써서 설명했습니다. 우리 한국인들은 '친할아버지'나 '친형제'라 하면서 '친'이라는 용어를 많이 쓰지만, 이 '친'이라는 게 어떤 의미를 갖고 있는지 잘 모릅니다. 유교에서는 사랑의 단계가 몇 있는데 '친'은 가장 우위에 있는 것으로 부모자식처럼 피를 직접 나눈 단계에만 씁니다. 그래서 『맹자』에서 그의 사상이 가장 잘 드러나는 「진심장(盡心章)」을 보면 "친친인야(親親仁也)"라는 구절이 나오는데 이것은 "어버이를 친히 여기는 것이 인이다"라는 뜻입니다. 여기서 친이란 양친을 뜻하지만 더 좁게 말하면 부친만을 뜻합니다. 이 용어에서도 알 수 있지만 '부'나 '모'라고만 이야기해도 문제없는데 여기에 '친' 자를 붙여 부친 혹은 모친이라고 하는 건 그만큼 이 관계가 중요하다는 뜻입니다. 사실이지 이 '친' 자는 부모 이외의 관계에는 거의 붙이지 않습니다. 심지어는 할아버지에게도 '조부친'이라고 하지 않지요(물론 친할아버지라고는 하지만요). 그리고 '형친'이나 '누나친'이니 하는 용어도 없습니다(친형이니 친누나라는 용어는 있습니다만).

사정이 이렇게 된 이유를 알려면 이 '친'이라는 글자에 담겨 있는 속뜻을 알아야 합니다. 이 글자를 동사로 풀면 '친히 여긴다'라는 뜻이 됩니다. 우리가 평소에 '친하다'라는 용어를 무심결에 많이 쓰는데 '친하다'의 원래 의미는 그렇게 간단한 게 아닙니다. 친구 사이처럼 그냥 친한 정도를 말하는 것이 아닙니다. 이때의 '친'은 모든 것을 희생시키고라도 지켜야 할 가장 큰 사랑의 관계를 뜻합니다. 유교에서 이런 사랑은 부(모) 외에는 바칠 데가 없습니다.

그래서 맹자는 심지어 아버지가 사람을 죽였을 때에도 그 아버지를 경찰에 고발해서는 안 된다고 주장했습니다. 살인이란 사람의 죄 가운데 가장 극악한 것입니다. 그런 죄를 저질렀어도 아버지는 무조건 봐주어야 한다는 것입니다. 그 아버지를 고발하기는커녕 등에 업고 사람이 없는 곳으로 가서 평생 모시고 살아야 합니다. 효가 우선시되기 때문입니다. 효 앞에서는 사회정의이고 개인의 취향이고 그 어떤 것도 무력합니다. 효가 최고입니다. 제가 여기서 '모'에는 자꾸 괄호를 치는 것은 어머니는 아무래도 아버지에게는 밀리기 때문입니다. 유교는 가부장제가 워낙 강해 여성의 중요성은 상대적으로 많이 떨어집니다. 그래서 동북아시아의 전통 소설이나 영화를 보면 제 아비 죽인 원수를 갚겠다는 주인공은 많이 봤어도 어미 죽인 원수를 갚겠다고 평생을 벼른 사람들은 잘 보지 못했습니다.

어떻든 이렇게 '친'이라는 것은 대단한 것이며 절대로 변할 수 없는 관계를 뜻합니다. 그래서 우리가 무심코 친할아버지 혹은 외할아버지라고 하는데 친할아버지나 친형이라고 하면 피를 나눈 최고의 관계를 상징합니다. 그러나 외할아버지나 외삼촌처럼 일단 '외' 자가 들어가면 이미 저 바깥에 있는 것을 의미합니다. 피를 나눈다는 의미의 '친'이 없어 그 격이 떨어집니다. 이렇게 보면 우리가 무심코 쓰는 친아버지, 친할아버지가 어떤 중요성을 갖는지 아시겠죠? 그래서 우리나라 드라마에 나오는 것처럼 아무리 원수라 해도 그 사람이 친아버지로 판명되면 무조건 가까워지는 쪽으로 바뀌어 버리는 것입니다. 효 앞에서는 사회의 어떤 것도 힘을 발휘하지 못하기 때문입니다. 효에는 무조건적으로 맹종입니다. 그래서 〈에덴의 동쪽〉 같은 드라마에서 그런 스토리 전개가 가능한 것입니다. 한국 사회는 전 세계에서 가장 유교적인 국가입니다. 그래서 한국인들은 유교적 가치관을 내면화해서 살고 있습니다. 그런 사회에서 출생의 비밀 같은 모티프가 드라마에 자주 나오는 것은 아주 자연스러운 일입니다.

유교와 아이돌 그룹

가요가 중심이 된 한류는 한마디로 한민족의 신명판이라고 했습니다. 그리고 이 신명은 무당의 굿판에서 단골로 등장한다고 했습니다. 그런데 말이죠, 아이돌 그룹의 형성 과정을 보면 무당적인 신명만으로는 설명이 안 되는 부분이 있습니다. 그러니까 그들이 저리도 노래와 춤을 잘하는 것은 분명 가무에 능한 무당의 후예로서 충분히 가능할 것으로 생각되는데, 그것으로는 설명이 부족하다는 얘깁니다.

다른 나라에는 없는 어떤 것이 우리 아이돌들에게 있길래 이렇게 노래 잘하고 춤을 잘 추게 된 것일까요? 여기에는 물론 많은 요인이 있겠지요. 예를 들어 진출하려고 하는 나라의 대중문화(특히 음악)에 대한 철저한 분석이 있었겠지요? 그래서 아마 나라에 따라 별도의 전략을 짰을 겁니다. 그러나 뭐니 뭐니 해도 이런 노래에는 훌륭한 멜로디와 가사, 그리고 생동감 있는 춤이 필수입니다. 그래서 한국의 기획사들은 세계적으로 유명한 대중음악가나 안무가들을 영입해 입에 감기는 감칠맛 나는 멜로디를 만들어 냅니다. 이런 과정을 거쳐 만들어졌으니 처음 들어도 친숙한 느낌이 들고 머리에서 그 멜로디가 떠나지 않습니다. 중독성이 있는 것이지요.

가사 또한 진출하는 나라에 맞게 만듭니다. 한국어를 모르고 가사의 뜻도 잘 모르더라도 그곳 사람들이 되뇔 수 있는 가사들을 만들어 냅니다. 그리고 한 번만 봐도 계속해서 따라 하고 싶은 춤 동작으로 만듭니다. 이런 여러 요소들이 다 어우러져 기가 막힌 아이돌 그룹의 가무가 만들어지는 것인데, 그런 게 그냥 만들어졌을까요?

이렇게 좋은 콘텐츠가 있더라도 장시간의 훈련이 없으면 안 되겠지요? 한국 아이돌 그룹이 사랑받는 또 하나의 이유는 이들이 노래를 하면서 춤까지 춘다는 사실입니다. 이 두 가지를 완벽하게 하기가 쉽지 않겠지요. 그런데 한국의 아이돌 그룹들이 이렇게 어려운 과제를 잘할 수 있는 건 한마디로 혹독한 훈련 탓일 겁니다. 우리나라의 연예 프로덕션들이 갖고 있는 특징 중에 하나는 미국이나 유럽처럼 검증된 스타들을 키우는 것이 아니라 가능성이 있는 아이들을 어릴 때 뽑아 장기간 연습시키는 데에 있다고 하지요. 이렇게 오랫동안 연습을 시켰으니 완성도 높은 춤과 노래가 나오는 것일 겁니다. 그러면 이런 일이 왜 한국에서만 가능할까요? 이를 알기 위해서는 이웃 나라인 일본과 중국과 비교해 보면 좋겠습니다.

일본과 중국에서는 한국의 아이돌 그룹 같은 가수들이 다량으로 나오지 못했습니다. 그 이유를 제 나름대로 보면, 일본은 대중음악의 뿌리가 깊어 얼마든지 한국 그룹 같은 것이 나올 수 있습니다. 그런데 일본의 아이돌 그룹들의 무대를 보면 무엇인가 연습 부족이라는 생각을 지울 수가 없습니다. 연습만 더 한다면 한국의 그룹을 능가할 수도 있을 텐데 그렇지 않습니다. 그러면 왜 일본 그룹들은 연습이 부족한 것처럼 보일까요? 추측건대 개인주의가 팽배한 일본에서는 어린 친구들을 집단으로 몰아넣고 수년 동안 하루에 십여 시간씩 연습시키는 것이 힘들지 않을까 하는 생각입니다. 그것도 한국처럼 열 살도 되지 않은 아이들을 오디션으로 뽑아 10대 후반까지 훈련시키는 일은 아마도 일본에서는 쉽지 않을 겁니다.

한편 중국에서도 가무에 아주 능한 아이돌 그룹이 쉽게 나오지는 않을 것 같다는 게 제 생각입니다. 왜냐면 중국인들은 춤(그리고 음악)이라는 예술 장르에 그다지 강한 사람처럼 보이지 않기 때문입니다. 조금 단순하게 말하면 중국인들은 말을 하는 데에는 능숙하지만 노래를 하거나 춤을 추는 것은 그다지 잘하는 것 같지 않다는 것입니다. 이것은 그들의 민속예술을 보면 알 수 있습니다. 중국 민속예술을 보면 대표적인 춤이 보이지 않습니다. 한국에는 살풀이춤이나 승무 같은 대표적인 춤이 금세 떠오르는데 중국에는 이런 것이 없다는 것이지요. 그들의 민속춤은 아주 단순한 동작으로 이루어져 있습니다. 예술적이거나 유려한 동작이 잘 보이지 않습니다.

그런가 하면 중국인들은 노래 쪽도 그리 능숙한 것 같지 않습니다. 이것은 중국인들의 대표적인 민속예술인 경극을 보면 알 수 있겠습니다. 경극은 기본적으로 연극이라 그런지 대사가 많습니다. 노래도 들어가지만 단순한 리듬과 멜로디만 갖고 있습니다. 춤은 별로 없고 몸동작은 무예적이거나 혹은 아크로바트적입니다. 몸동작이 무용보다는 무술 쪽에 가깝습니다. 이것은 제가 지어 낸 이야기가 아니라 우리나라 최고의 무용가였던 최승희 선생이 이미 지적한 겁니다. 최승희 선생은 6·25 때 월북한 뒤 중국에 가서 그들에게 무용을 가르쳤습니다. 그래서 그는 중국 현대 무용 1세대들에게는 최초의 선생님으로 기억되고 있다고 합니다. 그런 그가 중국 무용가들에게 "당신들의 예술인 경극에는 무용이 들어갈 수 있는 부분이 많은데 무용을 제대로 활용하지 않고 있다"라는 취지의 말을 했다고 합니다.

이런 것을 종합해 보건대 중국인은 한국인처럼 신명 혹은 신기를 많이 가진 민족으로 생각되지 않습니다. 그들은 한국인들보다 훨씬 차분하지요. 그래서 중국에서는 세계적인 종교 철학이 나왔을 겁니다. 노장 철학을 비롯해 성리학이나 양명학, 그리고 선불교가 태동했다는 것이지요. 이런 철학은 차분한 머리에서 나올 수 있지 한국인들이 지닌 신명에서는 나오기 어려울 겁니다. 특히 성리학은 극히 사색적인 두뇌가 아니면 나오기 힘든 철학입니다. 이런 철학을 배태한 사람들이 가무를 잘한다면 조금 이상하지 않습니까?

그러나 우리가 논의하고 있는 주제와 관련해서 중국과 한국이 같은 것이 있습니다. 집단주의 문화이지요. 중국에서도 한국처럼 아이들을 어릴 때부터 모아 놓고 장기간 훈련시키는 일이 가능합니다. 집단주의 문화가 강하기 때문에 얼마든지 아이들을 집단 훈련을 시킬 수 있습니다. 이것은 소림사 주위에 있는 수백 개의 무술 학교를 보면 알 수 있습니다. 이 학교에는 수백 명이나 되는 아이들이 어릴 때부터 집단을 이루어 훈련을 합니다. 그런데 중국 아이들은 이런 무술 훈련은 되지만 신명이 워낙 없어서 그런지 노래와 춤 쪽은 훈련해도 그리 신통하지 않습니다(무술 훈련은 신명이 많으면 외려 더 안 좋지요).

중국인들이 춤에 그리 소질이 없는 것처럼 보이는 것은, 클론이라는 남성 가수팀의 예로도 알 수 있습니다. 클론은 〈쿵따리 샤바라〉 같은 노래로 대만에서 큰 인기를 끌었습니다. 그 이유는 대만 사람들이 클론처럼 근육질의 남자들이 파워풀하게 춤을 추는 것을 본 적이 없어 그렇다는 것입니다. 우리가 보기에는 클론이 아주 강한 남성적 춤을 추는 것 같지는 않는데 중국인들에게는 상당히 남성적으로 보이는 모양입니다.

남성성이나 여성성 같은 개념은 나라마다 좀 다른 것 같습니다. 우리에게는 여성적으로 보여도 다른 나라 사람들에게는 남성적으로 보일 수 있기 때문입니다. 예를 들어 볼까요? 우리나라의 전통 악기 중에 거문고와 가야금을 비교해 보지요. 한국인들은 보통 거문고에서는 남성성을 느끼고 가야금에서는 여성적인 것을 느낀다고 말합니다. 그런데 일본인이나 중국인에게 물어보면 가야금에서도 굉장히 남성적인 힘을 느낀다고 합니다. 한국의 민속예술은 힘이 받쳐진 신명이 분출되면서 표현되기 때문에 그렇게 느끼는 모양입니다. 그만큼 한국인들은 야성적이고 거칩니다. 호기(豪氣)를 잘 부립니다.

각설하고, 일본과 중국의 예를 보았으니 이제 한국의 예를 볼까요? 한국은 잘 알려진 것처럼 유교적 집단주의가 상당히 강한 사회입니다. 집단주의 문화에서는 개인보다 집단이 더 중시됩니다. 그래서 자신을 죽이고 몇 년이고 훈련을 받을 수 있습니다. 한국 사람들은 어릴 때부터 이러한 집단주의 문화가 체질화되어 있습니다. 예를 들어 한국인들은 어릴 때에 자신보다는 가족이라는 집단의 일원으로서 행동하게끔 교육받습니다. 그러니까 '나'보다는 '우리'가 항상 먼저입니다. 이런 우리중심주의('uri'-centrism)는 유치원과 초등학교 시절부터 계속해서 강화됩니다. '우리' 학교, '우리' 집, '우리' 고장 등등 한국인들이 쓰는 언어에는 우리라는 단어가 아주 많이 등장합니다. 이런 추세들을 보여주는 것으로는 학교에서 행해지는 전체 조회나 학급별 조회 등을 들 수 있고 집단 체조나 운동회 같은 것을 들 수 있습니다. 이런 데에서 아이들은 개인보다 우리라는 집단이 더 중요하다는 교육을 계속해서 받습니다. 그러니까 집단을 위해서 개인을 희생할 각오나 준비가 되어 있는 것입니다.

이런 집단주의 의식이 강하게 자리 잡고 있기 때문에 기획사 임의대로 만든 팀이 제대로 굴러가는 것일 겁니다. 우리가 TV에서 만나는 아이돌 그룹들은 자신들이 팀을 결성해 기획사와 계약한 것이 아니라 기획사가 연습생들 가운데 뽑아서 팀을 만들어 다시 연습을 강하게 시켜 만든 것입니다. 그러니까 이 아이들은 친구 사이가 아니라 남남으로 만난 것입니다. 이렇게 남남으로 만나 그룹 활동하는 것은 대단히 어려운 일입니다. 아주 친한 사이인데도 그룹을 만들어 활동하면 깨지는 경우가 얼마나 많습니까? 그런데도 우리나라 아이돌 그룹들은 가끔씩 돈 때문에 문제가 생기기는 하지만 별 탈 없이 계속해서 활동합니다. 사실 이 아이들이 가무를 잘하는 것도 신기하지만 해체되지 않고 굴러가는 게 더 신기한 일입니다. 이것은 연습생들을 혹독하게 훈련시키는 동안 집단주의 문화를 강하게 주입한 결과임에 틀림없습니다.

예를 들어 볼까요? 우리가 잘 아는 아이돌 그룹 가운데 동방신기라는 그룹이 있지요. 이 친구들의 이름이 무엇을 상징하는가에 대해서는 앞서 이야기했습니다. '동쪽, 즉 중국에서 신으로 일어나(起)다'라는 것이겠죠(솔직히 말하면 이름이 좀 촌스럽긴 합니다!). 이 친구들도 기획사에서 결성한 팀입니다. 이 팀은 SM 프로덕션이 보유하고 있는 연습생 가운데 최고의 아이들로 구성한 팀입니다. 그리고 그 다음 급에 해당하는 친구들을 가지고 만든 게 '슈퍼쥬니어'라는 것은 잘 알려진 사실입니다.

그런데 생각해 보십시오. 같이 연습은 했지만 잘 모르는 남과 합숙하면서 계속해서 동거동락하는 게 어디 쉽습니까? 두 사람으로만 구성된 부부 사이에도 갈등이 끊이지 않거늘 이렇게 많은 인원들이 별 탈 없이 생활을 같이한다는 것은 결코 쉬운 일이 아닙니다. 게다가 여기에 돈 문제가 개입해 있지요? 이럴 경우 보통 백이면 백 문제가 생깁니다. 그런데 이 아이돌 그룹들에게 그다지 큰 문제가 생기지 않는 것을 보면 이들 간에 집단주의 문화가 굉장히 강하다는 것을 알 수 있습니다.

이런 문화가 통하게 된 데에는 한국 사회에 팽배한 군대 문화도 한 몫을 했을 겁니다. 한국인들은 익숙해서 잘 모르지만 우리 사회에는 군대식의 강한 집단주의 문화가 팽배해 있습니다. 그럴 수밖에 없는 것이 한국 남성들은 무조건 군대를 갔다 와야 하고 그런 그들이 회사원이 되어 사회문화를 주도해 나아가니 말입니다. 또 많은 남성 연예인들이 군대를 가고 그들은 한결같이 군대를 칭송하는 듯한 발언을 합니다. 이들은 항상 자신의 안위보다는 국가나 군대를 더 걱정하는 듯한 모습을 보여 개인보다는 집단이 중요하다는 생각을 청소년들에게 심어 줍니다.

한국의 강한 집단주의 모습을 느껴 보려면 저녁 때 큰 회사 근처에 있는 식당이나 맥줏집에 가면 됩니다. 회사 회식 때 사원들이 일사불란하게 앉아 소주잔이나 맥주잔을 들고 함께 "위하여"라고 외치는 모습을 아주 쉽게 목격할 수 있을 겁니다. 그것도 세 번씩 복창합니다. 저는 그 소리를 들을 때마다 깜짝 깜짝 놀랐던 기억이 납니다. 이건 아예 군대입니다. 군대(혹은 조직폭력배 사회)가 아니면 이렇게 획일적인 동작이 나올 수 없습니다. 이 회사원들이 아무리 자유분방한 대학 생활을 했다고 해도 군대에 갔다가 제대하고 회사에 오면 다 이렇게 됩니다. 그러니 한국 사회의 집단주의 문화는 사라질 수 없는 것입니다.

그런데 군대라는 곳은 집단주의 문화가 강할뿐더러 상명하복의 철저한 권위적 위계질서가 강한 사회이기도 합니다. 군대는 이러한 위계질서가 없으면 안 되는 사회이니 이것 자체는 문제될 게 없습니다. 문제는 이런 요소를 사회에 연장시키는 것입니다. 한국 사회는 권위주의 문화 때문에 많은 문제를 안고 있습니다. 가장 대표적인 게 민주화 문제입니다. 한국은 위아래를 지나치게 가르는 악습 때문에 진정한 민주화가 잘되지 않고 있습니다. 그런데 가끔씩 이런 식의 군대 문화가 뜻밖의 효력을 발하는 때가 있습니다. 아이돌 그룹의 성공도 그런 경우에 해당할 것 같습니다. 이 생면부지의 아이들을 강하게 묶는 데에는 집단주의라는 요인도 한몫했겠지만 그 집단 안에서 철저한 위계를 잡는 것도 큰 역할을 했을 겁니다. 이 질서 안에서는 상명하복을 해야 하기 때문에 밑에 있는 친구들은 불만을 드러내는 일이 쉽지 않습니다. 위에서 하라고 하면 그저 할 뿐입니다. 그렇지 않고 자꾸 자기 목소리를 내고 저 잘났다고 외쳐 대면 팀의 질서가 흔들립니다. 상하질서가 안 잡혀 있으면 아무리 좋은 미끼를 던져도 잘 안 먹힐 겁니다.

한국인들은 유교의 영향 때문에 새로운 사람을 만나면 대부분 나이를 확인해 친족 호칭인 '형', '언니', '오빠'를 사용해 그들 사이의 위계질서를 정합니다. 그런데 동생은 오빠나 언니에게 함부로 대들 수 없습니다. 자신의 이익이 조금 침해받았더라도 상대가 형이니까 참을 수밖에 없습니다. 그러나 이렇게 일방적이기만 하면 이 질서는 오래가지 못합니다. 형이나 오빠는 동생들을 배려하고 돌봐 주어야 합니다. 나이가 많기 때문에 양보해야 할 때도 있습니다. 좋든 나쁘든 이 안에는 확고한 질서가 있고 이것은 그 집단이 깨지지 않고 돌아갈 수 있게 해 줍니다. 이게 바로 유교식 장유유서 질서인데 한국은 이런 위계질서 의식이 강합니다. 그런데 앞에서 말한 것처럼 이러한 관습은 군대 경험에 의해 강화되기 때문에 한국은 다른 나라보다 집단주의 문화가 강할 것입니다. 아이돌 그룹들이 바깥에서 보는 모습은 아주 화려하지만 그 안에는 분명 집단주의 문화와 위계를 따지는 권위주의 문화가 강하게 흐르고 있을 겁니다. 이것은 전혀 이상하지 않은 게 이 두 가지 요소가 바로 한국의 사회 문화가 지닌 대표적인 특징이기 때문입니다.

지금까지 본 것을 한 번 정리해 볼까요? 노래와 춤을 추는 아이돌 그룹이 중심이 된 한류의 성공은 문화적인 면에서만 보면 다음의 몇 단계를 거쳐서 만들어진 것으로 보입니다. 자본이나 경영적인 면은 잘 모르니 이야기 안 한다고 했지요? 우선 가장 기본이 되는 것은 한국인들의 신기 혹은 신명입니다. 노래하고 춤추는 데에는 세계 최고인 한국인들입니다. 그러나 이러한 기본만 가지고서는 안 되겠지요. 가혹하게 훈련을 시켜야 합니다. 그래야 그 많은 인원들이 일사불란한 동작을 할 수 있습니다. 위계질서 중심의 군대식이 가미된 유교식의 집단주의 문화가 이러한 훈련을 가능하게 했습니다. 그 다음에는 콘텐츠입니다. 아무리 훈련을 잘해도 내용이 시원치 않으면 아무것도 아닌 게 되겠죠. 콘텐츠는 한국 팀도 가세했지만 무엇보다도 서양의 유명

작곡가와 안무가가 참여했기 때문에 아시아를 넘어서 범세계적인 것을 만들어 냈습니다. 그래서 아주 세련된 콘텐츠가 나왔습니다. 그 다음에는 유통인데 아무리 좋은 물건이 있어도 유통이 안 되면 없는 것이나 마찬가지 아닙니까? 마침 인터넷 세상이 열려 거액 들이지 않고도 SNS라는 최첨단 매체의 덕으로 전 세계 어디든 우리의 콘텐츠가 다다를 수 있었습니다. 그 다음에 전 세계의 젊은이들이 우리의 아이돌 그룹에게 환호하는 것은 아주 자연스러운 현상이었겠지요? 이상이 우리 아이돌 그룹의 성공기에 대한 문화적인 분석이었습니다.

유교와 드라마 2

한류의 성공에는 이 이외에 또 유교의 영향으로 보이는 부분이 있어 마지막으로 그것을 볼까 합니다. 이것은 노래가 아니라 드라마와 연관된 것입니다. 그런데 이것이 반드시 유교의 영향이라고 말할 수 있는 것은 아닐지 모릅니다. 그러나 꽤 개연성이 있어 보여 한 번 말해 보려 하는 것입니다.

지금까지 가장 큰 대박을 낸 한국 드라마는 〈겨울연가〉와 〈대장금〉입니다. 그런데 이 두 드라마는 주인공이 공통점을 갖고 있습니다. 지극히 착하다는 것입니다. 착해도 그렇게 착할 수가 없습니다. 말할 수 없이 지순한 것이지요. 이 주인공들은 어떤 난관이나 역경을 맞이해도 자신의 도덕성을 포기하거나 증오를 품지 않습니다. 절대로 악해지지 않습니다. 끝까지 착합니다. 자기를 미워하고 음해하는 이들에게마저도 원한을 품지 않습니다. 대단한 인품입니다.

그런데 한 번 생각해 보십시오. 이런 사람이 현실 세계 어디에 있겠습니까? 어떻게 자기를 해치는 사람들에게까지 한 번도 화내지 않고 착하게 대할 수 있겠습니까? 단견일지 모르지만 제 생각에 이런 사람은 성인 이외에는 없습니다. 그래서 드는 생각인데 이 두 드라마의 주인공은 한국인들이 이상형으로 생각하는 인물이라고 할 수 있을 것입니다. 자기들은 그렇게 살 수 없지만 그런 삶을 살았으면 하고 바라는 그런 이상형 말입니다.

그러면 이러한 한국인의 이상적인 인격상(像)은 어디에서 유래했을까요? 이 질문은 "한국인은 인간을 어떻게 보는가"로 다시 물어볼 수 있을 것입니다. 제가 지금까지의 경험을 통해 보면 한국인들은 "인간은 본질적으로 착하다(Human nature is originally good)"고 믿는 것 같습니다. 한국인들은 인간의 본성을 아주 긍정적으로 보고 있는 것이지요. 한국인들의 이런 모습은 일상적인 태도에서도 자주 눈에 띕니다. 예를 들어 어떤 사람이 아주 나쁜 일을 하면 '사람이 사람에게 그럴 수 없다'느니 '사람이 아니다'느니 하는 것들이 그것입니다. 또 이전에 거지가 집에 동냥을 오면 '사람의 집에 사람이 왔으니 내쫓을 수 없다'고 하면서 무엇이든 주어서 보내는 것을 인간의 법도로 알았습니다. 이런 것들은 일종의 휴머니즘인데 상당히 순진한 휴머니즘이라고 할 수 있습니다.

그런가 하면 '이 사람은 (외모는 못생겼지만) 아주 착한 사람이다'라고 하는 경우도 많이 접해 보셨을 겁니다. 이때 '착하다'는 말은 외국어로 번역하기가 어렵습니다. '정직하다'도 아니고 그렇다고 그냥 '좋다'고 하기엔 너무 막연합니다. 한국인들은 이같이 아주 선한 사람을 일컬을 때 '착하다'라는 표현을 많이 쓰는 것 같습니다. 이런 착함이 극에 달한 사람들이 〈겨울연가〉나 〈대장금〉의 주인공처럼 되는 것입니다.

이런 이야기들은 모두 인간의 성품을 지극히 선하게 보았기 때문에 나오는 것입니다. 인간의 가장 깊은 본성을 죄성 혹은 죄인으로 보는 서양 기독교의 인간관과는 아주 다릅니다. 한국인들이 이러한 인간관을 갖고 있기 때문이라고 생각되는데 한국 사람들이 가장 좋아하는 이야기들을 보면 거기에는 비극이 없습니다. 또 나쁜 사람을 철저히 응징하는 것도 없습니다. 대부분의 이야기들이 다 해피엔딩입니다.

한국인들이 가장 좋아하는 이야기는 말할 것도 없이 판소리로 하는 것들입니다. 그중 가장 대표적인 것은 심청전이나 춘향전, 흥부전인데 이 세 이야기는 다 해피엔딩입니다. 딸은 어떻게든 아버지를 만나고, 아내는 어떠한 역경을 이겨서라도 남편을 만나며, 동생은 끝까지 형에게 순종했기 때문에 큰 복을 받습니다. 등장인물들에게 다 좋은 결과가 있습니다. 주인공은 인간이 뛰어넘을 수 없는 역경이나 어려움을 잘 극복했기에 그 결과로 말할 수 없이 큰 축복을 받게 됩니다. 그리고 어느 누구도 잘못되지 않습니다. 악인이 있어도 그의 죄를 묻고 끝까지 캐서 철저하게 응징하는 법이 없습니다. 이 이야기들에서는 악인에 대한 징벌이 그다지 중요하게 나오지 않습니다. 심청전에는 이렇다 할 악인도 나오지 않습니다(글쎄요, 뺑덕어멈 정도나 있을까요?). 그저 아버지의 눈을 뜨게 하겠다고 자기 한 몸 다 바치는 지순한 여성만 나옵니다. 그런데 이 이야기의 설정이 얼마나 무리합니까? 앞 못 보는 아버지, 그것도 지지리도 못사는 주제에 절에 그 많은 돈을 시주하기로 약속한 바보 같은 아버지의 눈을 뜨게 하는 게 대체 얼마나 중요하다고 자기 몸을 내던집니까? 그렇게 자기가 팔려 가면 앞 못 보는 아버지는 누가 시중을 듭니까? 그런데도 심청이는 불평 한 마디 없이 죽음의 길로 접어듭니다. 세상에 이렇게 지순한 사람이 또 있을까요?

춘향전도 그렇지요. 서울로 가 소식도 모르는 서방을 어떻게 믿고 끝까지 수절을 맹세했으며 그것을 위해 목숨까지 바칠 생각을 했을까요? 그런데 아무리 상황이 나빠져도 춘향은 절대로 어느 누구도 원망하지 않습니다. 그러다 한양 간 서방이 고관대작(?)이 되어 돌아와 감격스러운 해후를 합니다. 그런데 이 춘향전에서 가장 나쁜 역할을 한 변사또에 대한 응징이 없습니다. 그저 봉고파직(封庫罷職, 관가의 창고를 봉하고 파면하는 것)하고 옥에 가두는 것으로 끝납니다. 어사가 되어 돌아온 이몽룡이 부하들에게 그렇게 하라고 한 번 선언하는 것뿐입니다. 춘향전에서 가장 나쁜 악인으로 나오는 변사또를 어떻게 심문하고 어떤 고통을 주는지에 대해서는 일언반구도 안 나옵니다. 한국인들은 그저 춘향과 몽룡이 잘되는 것만 보면 됩니다. 두 사람만 행복하면 됩니다. 사회정의이고 악인 징벌이고 아무 관심이 없습니다.

흥부전도 그리 다르지 않습니다. 흥부도 천성이 그렇게 좋을 수 없습니다. 좋아도 아주 단순하게 좋습니다. 형에게 아무리 구박을 받아도 형을 절대로 원망하지 않습니다. 형이 부모 재산을 다 뺏어가도 불평 하나 없습니다. 그런데 흥부전에서 놀부가 천하에 몹쓸 인간으로 나오지만 사실 그다지 악인처럼 보이지는 않습니다. 심술이 많을 뿐이지 사람을 처절하게 괴롭히고 죽이는 등의 악한 일은 하지 않기 때문입니다.

그래서 그런지 코넬 대학의 교수인 찰스 앨퍼드(Charles F. Alford)는 『한국인의 심리에 관한 보고서(Think no Evil)』(2000)라는 저서에서 "한국인은 악의 개념이 없다"고 말하고 있습니다. 선악의 구별이 확실한 세계관을 지닌 서양인의 입장에서 보면 한국인은 그렇게 보일 수 있습니다. 사람을 근본적으로 파괴하는 그런 악인은 한국인들의 이야기에는 잘 나오지 않습니다. 한국인만 그런 것이 아니라 한국인들이 신봉했던 신들도 그렇습니다. 한국인과 가장 가까웠던 신령인 도깨비는 선신도 악신도 아닙니다. 때에 따라 혹은 사람과의 관계에 따라 변합니다.

어떻든 흥부전에 악인으로 나오는 놀부에 대해서는 어떤 응징도 없습니다. 그냥 놀부를 대충 회개시키는 것으로 끝냅니다. 아무리 나쁜 짓을 저질렀어도 뉘우치면 다 그렇게 믿고 그냥 용서해 주고 다시 받아들입니다. 그리고 그런 상태로 서로 '해피'하게 삽니다. 악을 철저히 캐지 않습니다. '좋은 게 좋은 거'라는 것이지요. 그런데 사람은 잘 변하지 않습니다. 악인은 언젠가 또 악행을 저지르기 쉽습니다. 그래서 철저하게 응징을 해야 합니다. 그렇게 해야 후환이 없습니다. 그러나 한국인들은 그저 다 좋은 게 좋은 거라고 하면서 슬렁슬렁 넘어갑니다. 이런 이유 때문으로 생각되는데 한국인의 이야기에는 셰익스피어의 『리어왕』이나 『맥베스』같이 인간의 고뇌나 비극을 가장 밑바닥까지 캐어 내려가는 비극이 없습니다. 한국인들은 어떤 일이든 슬프게 끝나는 것을 싫어하는 것입니다.

그런데 우리가 여기서 보려고 하는 것은 이러한 철학적인 한국인의 인간관이 아닙니다. 우리가 초점을 맞추려는 것은 한국인들의 이야기에 나오는 심청이나 춘향, 흥부에 대한 것입니다. 이 세 주인공들을 다시 잘 보십시오. 이들의 성품이 누구와 닮은 것 같지 않습니까? 맞습니다. 우리 드라마의 주인공인 〈겨울연가〉의 강준상과 〈대장금〉의 장금이와 아주 닮은 것처럼 보일 겁니다. 앞에서 누누이 말한 것처럼 이 주인공들은 아무리 박해를 당해도 어느 누구도 원망하지 않을 뿐만 아니라 자신을 괴롭힌 사람을 처벌할 수 있는 기회가 와도 그런 데에는 전혀 관심이 없습니다. 아니 금세 용서를 해 줍니다. 이 주인공들은 어떻게 보면 바보같이 지순합니다. 그저 착하기만 합니다. 이런 사람들을 '천사표'라고 해야 되나요? 이런 사람은 이 세상에는 존재하지 않습니다. 존재하지 않으니 이상형이라는 것이지요.

이 의견에 동의한다면 한국인들은 이런 이상형의 인간에 대한 이미지를 어디서 구한 것인지 궁금할 겁니다. 이런 이미지들은 분명 그 근원이나 출처를 갖고 있습니다. 이런 이미지들의 형성은 보통 그 사회에서 가장 영향력 있는 종교와 관련이 깊습니다. 이런 종교가 한국에서는 어떤 것일까요? 말할 것도 없이 유교입니다. 유교가 종교라고 하니 또 '유교가 윤리나 철학이지 왜 종교냐' 하면서 질문을 던지는 이가 있을 테지요. 여기에서 자세한 설명은 생략하고, 유교는 그저 '종교적 가르침이다'라는 정도로만 말씀 드리지요. 그러면 유교의 어떤 가르침이 한국인들이 갖고 있는 인간관 혹은 인간에 대한 이미지와 연관이 깊을까요?

이것을 알려면 유교의 인간관을 알아야 합니다. 유교는 인간을 어떻게 보고 있습니까? 이것은 맹자가 주장한 데에서 가장 잘 찾을 수 있습니다. 맹자는 '사람은 (본성적으로) 착하다'라고 주장한 것으로 유명합니다. 맹자는 '인간의 본성이 착하다(성선설)'는 것을 증명하기 위해 많은 비유를 썼습니다. 이 비유에 대해서는 맹자의 어록인 『맹자』를 보면 잘 나와 있습니다. 그 내용을 다 검토하는 것은 번거로운 일인지라 설명을 생략하기로 하는데 어찌 됐든 맹자 이후로 성선설은 유교의 정설이 되었습니다. 그래서 유교의 영향을 받은 나라에서는 모두 인간을 선한 존재로 보게 됩니다. 그런 까닭으로 생각되는데, 유교는 인간을 무조건 선한 존재로 보았기 때문에 거꾸로 악에 대한 성찰은 부족합니다. 유교는 인간의 악에 대해 매우 빈약한 설명 체계를 가지고 있지요. 인간은 무조건 인간의 착한 도리를 다하면 됐지 악을 어떻게 해야겠다는 설명이 없습니다. 그런데 조선이 어떤 나라라고 했습니까? 인류 역사상 가장 유교적인 나라라고 했지요. 그래서 조선 사람들은 인간을 착한 존재로 생각했고 그 영향으로 판소리 같은 이야기들이 나온 것입니다.

이 사정은 대한민국 사람들에게도 적용할 수 있습니다. 왜냐하면 한국은 조선을 이어받은 나라이기 때문입니다. 그래서 한국인들도 성선설을 자신들의 인간관으로 받아들였을 것입니다. 그런 까닭에 한국인들은 자신도 모르는 사이에 드라마의 주인공처럼 그야말로 바보같이 착한 사람을 자신들의 이상적인 인간으로 생각하게 되었을 겁니다. 그런데 현실에는 이런 사람이 없지만 가장 깊은 내면에서는 이런 인간을 갈구하고 있으니 내면에 분열이 생깁니다. 이런 현실을 타개하기 위해 사람들은 종종 신화나 설화를 만들어 냅니다. 거기다 자신들의 희망과 이상을 전부 담습니다. 그리고 이 신화나 설화를 정기적으로 재체험함으로써 그런 세계에 가까이 가려고 노력합니다.

조선 사람들 역시 이런 이상형의 인간들이 주인공으로 나오는 이야기를 만들어 냈습니다. 그리고 그런 인물들을 통해 자신들의 이상을 상상 속에서 충족시키면서 대리 만족하게 됩니다. 현대 한국인들도 마찬가지입니다. 그들도 역시 드라마라는 자신들이 환장하면서 좋아하는 또 다른 설화 체계를 만들어 내 이 인물들의 이야기를 담았습니다. 한국인들은 이 인물들을 통해 자신들이 이루거나 다다르고 싶은 이상적인 경지에 가려고 한 것입니다. 그리고 이런 인간상은 보편적인 면이 있어 다른 나라 국민들에게도 통했기 때문에 큰 히트를 한 것입니다.

이렇게 보면 한국 드라마의 구성에 유교의 영향이 적지 않은 것을 알 수 있을 것입니다. 그러면 같은 유교 문화권이라 할 수 있는 일본이나 중국에서는 왜 한국처럼 그야말로 '바보같이' 착한 주인공이 나오는 드라마가 히트하지 않는 것일까요? 적어도 우리나라에 수입된 일본이나 중국의 드라마 가운데 이런 성향의 드라마는 보지 못했습니다. 답은 간단하게 나올 수 있습니다. 일본은 유교가 조선처럼 깊게 뿌리 내린 적이 없으니 그러할 것이고, 중국은 앞에서 본 것처럼 유교적인 자취를 없애 버렸으니 그럴 겁니다. 그러고 보면 유교의 올곧은 정신적 종주국은 우리 한국이 되는 셈입니다.

한류 설명을 마치며, 작은 결론

이 정도면 한류의 문화적 뿌리에 대해 대강은 본 듯합니다. 사실 제가 처음에 이 책을 기획했을 때 한류에 대해 이렇게 많이 쓰리라고는 전혀 기대하지 않았습니다. 물론 한류 현상이 특별하다는 것은 익히 알고 있었습니다. 현대 사회에서 한국인들의 신기가 빛을 발하는 현상 중에 한류는 분명 괄목할 만한 것입니다. 그래서 이 책에서도 한류 현상을 가장 먼저 다루었습니다. 그러나 원래 한류에 대해서는 한 장(章) 정도면 충분할 거라고 생각했습니다. 왜냐하면 이미 제가 다른 책에서 다루었기 때문에 쓸 내용이 없을 것이라고 생각했습니다. 그래서 이번에는 외려 다룰 내용이 부족할지도 모른다고 생각했는데 이렇게 글이 길어졌습니다. 원고지로 계산해 보니까 350매가 조금 안 되는군요. 이 정도면 작은 문고판 책 하나는 나올 수 있습니다.

한류에 대해서 이렇게 다룰 것이 많다는 것은 한류가 엄청나게 크게 터졌다는 것을 의미합니다. 그리고 앞으로 더 터질 것입니다. 그래서 앞으로 어떻게 되든 이 시점에서 지금까지 우리가 본 한류 현상에 대해 작은 결론이라도 내리는 게 좋을 듯합니다.

우리 한국인이 '대박'이 난 한류 현상에서 확실하게 체감할 수 있는 것은 무엇일까요? 그것은 한국인은 이지적인 쪽보다 감각적 혹은 감성적인 데에 남다른 재능이 있다는 사실일 겁니다. 한국인에 대한 이런 식의 진단이 중요한 것은 국가의 미래와 관계되기 때문일 겁니다. 제 개인적인 생각일는지 모르지만 앞으로 한국이 국제 사회에서 제 몫을 하면서 공헌할 수 있는 분야가 바로 이런 분야가 아닐까 합니다. 그래서 이쪽과 관계가 되는 분야에 국력을 더 집중해야 할 것으로 생각됩니다.

이 주제는 지금 우리에게 지극히 중요한데 거기에는 이유가 있습니다. 바로 중국과의 문제가 그것입니다. 우리에게 중국은 이제 생명줄과 같은 존재입니다. 정치나 경제 등 여러 면에서 중국에 의존하고 있기 때문입니다. 따라서 그들과 앞으로 어떤 관계를 맺느냐 하는 것은 대단히 중요한 일이 아닐 수 없습니다. 한국은 지금 겨우 버티고 있지만 하드웨어 면에서 앞으로 중국을 당해 내기가 힘들어집니다. 이제 10~20년 뒤면 중국에 삼성, 현대 같은 회사가 수십 개 세워질 것이라고 하지요? 지금은 우리가 기술적인 면에서는 중국보다 우위에 있지만 이것이 곧 추월당하리라는 것을 아는 사람은 다 압니다. 그렇게 되면 한국은 중국에 경제적으로 예속될지도 모릅니다(지금도 한국은 중국이 아니면 살기가 힘들지만 말입니다). 따라서 이러한 불편한 현실을 조금이라도 피하고 싶으면 한국은 적어도 몇 가지 중요한 분야에서 중국을 능가해야 합니다. 그래야 우리가 중국을 향해 조금이라도 '말빨'이 섭니다. 그리고 그리 해야 중국도 우리를 무시하지 못합니다(하지만 벌써 많이 무시당하고 있지요?).

그럼 한국은 어떤 분야에서 중국보다 앞설 수 있을까요? 앞에서 본 것처럼 하드웨어는 어렵습니다. 대신 소프트웨어 분야에서 한국인의 기질을 마음껏 발산할 수 있는 것을 찾아야 할 것입니다. 우리가 갖고 있는 신기, 신명 의식(consciousness of ecstasy), 혹은 뛰어나고 감각적인 감성이 유감없이 발휘될 수 있는 소프트웨어 산업을 발전시켜야 한다는 것입니다. 이것이 세계적인 경쟁력을 갖고 있다는 것은 전 세계에서 대박이 난 한류를 통해 확실하게 검증되지 않았습니까? 그런데 이것이 앞으로 어떤 분야가 될지는 그 응용 범위가 아주 넓기 때문에 쉽게 예단해서는 안 됩니다. 앞으로 한국인들이 어떤 분야를 선택해 집중할지는 각 방면에 있는 권위자들이 모여 얼마나 긴 시간이 될지 모르는 장시간 동안 토론을 벌여야 합니다. 이 회의는 정부에서 하는 그런 딱딱한 회의를 위한 회의가 아니라 각 전문가들의 신기가 치솟을 수 있는 그런 신명판이 되어야 합니다. 그렇게 나온 결과라야 전 국민이 자신들이 갖고 있는 끼를 마음껏 발휘할 수 있는 분야가 될 수 있을 것입니다.

그런 전문가들의 신명판을 기대해 보는데 이와 비슷한 이야기는 『아시아경제』 신문의 김봉수 기자가 이미 언급했더군요. 실감을 내기 위해 그의 이야기를 직접 들어 볼까요? "(중국에게) 하드웨어에선 상대가 안 되지만 '소프트웨어'는 우리가 더 강하다. 한류가 세계를 휩쓴다는 얘기는 우리 민족의 정서·희로애락·상상력·창조력·예술적 감성 등 '소프트웨어'가 글로벌 경쟁력을 갖고 있다는 의미다. '토건 공화국'을 유지하기 위해 맨 땅에 돈을 쏟아 붓는 엉뚱한 짓을 멈추고, 이제는 사람에 투자해 우리 사회의 소프트웨어를 강화하는 데 힘써야 한다. 닌텐도나 구글 안드로이드가 대통령이 한마디 한다고 해서 튀어나오는 게 아니다. 정보화 사회의 가장 강력한 경쟁력은 '사람'을 키워야 한다."(『아시아경제』 2011년 9월 12일)

한국인들이 잘할 수 있는 게 어디 이뿐이겠습니까? 한국인들은 신기가 발흥되면 무슨 사고를 칠지 모르지 않습니까? 그런 날이 올 것을 기대하면서 이제 한류에 대한 설명을 마치려고 합니다. 다음은 또 어떤 현장에서 한국인들이 신기가 발휘되고 있는지 보겠습니다. 신기는 아주 강한 힘이라 한류가 아니더라도 다른 많은 분야에서 발현되고 있어 그것을 보려 한다는 것입니다.

여덟째 거리

한국인의 신기가 발흥된
그 밖의 현장은?

지금까지 한류를 길게 살펴보았지만, 사실 그 밖의 분야에서도 한국인들의 신명이나 신기는 한껏 발휘되고 있었습니다. 예를 들어 대중가요의 성공이나 춤, 특히 비보이들의 세계 석권, 한국 영화의 눈부신 도약, 인터넷 게임 산업의 급성장, 붉은 악마 등이 바로 한국인들의 신기가 유감없이 발흥되었던 모습이라 할 수 있습니다. 이것들에게 대해서는 제가 이전에 여러 경로를 통해 언급했습니다. 그러나 이들 분야에서도 그동안 한류처럼 많은 변화가 있었습니다. 이번 기회를 통해 이 변화들을 정리해 볼까 합니다.

대중문화에서 보이는 한국인의 신기

한국 가요 성공기

한국의 대중가요가 어떻게 성공했는지에 대해서는 앞에서 한류를 설명하면서 대강 보았습니다. 그래서 지금 설명하는 것과 다소 겹치는 부분이 있을 수 있겠습니다마는 중복 설명을 피하면서 한국 대중가요의 성공기에 대해 볼까 합니다. 이를 위해서 우선 한국인들이 가무를 즐기는 현황을 보아야 합니다. 노래에 관한 한 한국인들은 세계 최고라고 했습니다. 한국인들의 대중가요 사랑은 누구보다도 한국인 자신들이 잘 압니다. 앞에서도 본 것처럼 주말 TV 프로그램을 〈나는 가수다〉 같은 경연 대회나 〈위대한 탄생〉, 〈K팝 스타〉 같은 오디션 프로그램으로 도배했으니 말입니다. 게다가 국내에서 하는 것도 모자라 해

외에서 촬영하거나 현지인 대상으로 오디션을 합니다. 전국적으로 열광입니다. TV에서 이런 프로그램을 한다는 것 자체는 전혀 문제없습니다. 문제는 이런 오락 프로그램을 모든 공중파 방송에서 할 뿐만 아니라 그것도 주말의 황금 시간대에 한다는 데에 있습니다. 이게 비정상적이라는 것이죠. 어느 나라의 TV에서 이런 노래 대항 프로그램을 토요일이나 일요일 저녁 같은 황금 시간대에 방영합니까? 한국이 아니면 결코 발견할 수 없는 현상입니다. 그래도 어떻게 합니까? 우리 한국인들이 워낙 노래를 좋아하니 말입니다. 하루 노래방 이용 인구 200만 명인 나라 국민답게 주말 저녁을 노래와 함께 보냅니다.

이렇게 노래를 좋아하니 가요 수준도 엄청 올라갔습니다. 제가 대학 다니던 1970년대에는 대학생들이 한국 가요를 별로 부르지 않았습니다. 우리들이 불렀던 한국 노래는 미국 포크송 스타일로 만든 윤형주 혹은 송창식 곡과 김민기가 만든 노래 정도였습니다(여기에 양희은이나 조영남 같은 가수들이 포함될 수 있겠지요). 아니면 미국을 위시한 서양 노래들을 번안해서 불렀습니다.

그 당시 기성 사회에서는 주로 트로트 양식의 가요를 많이 불렀는데 대학생들은 이른바 '뽕짝'이라 불리는 트로트 가요를 경멸했기 때문에 아무도 부르지 않았습니다. 대신에 미국 노래를 원어로 참으로 열심히 불렀습니다. 그때 얼마나 열심히 불러 댔는가 하면, 저는 40년이 가까이 흐른 지금도 미국 유행가 중에 가사를 외우는 게 꽤 많습니다. 게다가 기타를 치면서 그에 맞추어서 노래를 불렀기 때문에 지금도 그 노래들의 코드는 다 압니다. 라디오를 들어도 젊은이들이 들는 음악 프로그램은 맨 미국 노래 일색이었습니다. 더 이상 설명하지 않아도 50~60대들은 잘 알고 있을 겁니다. 당시 라디오 음악 프로그램의 DJ들은 미국의 연예계, 특히 가수들의 일상에 대해 환히 알고 있었고 그것을 방송에서 시시콜콜하게 주저리 거려서 저도 미국 연예계의 뒷이야기를 많이 알고 있습니다.

클리프 리처드라는 영국 가수가 있지요? 지금도 식당에서 생일 맞은 손님이 오면 틀어 주는 〈Congratulation〉이라는 노래를 들어 보셨겠지요? 바로 이 노래를 부른 사람입니다. 그리고 1969년에 내한해 이화여대 강당에서 공연할 때 한국 여성 팬들이 하도 열광적으로 환호해 지금까지도 회자되고 있는 사람 아닙니까? 이 가수가 부른 〈Visions〉나 〈The Young Ones〉 같은 노래는 아주 부드럽거나 신나는 노래로 한국인들이 대단히 좋아했습니다. 그런데 이 사람의 〈Devil Woman〉이라는 노래가 있었습니다. 아마 젊은 독자들은 잘 모를 터인데 저는 이 노래가 리처드의 이전 풍과 달라 별로 좋아하지 않았습니다. 그런데 이 노래는 리처드가 미국 시장에 진출하기 위해 미국식으로 노래를 한 것이라고 당시 DJ들이 방송에서 가르쳐 주더군요. 저는 당시의 미국 록을 별로 좋아하지 않아 이 노래에도 그리 관심이 없었습니다. 그런데도 이 노래의 뒷배경에 대해서 알고 있는 것은 이런 것들을 DJ들이 알려 주었기 때문입니다. 그런데 이런 시시콜콜한 것까지 왜 우리가 알아야 하나요? 저처럼 별 관심 없는 사람도 자연스럽게 미국 연예계 소식을 알 수밖에 없었답니다. 당시 한국 라디오 방송에서 미국 본토의 연예계 소식을 소상하게 알려 주니 어쩔 수가 없었

1969년 클리프 리처드 내한 공연 때 열광하는 한국 여성 팬들.
ⓒ 중앙포토

던 것이죠. 이렇게 보면 한국은 당시 미국의 음악 식민지 같은 형편이었습니다(정치적으로 식민지이니 문화적으로 그렇게 되는 것은 당연한 것이겠지요).

그렇게 한국 대중음악계는 한동안 미국 음악이 휩쓸고 있었습니다. 그런데 노래와 춤을 제일 잘하는 민족이 남의 나라 노래만 부르고 있었겠습니까? 가무의 고수답게 우리들 나름대로 노래를 계속해서 만들어 냈습니다. 그리고 가수들은 열심히 그 노래들을 불렀습니다. 이렇게 10여 년을 했습니다. 그 결과 어떻게 됐습니까? 이제 10대를 포함해서 20대나 30대 젊은 사람 중에 노래를 하면서 즐길 때 미국 노래하는 사람이 있나요? 그들이 즐기는 노래는 대부분 한국 노래입니다. 혹여 미국 유행가를 알아도 저 같은 50대처럼 가사 전체를 외지는 못합니다. 그냥 중간의 핵심 부분의 가사만을 알 뿐이죠. 그래서 한국은 미국의 하드록이 힘을 발휘하지 못하는 나라가 되었습니다.

제가 대학 다니던 1970년대에는 록은 온통 미국 것 일색이었는데 이제는 한국 대중음악이 수준이 워낙 높아져 미국 음악을 들을 필요가 없어져 버렸습니다. 이런 현상을 보여준 상징적인 사건이 있었죠? 여러분들은 작은 키에 카리스마 넘치는 이정현이라는 가수를 아실 겁니다. 이 친구가 불렀던 〈와〉(최준영 작곡)라는 노래를 '반디도(Bandido)'라는 이탈리아 가수가 그대로 표절해서 불렀던 적이 있었습니다. 이 표절곡은 이탈리아에서 꽤 인기가 있었다고 하더군요. 이 사건이야말로 한국 대중가요 수준의 위상을 알려 준 것 아닌가 하는 생각을 해 봅니다. 이탈리아가 어떤 나라입니까? 음악에서 세계에서 둘째가라면 서러운 나라인데 그런 나라에서 우리 음악을 베꼈으니 우리 대중음악의 수준을 알 만하지 않습니까?

한국의 대중음악은 이렇게 계속 발전했고 그 결과가 앞에서 상세하게 보았던 K-pop의 대성공입니다. 그런데 여기서도 중요한 게 있습니다. 한국의 대중가요가 전 세계적으로 큰 인기를 끌 수 있었던 가장 중요한 요인이 무엇이냐는 것입니다. 물론 노래나 춤의 수준이 높았기 때문에 가능한 것이었겠지만 그보다 더 중요한 요인이 있습니다. 그것은 다름 아닌 한국 젊은이들의 가요 사랑입니다. 우리나라의 청소년들이 극성으로 우리 대중음악을 듣고 즐겼기 때문에 한국 대중가요가 이렇게 발전한 것입니다. 그들이 적극적으로 우리 음악을 소비했기 때문에 가능한 일이었다는 것이죠. 그 결과로 생각되는데 TV에 나오는 가요 순위 프로그램은 완전히 10대 내지 20대가 점령해 버리고 말았습니다. 지금은 이것이 전혀 이상하지 않지만 이전에는 파행적으로 간주되곤 했습니다. 왜냐하면 30대 이상이 들을 만한 곡이 하나도 안 나오니 그럴 수밖에 없었을 겁니다. 그래서 프로그램이 폐지되는 경우도 있었습니다. 그런데 어찌합니까? 10대들이 너무나도 원하고 있으니 말입니다. 그래서 순위 프로그램은 다시 부활했고, 그 이후로는 아예 청소년들이 이 프로그램을 장악해서 진행부터 노래까지 그들이 다 맡아 하고 있습니다.

이런 현실을 두고 30대 이후 세대들이 불평했지만 어떻게 합니까? 자신들이 좋아하는 문화가 있다면 그 문화를 소비해 주어야 그 문화가 발전하는 것인데 나이가 든 세대는 그렇게 하지 않았으니 말입니다. 이 세대들은 자신이 좋아하는 가수의 CD를 사는 데에 아주 인

색했습니다. 그러니 누가 TV에서 그 '노털'들의 음악을 틀어 주겠습니까? 반면 청소년들은 자기가 좋아하는 가수와 그 음악을 위해 열심히 소비했습니다. CD도 사고 음반 발표장에도 어김없이 출석하는 등 참으로 많은 노력을 했습니다. 그 결과 K-pop이란 명품이 나온 것입니다. 여러분들은 이 경우를 통해서도 우리 문화를 수출하려 할 때 어떤 요소가 가장 중요한 것인지 아시겠지요? 여기서도 우리가 좋아해야 외국인이 좋아한다는 가장 기본적인 수칙이 다시 한 번 확인됩니다.

노래에 대해서는 이 정도의 설명으로도 충분할 것입니다. 다음으로는 같은 연예 부분에 속하면서 K-pop에 이어 세계적인 주목을 받는 것이 있어 이제 그것을 조금 볼까 합니다. 다름 아닌 한국 비보이들의 활약입니다. 저는 앞에서 누누이 한국인은 (음주)가무에 세계 어느 민족보다도 능하다고 했습니다. 그런 한국 젊은이들이 비보이 춤 부분에서 일을 내고 만 겁니다.

세계를 석권한 한국 비보이들

단도직입적으로 말해 한국의 비보이들은 대단합니다. 이들이 이 춤을 시작한 지 얼마 안 되었음에도 불구하고 세계적인 대성공을 거두었기 때문입니다. 한국의 청소년들이 브레이크 댄스를 본격적으로 추기 시작한 것은 1990년대 후반(1997년 최초의 프로 비보이 팀 '익스프레션' 결성)에 들어와서였습니다. 그런데 몇 년 되지도 않은 2000년대 초부터 우리 비보이 그룹이 세계 대회에 나가 주목을 받기 시작해 세계 대회에 나가면 1등은 물론이고 항상 상위권에 입상했습니다.

한국 비보이 팀들은 세계적인 대회인 독일의 '배틀 오브 더 이어', 영국의 '유케이(UK) 비보이 챔피언십', 미국의 '프리스타일 세션', 그리고 장소를 바꾸어 개최하는 '레드불 비시원(BC ONE)' 등 세계 4대 비보이 경연 대회에서 다른 어떤 나라도 따라올 수 없는 괄목할 만한 성과를 냅니다. 그래서 한국의 대표적인 팀인 '피플크루'나 '익스프레션', '비주얼 쇼크', '갬블러', '익스트림크루', '라스트 포 원' 등의 팀들이 춤추는 것을 찍은 동영상은 전 세계 비보이들의 교과서로 이용되고 있다고 합니다. 사정이 이러하니 전 세계에서 우리 비보이들을 초청하고 있는데, 2008년 베이징 올림픽 대회 개막식 전야제에 '갬블러' 팀이 단독 공연으로 초청받은 것은 대표적인 사례라 하겠습니다.

그런가 하면 2006년 11월에는 비보이의 전용 극장이 홍익대학교 앞에서 개관했는데 비보이 공연만을 위한 전용 극장이 생긴 것은 세계 최초라고 합니다. 저도 몇 년 전에 서울에 관한 책을 쓰면서 이곳에 가보았는데 그때에 참으로 대단하다는 생각을 했습니다. 말로는 전용 극장이라고 하는 게 쉽지만 그런 극장 하나 운영하는 게 얼마나 힘든지 아는 분은 다 아실 겁니다. 게다가 홍대 앞이 얼마나 비싼 데입니까? 그런 곳에서 극장 같은 문화 기관을 운영하는 것은 참으로 어려운 일입니다. 그곳에 갔다 온 분들은 입장료 5만 원을 두고 비싸다는 생각을 한다는데 그럼에도 이 극장이 유지되는 것은 그만큼 수요가 있기 때문일 것입니다. 관객들이 5만 원 내는 것을 아깝게 생각하지 않는 것이지요.

그런데 우리 비보이 팀들이 이렇게 세계 대회에서 입상하고 전 세

비보이들의 공연 모습

계적으로 큰 인기를 누리는 것이 아무것도 아니라고 하면 별로 할 말이 없지만 시작한 지 얼마 안 돼서 이런 성과를 내는 것은 아주 희귀한 일입니다. 외래문화를 받아들여 이렇게 단기간에 체화(體化) 혹은 토착화시켜 자기 것으로 만드는 것은 절대로 예사로운 일이 아닙니다. 그리고 처음에 우리나라 젊은이들이 이 춤을 시작한 것도 순전히 자발적인 것이었지 기업이나 정부의 지원을 받은 게 전혀 아니었습니다. 이 춤의 유래가 그렇듯이 한국에서도 세상에 적응하지 못한(?), 혹은 관심이 없는, 아니면 주류에 끼지 못한 젊은 친구들이 삼삼오오 모여서 자기들끼리 추면서 시작했습니다. 그래서 초기에는 관심을 보이는 사람이 아주 적었고 이게 전 세계를 휩쓸 것이라고 예측한 사람도 거의 없었습니다. 그냥 뒷골목 아이들의 문화쯤으로만 알고 있었지요. 그러던 것이 갑자기 주목을 받게 되었고 다행히 재정적인 지원으로 이어져 우리 비보이들이 세계로 나갈 수 있게 된 것이지요. 아마 비보이 춤처럼 우리가 외부(서양)의 문화를 받아들여 그것을 가지고 이렇게 빨리 세계무대를 석권한 경우는 없을 겁니다.

 이런 현상을 어떻게 설명하면 좋을까요? 그 원인을 추단해 본다면, 브레이크 댄스와 한국인은 기본적인 성정에서 통하는 바가 있는 것 아닐까요? 그래야 비보이 팀의 쾌속 성공을 설명할 수 있을 것 같습니다. 그렇지 않고서야 아무 지원도 받지 않은 사회 변두리의 문화 현상이 이렇게 빠른 시간 내에 주류의 문화로 올라온 것을 설명할 수 없을 것입니다.

 한국의 비보이 현상을 설명하기 위해 저는 비슷한 성질을 가진 양궁과 골프를 듭니다. 잘 알려진 것처럼 한국인은 양궁과 골프(특히 여성 골프)라는 스포츠 분야에서 단연 세계 선두입니다. 이 둘 중에서도 단연 골프가 우리의 주목을 더 끕니다. 왜냐하면 한국인은 적어도 고구려의 주몽부터 활을 잘 쏘는 민족으로 주변에 이름이 높았으니 그 활의 변형인 양궁을 잘한다고 해서 그다지 새로울 것이 없기 때문입니다. 오랫동안 한 것이니 지금 그것을 잘한다고 해서 신기한 일은 아니라는 것이지요.

한편 골프는 이와 비슷하면서도 다른 면이 있습니다. 한국에서 골프를 시작한 것은 100년이 넘었지만 그동안 골프는 극소수의 가진 자들의 스포츠로만 인식되어 왔습니다. 그러다 일반인들이 대거 골프를 본격적으로 치기 시작한 것은 1980년대 이후의 일이니 이제 30년 정도의 역사에 접어들었습니다. 그렇게 늦게 시작했음에도 불구하고 1998년 박세리 선수가 세계 대회에서 우승한 것을 기점으로 우리 (여자) 선수들이 전 세계 골프계를 주름잡고 있습니다. 제대로 시작한 지 20년도 안 되었는데 세계 대회에서 단연 두각을 나타낸 것이지요.

이것은 결코 쉽게 일어날 수 있는 일이 아닙니다. 세계무대의 벽은 엄청나게 높습니다. 우리가 단거리 육상 같은 것은 아무리 해 봐야 흑인 선수들을 능가할 재간이 없습니다. 그런데 골프에서 이런 업적이 나왔다는 것은 한국인들이 선천적으로 갖고 있는 어떤 성향이 골프의 기술과 맞아 떨어지기 때문이라는 것 외에는 설명할 길이 없을 것 같습니다. 이것을 저는 한국인이 갖고 있는 극히 뛰어난 공간 감각 때문이라고 봅니다. 공간을 크게 보고 분석에 의존하지 않고 전체적인 감으로 파악하는 능력이 이것입니다. 한국인들은 분석이나 부분에는 약합니다마는 그 부분들의 관계를 순간이라는 짧은 시간에 전체적으로 파악하는 것은 지구상에서 어떤 민족보다도 뛰어날 겁니다. 그래서 활을 잘 쏘는 것이지요. 과녁에 정신을 집중하고 감을 극대로 끌어올려 무의식적으로 그 순간 주위에 있는 모든 요소들을 파악한 다음에 정련된 감으로 화살을 놓으면 그게 그 멀리 있는 과녁의 정 가운데에 꽂히는 것 아닐까요?

이런 분석을 비보이에도 적용시킬 수 있습니다. 아니 비보이는 더 특별합니다. 골프는 그래도 세계무대에서 두각을 나타내는 데에 20년 가까운 시간이 걸렸습니다. 그런데 비보이는 프로팀이 만들어지고 약 5년밖에 안 되었는데도 세계 대회에서 1등을 해 버렸습니다. 게다가 골프는 대기업에서 지원을 받았지만 비보이는 그런 전폭적인 지원이 없었습니다. 그럼에도 불과 몇 년 사이에 세계무대를 석권했으니 골프보다 더 특이한 경우라 할 수 있습니다. 그렇게 보면 비보이 춤 분야에서는 골프에서 한국인이 보여준 능력보다 더 근본적인 한국인의 능력이 발휘된 것이라고 볼 수 있습니다. 제가 보기에 그 주요 능력은 바로 한국인의 문화적 DNA에서 가장 중심핵을 이루는 신명이자 신기입니다.

전 세계에서 신기가 가장 많은 사람들이 그동안 신기를 발휘할 곳을 찾지 못하다가 흑인들의 언더 문화를 접하게 되자 자연스럽게 폭발한 것입니다. 그랬으니 불과 몇 해 만에 세계 정상을 내딛는 일이 가능했던 것입니다. 제가 이 책의 서두에서 그러지 않았습니까? 한국인들은 한 번 열 받으면 세계를 놀라게 한다고 말입니다. 이처럼 비보이의 성공은 한국인들이 얼마나 신기를 많이 품고 있는지를 확실하게 보여줍니다. 신기가 체질화된 사람들만이 이룰 수 있는 업적인 것이지요. 사람들이 많이 있는 유원지 같은 데에서 누가 보거나 말거나 춤추고 노래하는 신명의 한국인들의 후예들이 다른 식으로 신기를 발휘한 것입니다.

그런데 이 업적에는 신기만 작동한 것일까요? 혹시 앞에서 본 한국인들의 뛰어난 공간 지각력이 관계된 것은 아닐까요? 제 생각에는 이 능력도 한몫한 것 같습니다. 한국인들의 탁월한 공간 지각력은 음악에서는 뛰어난 박자 감각으로 변환되기 때문입니다. 비보이 춤이 어떻게 생겨난 것인지 아시는지요? 이 춤이 흑인들의 대중음악인 힙합에서 유래했다는 것은 잘 알려진 사실입니다. 이 춤의 정확한 유래에 대해서는 조금 뒤에 보기로 하겠습니다마는, 힙합 음악의 중간에는 간주처럼 강한 박자로만 된 부분이 나옵니다. 이것을 브레이크 비트(break beat)라고 하지요. 아직 비보이들이 나오기 전의 이야기입니다만 미국 브룩클린에 있는 클럽에서 힙합을 틀어 주었더니 이 부분이 나올 때마다 아이들이 나와 춤을 췄다는 겁니다. 그래서 이 아이들이 춤추게끔 내버려 두었는데 이게 계속 발전해 브레이크 댄스가 되었고, 이 춤을 추는 친구들은 비보이(break-boy)라고 불리게 되었다는 것이지요. 그러니까 이 춤은 멜로디보다는 비트, 즉 박자에 몸을 흔드는 것입니다(뭐 춤이라는 건 다 박자에 몸을 흔드는 것이긴 합니다만).

그런데 박자(혹은 장단) 감각에 관한 한 한국인들은 세계 최고에 속합니다. 여러분들은 익숙하지 않겠지만 국악의 박자(장단)는 전 세계 음악의 박자 중 가장 어려운 것 가운데 하나입니다. 민족음악학자들에 따르면 지구상에 한국 음악의 박자만큼 복잡한 박자 감각을 가진 나라는 인도나 터키 정도라고 합니다. 국악 중에도 특히 민속 음악의 그것은 혀를 내두를 정도로 복잡합니다. 예를 들어 강릉 단오제에서 음악을 담당했던 김석출 선생 팀이 치던 장단은 아주 어려운 것에 속한다고 합니다. 대학에서 타악을 전공한 학생이 10년을 배워도 다 배울 수 없다고 하니 얼마나 어려운 장단입니까?

우리에게 친숙한 사물놀이의 달인 김덕수 선생 같은 경우도 그렇습니다. 우리는 김 선생의 장단이 워낙 익숙해 대수롭지 않게 보지만 그는 일본의 같은 계통에서는 거의 신으로 받들어진답니다. 일본 국악인들은 김 선생의 장단을 따라 하기가 힘들어 그렇답니다. 우리나라 사물놀이가 전 세계적으로 일정 부분 호응을 받았던 것은 그 현란한 박자 때문일 겁니다. 저도 국악을 모르는 사람은 아니지만 판소리를 들을 때 고수를 따라 장단을 해 봐도 도저히 따라 할 수 없었던 기억이 납니다. 그만큼 복잡하다는 것이지요. 그에 비해 서양의 하드록 같은 것은 그 비트나 리듬이 얼마나 단순합니까? 아주 기계적이라 변형이 거의 없습니다.

공간 지각력이 공간에만 적용되는 것은 아닙니다. 이 힘이 시간적으로 펼쳐지면 장단이나 박자가 되는 것입니다. 각 음 사이의 거리가 시간적 공간이 되는 것입니다. 한국인들은 이 시간적 공간을 자기 마음대로 아주 복잡하게 쓰는 재주를 갖고 있는 듯합니다. 그래서 이렇게 복잡한 장단을 만들어 낸 것이겠지요. 브레이크 춤은 전형적으로 박자에 맞추어 추는 춤입니다. 물론 이 박자는 한국 음악의 그것에 비하면 지극히 단순합니다마는 한국인들은 박자를 감각으로 느끼고 그것을 몸으로 표현하는 데에 아주 능숙합니다. 원체 박자 감각이 뛰어난 사람들이 춤을 추니 금세 그 어려운 춤을 배웠던 것일 겁니다. 여기에 신명이 가세해 비보이들의 춤 솜씨가 폭발한 것입니다. 관광버스 안에서 조용히 앉아 가기에는 기운이 넘쳐 그 좁은 통로에서 춤을 춰야 직성이 풀리는 사람들이 바로 우리 아닙니까? 그 신명이 고스란히 우리의 비보이들에게 전수된 것입니다. 아니, 비보이들의 무의식에 탑재되어 있는 신명의 DNA 인자가 저절로 발현된 것이겠죠.

그래서 그런지 저는 이 비보이들의 춤을 볼 때마다 그 춤에서 외려 살풀이나 승무, 탈춤 같은 우리 전통춤이 연상됩니다. 우리 춤의 가장 기본 되는 정신은 신명이기 때문입니다. 어떤 그릇에 담느냐만 다를 뿐이지 그 안에 있는 한국인들의 신기는 꼭 같지 않을까요?

그런가 하면 전통 속에는 외형상 비보이 춤과 아주 흡사한 춤이 있어 우리의 주목을 끕니다. 바로 판굿을 할 때 추는 상모돌리기이지요. 짧은 상모를 돌리던지, 긴 상모를 돌리던지 이때 춤꾼들이 땅을 짚어 가면서 펄쩍펄쩍 춤을 추는 것을 보면 비보이들의 춤이 연상됩니다. 땅을 짚고 일어났다 앉았다 하는 모습이 두 춤에서 다 발견되니 재미있습니다.

비보이에 대한 설명을 끝내기 전에 잠시 옆길로 가서 비보이의 유래에 대해서 좀 알아볼까요? 비보이 춤을 좋아하는 것은 좋은데 그 뒷

상모돌리기.
흡사 비보이들을 연상케 한다.

배경이라도 좀 알아야 하지 않겠나 하는 생각입니다. 그래야 왜 비보이들 특정한 동작을 하는지 알 수 있기 때문입니다. 비보이가 브레이크 댄서들을 지칭한다는 것은 상식일 터이고 지역적으로는 1970년대에 뉴욕의 브룩클린 지역에서 유래했다고 하지요. 그 지역의 클럽에서 음악에 맞춰 춤을 추던 것이 발전되어 비보이 춤이 된 것이라는 것은 앞에서 이야기한 대로입니다.

그런데 비보이 춤에는 이상한 것이 있지요? 두 팀으로 나뉘어 '배틀'을 하는 것이 그것입니다. 저는 처음에 그것을 보고 '아니 저 애들은 노는 데 왜 싸움을 하나' 하고 이상해 했습니다. 그리고 한 사람이 춤을 추고 물러나면 다른 편들에 나온 친구가 '춤을 그것밖에 못 추냐? 나 정도는 추어야지' 하는 뉘앙스로 조롱하는 눈짓과 몸짓을 합니다. 저는 그걸 볼 때마다 '놀면서 잘한다고 추면 서로가 좋을 텐데 왜 저렇게 상대방을 찍어 누르나' 하고 의아해 했습니다. 그러니까 서로 잘 놀자고 춤판을 벌인 게 아니라 싸우자고 춤판을 벌였으니 그게 정녕 이상했습니다. 그러다 이 친구들이 춤판을 벌이게 된 배경을 알게 되었고 그제야 이해할 수 있었습니다.

뉴욕의 뒷골목에는 흑인과 히스패닉계의 젊은 친구들이 많습니다. 히스패닉계란 중남미에서 미국으로 와서 사는 사람들을 통칭하는 말입니다. 이 두 부류의 젊은이들은 미국의 주류 사회에 끼지 못해 뒷골목에서 헤매는 게 주업이었는데 그러다 보니 서로 자꾸 싸웠던 모양입니다. 원래 할 일 없는 사람들이 서로 싸우는 법입니다. 그렇게 싸워 대다 보니 그 친구들도 지쳤던 걸까요? 그래서 이제 싸움은 그만하고 대신 춤으로 서로 겨뤄 보자고 합의를 본 모양입니다. 춤으로 대신 싸움을 하게 된 것이지요. 이런 상황을 알면 배틀이라고 한 게 이해가 되지요? 그리고 춤을 추면서 노상 상대방을 찍어 누르고 경멸하는 것도 이해가 되겠죠? 상대방은 기본적으로 적이기 때문에 적개심을 표현하는 것입니다.

그런가 하면 이와는 조금 다른 설명도 있습니다. 이 버전에서도 흑인들과 히스패닉 친구들이 싸우는 것은 같습니다. 그런데 서로 합의를 하고 춤을 겨룬 것이 아니라 그냥 상대방 구역으로 가서 춤을 춰 대면서 그들의 기를 꺾으려 했다고 합니다. 그리고 그때만큼은 서로 공격을 하지 않았다고 하네요. 그런데 상대를 누르기 위해서는 그들이 탄복할 만한 동작을 해야 하니까 온갖 묘기를 다 했던 모양입니다. 아마 여기저기서 동작들을 끌어와 춤의 내용을 풍부하게 했을 겁니다. 그런 동작들에는 브라질의 고유 무술인 '카포에라'나 아프리카 지역의 토속 무술 같은 것들이 포함되었는데, 그러고 보니 이 비보이 춤에서 브라질 무술의 몸짓이 보이는 것 같군요.

그러나 이런 동작들보다 더 대표적인 몸짓을 들라고 한다면 양 손으로 앞을 찌르면서 속사포처럼 말을 뱉거나 비트를 하는 동작을 들 수 있습니다. 이 손 동작은 무엇을 의미할까요? 제가 아는 한 이 손동작은 주류 사회인 백인 사회를 조롱하는 것일 겁니다. 이들이 백인들의 사회에 대해 갖는 원망이 얼마나 크겠습니까? 아무리 주류로 들어가려 해도 보이지 않는 장벽이 있으니 그들이 느끼는 좌절이 얼마나 깊었겠습니까? 그래서 손으로 계속해서 앞을 가리키면서 '너희 백인들이 뭐가 그리 잘났다는 거냐? 우리를 이렇게 무시해도 되는 거냐?'라고 하는 것입니다. 지금 브레이크 댄스를 추는 젊은 친구들이 이 사실을 알고 있으면서 추는지 궁금합니다. 이런 걸 모르고 추면 그냥 껍데기로만 하는 것이니 이왕이면 그 정신을 알고 했으면 하는 바람입니다.

우리나라 비보이들에 관한 이야기에는 재미있는 것이 꽤 있습니다. 피직스라는 닉네임을 쓰는 김효근은 비보이 그룹 '리버스 크루'에서 활동하고 있는데『대한민국 비보이 — 춤으로 세계를 제패하다』(길벗, 2006)라는 책도 썼습니다. 그는 이 책에서 한국 비보이들은 기존 동작에 창조적 요소를 집어넣고 여기에 힘과 기술을 적절히 가미해 새로운 동작을 만들어 낸다고 쓰고 있는데, 저는 브레이크 춤의 동작을 잘 모르니 그가 무엇을 말하고 있는지는 자세히 모르겠습니다. 그러나 굳이 이해하려 한다면 한국 비보이들은 스타일이나 힘, 그리고 리듬감까지 두루 갖춘 최고의 팀이라는 사실을 말하려는 것 같습니다. 사정이 그렇게 돌아가니 한국 비보이 대회는 그 수준이 높아 우리나라에서 우승하는 게 세계 대회에서 우승하는 것보다 더 힘들다고 하더군요.

그런가 하면 우리나라 비보이들이 만든 〈비보이를 사랑한 발레리나〉(일명 '비사발')라는 작품도 아주 재미있습니다. 이 작품은 저 같은 '노털'도 보았으니 상당히 많이 알려진 작품임에 틀림없습니다. 이 작품이 재미있다는 것은 여기에서 두 기둥을 이루는 비보이 춤과 발레가 우리나라에서 발생한 것이 아닌데도 한국에서 만나 완전하게 새로운 작품을 만들었다는 점입니다. 이 두 춤은 이른바 출신 성분이 완전히 다르지 않습니까? 아예 계급이 다른 춤입니다. 그래서 서양에서도 만나기 힘든 것인데 이게 한국서 융합됐으니 재미있다는 것이지요. 이 두 장르가 다른 경로로 수입되어 한국서 섞이면서 전혀 다른 이야기가 나왔습니다. 이 두 춤의 본향인 서양(미국)이 아니라 전혀 다른 땅인 한국서 이런 일이 일어났으니 한국인들의 춤 사랑, 그리고 창작 정신은 알아줄 만하겠습니다. 거기다 이 공연은 아주 인기가 높아 전용 극장까지 만들어 상설 공연을 한다고 하니 더 의의가 있다고 하겠습니다.

한국 영화의 부흥에 관해

그 다음에 볼 대중문화는 영화인데, 한국 영화에 대해서는 그동안 많은 연구와 분석이 있었으니 자세한 것은 다루지 않으려고 합니다. 예를 들어 그동안 스크린쿼터제가 어떻고 자본 투자가 어떻고 하는 것들은 다루지 않겠다는 것입니다. 단지 여기서 제가 주목하고 싶은 것은 1970년대부터 1980년대까지 바닥을 치던 한국 영화가 어떻게 해서 1990년대 중반부터 전 세계적으로 주목을 받게 되었는지에 대한 것입니다. 그것도 앞에서 본 것과 같은 한국인의 기초적인 기질과 연관해서 보려고 합니다.

1990년대 후반에 〈쉬리〉가 공전의 히트를 치면서 한국 영화는 불퇴전의 길에 들어선 것으로 보입니다. 이제 한국 영화는 전진만이 있을 뿐입니다. 물론 그 뒤에도 한국 영화가 온실 속에서 평탄하게 성장한 것은 아닙니다. 한국 영화가 할리우드 영화에 밀려 고전을 면치 못하는 때도 있었죠. 그러면 때를 기다렸다는 듯이 비평가나 기자들이 '한국 영화가 한계에 다다랐다'느니 '한국 영화, 이대로 무너지나'와 같은 비관적인 진단을 내리곤 했던 게 사실이지요. 그러나 저는 그때마다 '별 걱정을 다 한다. 한국인들은 기질상 영화를 잘 만들 수밖에 없으니 한국 영화는 한 번 상승 기류를 탄 이상 절대 안 거꾸러진다'고 강력하게 주장하곤 했습니다. 이런 예상을 하기가 무섭게 미국 영화에 밀리던 한국 영화계에 갑자기 걸작 영화가 나타나곤 했고 한국 영화 관객 점유율이 곧 상승했습니다.

제가 여기서 한국 영화사를 다루겠다는 것은 아닙니다. 그것은 제 역량으로 할 수 있는 일이 아닐 뿐만 아니라 지금 우리에게 필요한 주제도 아닙니다. 다만 전 세계 영화계에서 한국 영화만큼 괄목할 만한 발전을 이룬 예를 찾을 수 없으니 한 번 살펴보려고 하는 것뿐입니다. 한국 영화의 침몰과 부흥은 라디오 하나 제대로 못 만들던 한국인들이 어느 날 갑자기 세계 제1의 가전제품을 만들어 낸 것과 비슷하다 하겠습니다(한국서는 뭐든지 이렇게 갑자기 불연속으로 일어나지 천천히 연속적으로 일어나지 않는 모양입니다).

그동안 한국 영화의 비약적인 발전에 대해서는 해외에서도 많은 평가와 분석이 있었습니다. 예를 들어 '자국 영화의 관객 점유율이 25퍼센트 이상 되는 나라가 세 나라밖에 안 되는데 그중 하나가 한국이다'라는 소문이 무성했었습니다(나머지는 일본과 프랑스입니다). 여기서 아마 중국이나 인도, 아랍권 등은 제외해야 되겠지요? 미국의 블록버스터 영화가 어떤 나라에 한 번 들어가면 그 나라 영화들은 남아날 수가 없는데 한국은 견뎌 냈다는 것이지요.

그런데 2006년이었던가요? 큰 영화제는 아니지만 우리나라 영화들이 초청되어 상도 받고 했던 호주의 브리스번 영화제의 예술감독을 맡았던 앤 데미-게로(Anne Démy-Geroe)라는 사람이 말한 내용도 그동안 한국 영화가 얼마나 발전했는가를 알려 주고 있습니다. 그는 "최근에 부각되고 있는 한국 상업성 영화들이 호주 영화 산업에서 높게 인정받을 것이라고는 브리스번 국제영화제가 시작된 지 10년 동안 어느 누구도 상상할 수 없었던 일"이라고 운을 뗐습니다. 이런 사정은 호주만이 아니라 다른 나라에서도 마찬가지겠지요. 그는 더 나아가서 한국 영화의 성공은 한국에서 자국 영화가 국내 영화 시장의 절반 이상을 차지하기 때문이라고 갈파했습니다. 그렇다고 한국인들이 상업 영화만 만들었던 것은 아닙니다. 그에 따르면 한국은 그런 대규모 영화도 제작하지만 창조성이 뛰어난 독립 영화에도 손을 뻗치는 다양한 영화 산업이 발달한 나라라고 하더군요.

그런데 한국은 영화만 보면 어떤 나라이었습니까? 제가 대학 다니던 1970년대 중반의 시점에서 보면 한국 영화는 거의 희망이 보이지 않았습니다. 그때는 한국 영화를 '방화(邦畵)'라는 그리 좋지 않은 이름으로 부르던 시절이었습니다. 방화의 '방'은 변방을 뜻한다는 설이 있지요? 그러니까 외화가 중심의 영화이고 한국 영화는 저 변두리 영화 쯤으로 생각한 것이지요. 그런데 이것은 틀린 말은 아닌 게 적어도 우리 젊은 세대들에게 당시 한국 영화는 절대로 봐서는 안 되는 영화로 낙인찍혀 있었기 때문입니다. 재미가 없어도 그렇게 재미없을 수가 없었고 얼마나 엉성한지 말도 못할 지경이었습니다. 심지어 어떤 영화는 중간에 주인공 배우가 바뀌는 경우도 있었으니 얼마나 포복절도할 노릇입니까? 아마도 예산 부족 같은 이유 때문에 주인공 배우가 영화 촬영을 거부한 탓에 그런 어이없는 일이 일어났을 겁니다. 그런데 한국 영화가 그 지경이 된 것은 한국의 영화인들이 잘못해서 생긴 일이 아닙니다. 아니, 오히려 한국 영화인들은 적어도 1960년대까지는 대단히 우수했습니다.

당시 한국 영화의 수준이 아시아에서는 일본에 이어 두 번째였다고 합니다. 그때 한국의 대표적인 감독으로는 신상옥이나 유현목, 김기영 감독 등이 있었는데 이분들은 당시에 일본의 거장이었던 구로자와 아키라 감독과 어깨를 겨눌 만한 실력을 가졌다고 하더군요. 이 가운데 신상옥이나 유현목 감독은 잘 알려져 있습니다. 그런데 상대적으로 덜 알려져 있던 김기영 감독은 최근에 재조명을 받았죠? 그의 대표작 〈하녀〉가 최근에 다시 만들어져 칸 영화제에 초청되기도 하고 독일이나 프랑스 등지에서는 〈하녀〉를 비롯한 그의 작품이 다수 상영되기도 했습니다. 그때 우리 영화 수준이 이 정도였습니다. 이와 관련해 재미있는 일화를 하나 소개해 볼까요?

여러분들은 지금은 월드 스타가 된 성룡이 1970년대경 무명이었을 때 한국에 와서 무술(합기도)도 배우고 영화도 배웠다면 믿을 수 있겠습니까? 게다가 한국 영화에 단역으로 많이 출연해서 그는 한국어도 곧잘 합니다. 단지 영화판에서 배워서 그런지 그리 고급의 한국어를 구사하지는 못하더군요. 몇 년 전에 그가 한국 TV에 나와 한국어를 하는 것을 보니 주로 반말을 많이 하는 모습에서 그런 사정을 알 수 있었습니다. 이렇게 우리보다 한 수 아래였던 홍콩 영화가 그 뒤에는 주윤발이나 장국영 등 대스타들이 나오면서 눈부신 발전을 하고 미국에도 진출해 서구에서도 많은 인기를 누렸습니다. 홍콩의 상황이 어떻든, 이렇게 잠깐만 보아도 한국 영화가 1970년대 초까지는 수준이 괜찮았던 것을 알 수 있습니다.

이렇게 잘나가던 한국 영화가 크게 위축되기 시작한 것은 아무래도 1972년에 단행된 10월 유신 이후입니다. 10월 유신에 대해서는 아마 젊은이들은 생소할 터인데, 한마디로 박정희 대통령이 영구 집권하기 위해 국회를 해산하고 국민권을 제한하는 등 초헌법적인 막가파적 친위 쿠데타였습니다. 따라서 그때는 대통령과 그 측근의 권력이 국민의 모든 것을 제약할 수 있었습니다. 당시 정권이 가장 금했던 것은 체제에 대한 도전이었습니다. 그들은 자신들의 기준에서 볼 때 사회의 안전을 해한다고 생각되는 것은 어떠한 것도 용납하지 않았습니다. 특히 대중문화에서 자유로운 표현을 가장 두려워해서 가요나 영화 등에서 사회 비판적인 요소가 나오는 것을 참아 내지 못했습니다. 이때 나왔던 수많은 노래가 지금 생각하면 말도 안 되는 이유로 인해 금지곡이 되었습니다.

예를 들어 젊은 분들은 잘 모르실 텐데 미 8군 무대에서 명성을 떨친 이금희라는 가수가 부른 〈키다리 미스터 김〉이라는 노래는 단신인 박정희를 자극한다고 해서 금지되었다는 풍문이 있습니다. 또 양희은의 〈아침이슬〉은 가사 가운데 '묘지'라는 밝지 않은 표현이 나온다고 시비를 걸어 방송을 금지시켰지요. 그런가 하면 시각장애인 가수들은 보기 싫다고 TV에 출연 못하게 하는 등 참으로 가관이었습니다.

이런 판국에 가장 파워풀한 대중 매체 중 하나인 영화가 무사할 리가 있었겠습니까? 유신 체제가 되면서 영화 제작에 수많은 제제가 가해지는데 그 간섭이 심해 그것들을 다 살필 수가 없을 정도입니다. 그저 유신 이념의 구현이 최고의 목표였기 때문에 그 목적을 위해 시나리오를 사전에 심의하고, 나중에 필름이 완성되면 그것을 또 검열해서 미풍양속을 해치는 것이라고 판단되면 모두 금지시켰습니다. 그러니 영화에서는 사회의 어떤 것에 대해서도 비판할 수 없었고 사회의 어두운 면도 조명할 수 없었습니다. 사정이 이렇게 되니 당시 영화인들이 쉽고 안전하게 만들 수 있는 영화는 눈물샘을 자극하는 〈미워도 다시 한 번〉 유의 영화나 호스티스가 주인공으로 나오는 〈영자의 전성시대〉 같은 영화들밖에 없었습니다. 아니면 아주 저질의 무협 영화들이나 만들었지요(당시에 이런 저질 무협 영화를 창덕궁이나 경복궁에서 촬영했다고 하면 믿으시겠습니까?).

물론 좋은 영화가 아주 없었던 것은 아닙니다. 이때 유행했던 영화 가운데에는 청춘 멜로드라마 유의 영화가 꽤 있었는데, 예를 들어 1975년에 발표된 하길종 감독의 〈바보들의 행진〉 같은 작품은 그 서슬 퍼런 유신 정권 하에서 좌절하는 대학생들의 모습을 잘 묘사한 역작입니다. 또 호스티스 영화도 그냥 에로 수준에서 끝나는 것이 아니라 당시에 극도에 다다른 억압적인 상황을 호스티스라는 또 다른 피억압자를 통해 그려 냈다는 평가를 받기도 합니다. 또 임권택 감독의 〈만다라〉(1981)나 유현목 감독의 〈사람의 아들〉(1980) 등 이 시기에 문제작이 없었던 것은 아니지만 대부분의 영화들은 그야말로 대중들의 말초만 자극하는 선정적인 주제만을 다루었습니다.

그러나 이것은 결코 영화인들의 문제가 아니었습니다. 문화라는 것은 외부의 간섭에 매우 민감하게 반응합니다. 이때 가장 중요한 것은 자율입니다. 예술가들은 인류 가운데 가장 창조력이 뛰어난 사람들입니다. 이 사람들이 가장 싫어하는 게 하나 있지요? 바로 간섭과 견제, 감시, 혹은 검열입니다. 이런 제도가 생기면 예술가들의 창작성은 현저하게 떨어집니다. 1970년대와 1980년대까지 우리 영화인들은 그런 상황에 있었습니다. 그야말로 한국 영화의 암흑기였지요. 게다가 TV가 매우 빠르게 보급되면서 영화는 더 천덕꾸러기가 됩니다. 영화가 재미없던 판에 TV가 보급되면서 드라마나 가요, 코미디와 같은 다양한 프로그램이 TV에서 방영되니 사람들의 눈은 TV로 몰렸습니다. 그래서 한국 영화는 끝도 없이 추락하는 것처럼 보였습니다.

이런 상황에서 "한국 영화는 끝났다" 혹은 "한국 영화(이른바 방화)는 절대로 보아서는 안 된다"라는 말들이 나왔던 것이었습니다. 저도 당시 한국 영화에 대해서는 어떠한 기대도 하지 않았습니다. 그랬던 것이 1980년대 후반부터 범상치 않은 작품들이 나타나기 시작했습니다. 이것은 우리 사회의 민주화와 그 속도를 같이하는 것이었죠. 당시 박철수, 박광수, 장선우 같은 감독들은 기존과는 다른 아주 새로운 영화로 충무로에 전에 없었던 바람을 일으키기 시작합니다. 제가 본 영화 중에는 거장 임권택 감독의 〈서편제〉(1993)나 박철수 감독의 〈학생부군신위〉(1996) 같은 작품들이 아직도 기억에 많이 남습니다. 이 두 작품은 한국의 전통 예술이나 민속을 다룬 것이라 제가 더 관심이 있었는지 모릅니다만 특히 〈학생부군신위〉는 아주 좋은 영화였습니다. 후문에 이 작품이 대중의 주목을 받지 못한 것에 대해 박철수 감독이 굉장히 애석해 했다고 하더군요.

그런가 하면 〈서편제〉는 판소리라는 '구닥다리' 전통 소리를 소재로 했음에도 불구하고 예상을 완전히 깨고 100만이 넘는 관객을 동원한 것으로 유명하지요. 아, 마지막으로 〈은행나무 침대〉(1996)라는 영화를 언급해야겠군요. 이 영화는 한국 영화가 '빵' 하고 터지기 직전에 나온 마지막 징검다리 같은 작품이라고 할 수 있습니다. 이 영화를 딛고 나온 영화가 드디어 한국 영화의 화려한 재흥을 알렸기 때문입니다. 이 영화는 대체 무엇일까요? 다 아시는 것처럼 〈쉬리〉(1999)입니다. 〈쉬리〉는 한국 상업 영화의 기념비적인 작품으로 간주됩니다. 능숙한 연출과 잘 짜인 시나리오, 훌륭한 미술, 그리고 새로운 개념의 특수 효과, 마지막으로 배우들의 빼어난 연기와 같은 요소로 이룩한 작품의 완성도가 이전 것들과는 다른 차원의 모습을 보여주었기 때문입니다.

〈쉬리〉에 대해서 여러 가지 분석이 있었습니다마는 많은 미숙함에도 불구하고 한국에서 할리우드의 블록버스터 형식의 영화가 처음 출현해 대성공을 거두었다는 의미에서 이 영화의 가치를 찾아야 하겠습니다. 〈은행나무 침대〉에서 한국 영화계는 홍콩의 〈천녀유혼〉이나 〈진용〉에서만 볼 수 있었던 무협 판타지물을 소화해 냈듯이 〈쉬리〉에서는 할리우드에서나 가능한 줄 알았던 큰 스케일의 첩보 액션물을 선

연도	영화	영화제	수상 내역	수상자
1961	마부	제11회 베를린 국제영화제	감독상	강대진
1962	이 생명 다하도록	제12회 베를린 국제영화제	아동특별연기상	전영선
1987	씨받이	제44회 베니스 국제영화제	여우주연상	강수연
1994	화엄경	제44회 베를린 국제영화제	알프레드바우어상	장선우
1999	소풍	제52회 칸 국제영화제	단편부문 심사위원대상	송일곤
2000	섬	제57회 베니스 국제영화제	넷팩상	김기덕
2002	취화선	제55회 칸 국제영화제	감독상	임권택
2002	오아시스	제59회 베니스 국제영화제	감독상 / 신인배우상	이창동 / 문소리
2004	올드보이	제57회 칸 국제영화제	심사위원대상	박찬욱
2004	사마리아	제54회 베를린 국제영화제	감독상	김기덕
2004	빈집	제61회 베니스 국제영화제	감독상	김기덕
2005	주먹이 운다	제58회 칸 국제영화제	국제비평가협회상	류승완
2007	싸이보그지만 괜찮아	제57회 베를린 국제영화제	알프레드바우어상	박찬욱
2007	밀양	제60회 칸 국제영화제	여우주연상	전도연
2009	박쥐	제62회 칸 국제영화제	심사위원상	박찬욱

한국 영화의 주요 국제영화제 수상 내역

보이게 됩니다. 그래서 〈쉬리〉를 한국형 블록버스터라고 하는 것이죠. 3년이라는 시나리오 작업과 24억이라는 제작비 투여, 그리고 스케일이나 특수 효과, 나름대로 신경을 많이 쓴 액션이나 멜로적인 섬세한 스토리 라인 등에서 〈쉬리〉는 이전 한국 영화와 다른 모습을 보여주었습니다. 물론 지금 보면 촌스러운 데가 한두 군데가 아니지만 당시로서는 단연 군계일학의 작품이었습니다.

여기서 〈쉬리〉가 어떤 영화였는지는 그리 중요하지 않습니다. 중요한 것은 한국 영화가 이 영화를 기점으로 다시는 뒤로 물러서지 않는 궤도에 올랐다는 사실입니다. 이것은 그 다음 영화들을 보면 쉽게 알 수 있습니다. 〈쉬리〉에 곧 이어서 〈공동경비구역 JSA〉(2000), 〈친구〉(2001), 〈살인의 추억〉(2003), 〈실미도〉(2003), 〈태극기 휘날리며〉(2004) 등등 이전에는 상상도 못했던 대작들이 줄줄이 나옵니다. 특히 〈실미도〉와 〈태극기 휘날리며〉는 비슷한 시기에 개봉되었기 때문에 이 두 영화가 같이 상영됐을 때(2004년 2월 경)에는 한국 관객의 국산 영화 점유율이 80퍼센트를 상회하는 진기록을 세우기도 했습니다. 한국 영화 사상 이런 일은 처음이고 앞으로도 없을 것으로 생각됩니다.

이런 기운 덕에 임권택 감독은 2002년에 〈취화선〉으로 칸 국제 영화제에서 감독상을 수상했고, 2004년에는 박찬욱 감독이 같은 칸 영화제에서 〈올드보이〉로 심사위원 대상을 받게 됩니다. 계속해서 2002년에는 이창동 감독이 〈오아시스〉로 베니스 영화제에서 감독상을, 2004년에 김기덕 감독은 〈사마리아〉로 베를린 영화제에서 감독상을 받고 〈빈집〉으로는 베니스 영화제에서 감독상을 받습니다. 이런 수상

행렬을 완성이라도 하듯 전도연은 2007년 이창동 감독의 〈밀양〉으로 칸 영화제에서 여우주연상을 거머쥡니다. 그 뒤에도 계속해서 세계 영화제에서 한국 영화가 수상하는 소식이 들리지만 이 정도만이라도 충분할 것 같습니다. 왜냐하면 세계 3대 영화제인 칸과 베니스와 베를린에서 이미 한국 영화는 혁혁한 전과를 올렸기 때문입니다.

한국 영화를 부흥시킨 한국인들의 감각

그런데 1970년대나 1980년대에 다 죽어 가던 한국 영화를 살려 낼 수 있었던 것은 어떤 요인 때문에 가능했던 것일까요? 물론 여기에는 자유 경쟁 체제와 스크린 쿼터제의 변화 등 외적인 요인이 많이 작용했을 겁니다. 아울러 한국인들이 제작이나 투자, 유통, 마케팅 등의 분야에서 뛰어난 능력을 발휘한 것도 원인이 될 수 있을 겁니다. 그러나 여기서는 그런 외적인 요인보다는 한국인들의 성정과 관계됐을 법한 것을 중심으로 보기로 하겠습니다.

사실 한국 영화의 성공 요인을 말할 때 가장 먼저 언급되어야 할 것은 '한국인들의 영화 사랑 혹은 열정' 아닐까요? 한국인들이 영화를 많이 보는 것도 그렇지만 이 작은 나라에 웬 영화제가 그리 많은지 모르겠습니다. 1996년에 시작해 크게 성공한 부산국제영화제부터 해서 지금 한국에서는 웬만한 도시에서 다 영화제를 합니다. 심지어 제천 같은 도시에서는 다른 도시와 차별을 두고자 영화 음악을 중심으로 하는 제천국제영화음악제를 하고 있습니다. 그런데 이렇게 한국인들이 영화에 열을 올리는 것은 그들의 성정과 영화라는 예술이 부합되어 그런 것 아닐까 하는 생각을 해 봅니다.

개인적인 생각일지 모르지만 한국인들은 영화를 잘 만들 수밖에 없을 것 같습니다. 영화라는 게 무엇입니까? 종합 엔터테인먼트이지요? 연예물이되 종합적인 연예물이 영화인 것입니다. 영화에는 모든 것이 다 동원됩니다. 시나리오, 영상, 음악, 연기, 촬영, 편집 등등 이 모든 것이 어우러져 만들어지는 게 영화 아닙니까? 한국인들은 이런 것들을 한 번에 엮어 감각적인 방법으로 종합해 보여주는 데에 재주가 있는 것 같습니다. 우리는 이런 한국인들의 재주를 이미 그들의 드라마 제작에서 보았습니다. 앞에서 본 것처럼 한국 드라마에서는 아름다운 광경을 배경으로 천하의 미남과 미녀가 매우 절제된 말을 주고받는데 그 장면에는 반드시 꼭 들어맞는 음악이 나옵니다. 그런 장면 하나하나가 모여서 전체 드라마가 되는 것입니다. 한국 영화도 마찬가지입니다. 드라마와 마찬가지로 한국 영화에서도 각 장면들을 아주 잘 만들어 냅니다. 이런 장면을 만들 때 운용되는 기술 수준은 거의 할리우드의 수준에 육박해 있다고 합니다.

그런데 앞서 말했듯이 한국 드라마들은 전체 줄거리의 짜임새가 엉성하고 무리한 설정도 많지요? 줄거리가 아주 단순해서 처음만 보아도 뒤를 다 알 수 있어 긴장감이 떨어집니다. 그 떨어진 긴장감을 올리기 위해 탄생의 비밀이나 불치병 같은 요소들을 무리하게 끼워 넣어 억지로 짜 맞춥니다. 그래서 전체 진행이 매우 어색해집니다. 저는 이런 요소들 때문에 한국 드라마를 주의 깊게 보기가 힘들었던 기억이 많습니다. 그런데 드라마는 이렇게 할 수밖에 없었을지도 모릅니다. 영화처럼 2시간 내외라는 짧은 시간에 이야기의 전개를 모두 끝내는 것이 아니라 수십 시간씩 끌고 나가려면 스토리 라인을 팽팽하고 긴장감 있게 유지하기가 쉽진 않을 겁니다. 게다가 시청자들의 생각이나 바람까지 고려하여 각본을 써야 하니 각본이 수시로 바뀌기도 합니다. 그러나 영화는 다릅니다. 영화는 드라마와 달리 자금력만 있다면 사전에 몇 년이고 시나리오를 여유 있게 완성할 수 있습니다. 세상일은 무엇이든지 처음 설계 단계가 중요합니다. 시나리오를 심혈을 기울여 만들면 그 다음은 상대적으로 쉬워집니다.

사실 한국 영화의 고질적인 병폐 중에 하나는 시나리오의 완성도가 높지 않다는 것이었습니다. 특히 구미의 영화에 비해 스토리 라인이 느슨하거나 조직적이지 못하고 엉성하게 보였습니다. 그러나 지금은 다릅니다. 이야기 진행이 너무 복잡하고 빠르게 흘러가서 따라가기가 힘들 지경입니다. 전문가들은 이런 영화로 〈타짜〉 같은 영화를 들더군요. 실제로 이 영화를 보면 진행이 너무 빨라 저 같은 '노털'들은 옆에 있는 사람에게 물어보지 않으면 영화를 따라가기가 힘듭니다. 그만큼 시나리오의 완성도가 높았습니다. 한국 영화의 시나리오가 이렇게 발전한 것은 제가 실제로 영화를 기획하는 감독을 만나 직접 확인한 것이기도 합니다. 그 감독의 이야기를 들어 보니 시나리오를 쓰는 데에만 족히 2~3년이 걸리더군요. 그런데 이야기의 전개를 보니 복선이 하도 복잡해 나중에 영화가 완성되면 과연 관객들이 이해할 수 있을까 하는 기우도 들었습니다. 이야기를 너무 꼰다는 느낌이 있었습니다.

그렇게 해서 어렵게 시나리오를 완성하면 그것을 영상에 멋있게 옮겨야 합니다. 그런데 드라마는 빨리 찍어 곧 방영해야 하니 여러 번 찍을 수가 없습니다. 반면 영화는 그런 것에서 꽤 자유롭습니다. 한 장면을 수십 번 찍을 수도 있습니다. 그렇게 찍으니 영화는 드라마와 비교도 안 되게 완성도가 높은 장면을 찍을 수 있는 것입니다. 그리고 그런 영화들이라 세계무대에서 큰 상을 받는 것일 겁니다. 반면에 한국 드라마는 해외에 팬들은 많이 있어도 큰 국제 대회에서 작품상 같은 것을 받는 것을 보지 못했습니다. 완성도 면에서 문제가 있는 것이지요. 제가 영화에는 그리 밝지 않지만 확실히 한국인들은 감각적인 영상을 만드는 데에 나름대로 소질이 있는 것 같습니다.

저는 그런 한국인의 재주를 뮤직비디오나 광고에서 발견합니다. 뮤직비디오의 경우에도 우리 것을 보다가 유럽 가수의 것을 보면 답답해서 못 보겠더군요. 글쎄요, 제가 유럽에서 나온 유명한 뮤직비디오를 다 본 것은 아니라 감히 평가 내리기는 그렇지만 일전에 '아바'의 노래를 담은 뮤직비디오를 보니 참으로 대단하더군요. 그 촌스러움이 말입니다. 부르는 노래는 분명 세계 최고인데 영상은 어쩌면 그리도 엉성하고 촌스러운지 놀랄 지경이었습니다. 아마 별 신경을 쓰지 않고 만들었던 것 같았습니다. 뮤직비디오는 3~4분 내로 끝내야 하기 때문에 질질 끌면 안 됩니다. 그런데 그렇게 짧은 시간에 감각적으로 선명한 인상을 남기는 것은 한국인들의 주특기입니다. 감각의 순발력이 어떤 민족보다도 뛰어나기 때문입니다.

이런 한국인의 능력이 또 유감없이 발휘되는 것은 아마도 영상광고 분야일 것입니다. 우리나라 TV를 보는 재미 중에 하나는 광고 보는 것 아닌가요? 우리나라 광고 영상은 매우 감각적입니다. 이성에 호소하지 않습니다. 그럴 수밖에 없는 것이 15초라는 아주 짧은 시간에 보는 사람에게 '임팩트'를 주려면 인간의 감각에 호소하는 선명한 영상이 좋기 때문입니다. 그런 데에는 한국인이 능하기 짝이 없습니다. 오랫동안 진득하게 생각하는 것보다 순간순간의 감각에 충실한 사람들이 한국인 아닙니까? 그래서 재미있고 호소력 있는 광고 영상이 많이 나오는 것일 겁니다.

이 정도만 보아도 한국인들의 영화 제작 실력에 대해 어느 정도는 알 수 있지 않을까 싶습니다. 아무리 권력이 간섭해도 한국인들이 원래부터 갖고 있었던 성정까지 없앨 수 있었던 것은 아닙니다. 단지 독재 권력의 부당한 억압 때문에 한국인들의 기본 능력이 제 실력을 발휘하지 못했던 것입니다. 그러나 간섭이 풀리자 바로 이전의 상태를 회복하게 되는 것을 영화의 예에서 보았습니다. 이것은 한국인들이 감각적인 신기의 기운을 남다르게 갖고 있다는 것을 재차 보여주는 사례가 아닌가 생각됩니다. 한국 영화는 앞으로 걱정할 필요가 없을 겁니다. 왜냐면 한국인들은 워낙 뛰어나게 감각적인 연예감을 갖고 있어 앞으로 어떤 감독이 나와 어떤 영화를 만들지 모르기 때문입니다. 따라서 별 걱정하지 않아도 한국 영화는 승승장구할 것으로 생각됩니다.

인터넷에서 보이는 한국인의 신기

'브로드밴드(초고속) 인터넷 보급률 세계 1위'라느니, '도시별로 다운로드하는 속도가 제일 빠른 도시는 한국의 수도 서울이다'와 같이 인터넷과 한국인이 관련된 이야기는 그동안 여러 곳에서 많이 있어 왔기 때문에 다시 되풀이할 필요성을 느끼지 못합니다. 따라서 여기서도 그런 세세한 정보보다는 인터넷이 우리 한국 사회에서 갖는 의미에 대해 볼까 합니다.

제가 인터넷과 한국 문화에 관련해 강의할 때마다 가장 먼저 하는 이야기는 '한국은 운이 들어오는 나라'라는 것입니다. 이유는 간단합니다. 인터넷의 속성과 한국인들의 성정은 통하는 바가 많기 때문입니다. 이제 세상은 IT 정보화 사회 아닙니까? 이런 현대 사회에서는 규범적인 질서를 지키기보다 매우 자유분방한 정신을 소지하고 있는 한국인들이 자신들의 능력을 한껏 발휘하게 되었습니다. 이것은 한국이 아주 빠르게 인터넷 강국이 된 것으로도 알 수 있습니다. '한국은 하드웨어는 강하지만 소프트웨어가 약하다' 어쨌다 하지만 한국이 IT 강국인 것은 틀림없는 사실 아닙니까? 무엇이든지 빨리하고 순간순간의 변화에 적응할 수 있는 놀라운 임기응변력과 순발력을 가진 사람들이 한국인일진대 변화가 말할 수 없이 빠른 지금의 인터넷 정보화 시대를 맞아 한국인들은 물 만난 물고기라고나 할까요? 그래서 한국은 운이 들어오는 나라라고 한 것입니다.

'한국은 운이 들어오는 나라'라는 판단이 다소 순진할 수도 있겠지만 그렇다고 완전히 틀렸다고도 볼 수 없을 겁니다. 그런데 이야기가 조금 생경할 수 있겠습니다마는 여러분들은 이 세상에서 제일 무서운 사람이 누구인지 아십니까? 돈 많은 사람도 아니고 실력 좋은 사람도 아닙니다. 세상에서 제일 무서운 사람은 바로 운 좋은 사람입니다. 운 좋은 사람은 도대체 이길 수가 없습니다. 그 운을 꺾을 방법이 없으니까요. 그런데 한국이 바로 그런 운을 타고 있다는 것이지요. 이것은 지금까지 한국이 겪어 온 과정을 보면 알 수 있지 않을까요? 한국은 그동안 망할 뻔한 역경이 수차례 있었습니다. 6·25가 그렇고 오일쇼크, 특히 IMF 금융 사태 등 나라의 근간이 뿌리 채 흔들리는 때가 여러 번 있었습니다. 그런데 한국은 절대로 망하지 않았을 뿐더러 외려 눈부신 발전을 거듭했습니다. 그래서 한국은 인류 역사상 처음으로 원조를 받던 국가에서 원조를 주는 국가로 도약한 유일한 나라가 되지 않았습니까? 이것은 한국인들이 열심히 노력한 결과이기도 하지만 운이 안 따라 주면 이룰 수 없는 매우 신이한 기록이라고 할 수 있습니다.

그러나 운이 아무리 들어와도 한국인들의 기본적인 성정이 변화무쌍한 현대와 어울리지 않으면 그 기운을 살려 내지 못합니다. 이런 인터넷 정보 사회에서 신기를 주체하지 못하는 한국인들은 펄펄 날았습니다. 그래서 재미있는 현상도 많이 나왔습니다. 특히 일본과 비교할 때 그렇습니다. 저는 젊었을 때 우리나라는 절대로 일본을 따라가지 못할 거라고 생각했습니다. 1960년대나 1970년대에 일본의 파나소닉이나 소니에서 나오는 전자제품이나 도요타 같은 회사에서 나오는 자동차를 보고 우리 한국은 글렀다라고 생각한 게 한두 번이 아닙니다. 당시는 노란 미제 연필만 봐도 선망의 마음을 품고 미국을 동경하던 때였습니다(한국인들은 당시 그런 '허접한' 노란 연필도 제대로 만들지 못했습니다).

그런 일본이 서서히 우리에게 자리를 내 주고 있습니다. 물론 일본은 아직도 한국을 한참 앞서 있어서 전자제품이나 자동차 등에서 여전히 우위를 점하고 있습니다. 그러나 일본이 우리에게 상대가 안 되는 분야가 있습니다. 바로 인터넷 분야입니다. 심층적인 것은 잘 모르겠지만 적어도 인터넷의 활용 수준에서는 그럴 겁니다. 그래서 일본에 가서 그곳의 인터넷 현실을 보면 '우리가 수년 전에 이랬는데 일본은 이제야 여기까지 왔네' 하는 소리가 절로 나옵니다. 그래서 인터넷 분야에서는 '한국이 일본에게 한 수 가르쳐 주고 온다'라는 말까지 있는데, 이런 이야기가 이전에는 어찌 가당하기나 한 것입니까? 어찌 우리가 일본에게 무엇이 되든 가르쳐 줄 수 있다는 말입니까? 이런 현실을 어떻게 설명할 수 있을까요? 사정이 이렇게 된 것은 아무래도 이 인터넷이 한국인들의 성정과 부합되는 면이 있어 그런 것 아닐까요? 그래서 한국인들이 이쪽 사업을 시작하자마자 급속도로 발전한 것일 겁니다. 그렇지 않고서야 이런 현상을 설명할 수가 없습니다.

일본인들은 여러 면에서 한국인들과 대조가 됩니다. 일본인들은 그들의 예술 작품을 보면 알 수 있듯이 매우 치밀합니다. 어떤 일을 할 때에 계획을 완벽하게 세우고 시작합니다. 조금 과장된 예를 들어 보지요. 만일 인터넷과 관계된 어떤 일이 10년에 걸쳐 이루어진다고 상정해 봅시다. 그러면 일본인들은 그 10년 동안의 계획을 빈틈없이 세운 다음에야 움직입니다. 그래서 정확하기 그지없습니다. 그러나 이 사업이 인터넷 관련 사업인지라 1년 뒤에 환경이 또 바뀝니다. 인터넷 세상은 아시다시피 변화가 빠르기 때문입니다. 그러면 그때부터 일본인들은 전체 계획을 다시 세워야 합니다. 그들은 매뉴얼이 없으면 꼼짝 못하니 말입니다. 사실 매뉴얼이라는 단어가 나와서 하는 소리인데 일본인들은 실로 '매뉴얼 마니아'들인 것 같습니다. 이게 없으면 스스로 판단을 못하지요.

이와 관련해서 유명한 일화가 있습니다. 1995년 한신 대지진 때 있었던 일입니다. 이재민들에게는 당시 생필품이 가장 시급했는데 길이 파괴되어 구호물 차가 이재민들이 있는 곳으로 접근할 수 없었습니다. 그래서 어쩔 수 없이 생필품을 가득 실은 헬리콥터가 떴습니다. 착륙할 곳은 초등학교 운동장밖에 없었습니다. 그런데 그냥 착륙하면 될 터인데 그 학교 교장에게 착륙 허가를 받기 위해 전화를 한 모양입니다. 그런데 비행기가 운동장에 앉는 일이 이전에는 없었을 테니 매뉴얼이 있을 턱이 없겠지요. 그래서 결정할 수 없었던 교장은 비행기 조종사에게 교육청에 전화해 보고 알려 주겠다고 한 모양입니다. 그러는 사이에 시간이 너무 흘러 헬리콥터는 그냥 돌아갔다고 합니다.

비슷한 일이 2011년 동일본 대지진 때도 있었습니다. 우리나라 회사에서 이재민들에게 생수를 대량 전달했는데 그들이 마실 수 없다고 해서 도로 가져와 오사카에 있는 한인 사회에 기증한 일이 있습니다. 이것은 제가 2011년 여름 오사카에 갔을 때 직접 목도한 것입니다. 이재민들은 그 물을 먹어도 되는지에 대해 정부로부터 아무런 매뉴얼을 받지 못했기 때문에 마실 수 없었다고 하더군요. 이런 매뉴얼 존중의 정신은 일본이 갖고 있는 최대 강점인데 비상시에는 장애가 되는 듯합니다. 그래서 어떻게 보면 존경스러운데 어떻게 보면 답답한 게 일본인 같습니다.

이에 비해 한국인들은 과장되게 말하면 '아침에 결정하면 저녁에 실행에 옮기는 사람들'입니다. 한국인들은 일일이 세부적인 계획을 세우지 않고서도 일단 작정을 하면 우선 일을 시작하고 봅니다. 세부적인 것들은 일을 추진하면서 고쳐 나가면 된다고 생각하기 때문입니다. 그러다가 만일 일의 환경이 바뀌더라도 어차피 전체 계획을 안 세우고 시작했으니 그리 걱정할 게 없습니다. 바뀐 환경에 맞추어 또 대충 계획을 세우면 되기 때문입니다. 그래서 일본인 같은 성정을 가진 사람들이 보면 한국인들은 대충 대충 하는 것 같고 무모하기 짝이 없습니다. 한국인들은 세밀하게 생각하지 않기 때문에 말도 안 되는 무모한 일에 뛰어듭니다. 이성적으로 꼼꼼하게 생각하면 절대로 안 될 일인데 대충 생각해 보면 될 것 같으니까 그냥 시작하는 것입니다. 그러다 만일 성공하면 전무후무한 일을 해냅니다. 물론 실패할 때도 많았습니다. 그러나 반도체는 말할 것도 없고 한국이 자동차 생산국 5위가 되고 세계 최고의 조선국이며 포스코 같은 세계적인 제철 회사를 만들어 낼 거라고 어느 누가 생각이나 했습니까? 이것은 화끈한 신기를 가진 한국 사람들이라 가능했을 겁니다. 그리고 한국이 운이 들어오는 나라이기 때문에 이런 일들이 성공적으로 끝났지 아무리 노력해도 운이 없으면 이런 결과가 나오지 않았을 겁니다. 그래서 애국가에 나온 대로 '하느님이 보우하사 우리나라 만세'입니다.

인터넷 게임의 최강자, 한국인

그런데 재미있는 것은 한국의 인터넷 네트워크의 인프라가 이렇게 단기간에 전국에 물샐 틈 없이 깔리게 된 것이 게임과 관계되어 있다는 사실입니다. 쉽게 이야기해서 인터넷으로 게임하면서 놀려고 전국에 인터넷망을 깔았다는 것이죠. 그래서 발명한 게 전국에 즐비한 PC방입니다. PC방이 뭐하는 곳입니까? 노는 곳 아닙니까? 노는 데 귀재인 한국인들이 또 일을 낸 겁니다. 시대가 아무리 바뀌고 과학 기술이 첨단을 거닐어도 이것을 모두 노는 데로 전환시키는 데에 가장 뛰어난 사람이 한국인들 아닌지 모르겠습니다. PC방에서 하는 인터넷 게임 중에 한국인들이 환장을 한 건 '스타크래프트'와 '워크래프트' 게임이라고 합니다. 제가 제일 약한 부분 중에 하나가 이 인터넷 게임입니다. 이 게임들은 우리 같은 50대 후반의 중년들에게는 너무 어렵습니다. 자식들이 하는 것을 어깨 너머로 보았지만 도무지 모르겠더군요. 그러나 그 기본 정신은 대강 알 수 있었으니 그걸 가지고 한 번 설명해 보려 합니다.

이 게임들은 미국의 블리자드라는 회사에서 만든 것인데 전 세계 국가 가운데 한국에서 가장 큰 인기를 끌었다고 합니다. 특히 스타크래프트가 그렇다고 하지요. 그 때문에 블리자드 회사에서는 '블리자드 본사가 서울에 있다'라고 말할 정도로 한국 청소년들이 이 게임을 좋아했다고 합니다. 아마도 이 게임이 한국인들의 성정에 잘 부합되는 모양입니다. 그럴 수밖에 없다고 생각되는 것이, 이 게임은 아시다시피 전쟁 게임 아닙니까? '테란'과 '프로토스'와 '저그'라는 세 종족 가운데 하나를 택해 우주의 지배권을 놓고 가상의 공간에서 싸움을 하는 게 이 게임의 핵심입니다. 쉽게 이야기해서 전쟁을 하는 건데, 한국인들은 신기가 강해 매우 호전적이고 민첩하며 순발력이 좋기 때문에 이런 게임에 '딱'입니다.

그래서 그런지 스타크래프트 게임의 종주국이 한국이라는 소리마저 나옵니다. 종주국이란 그것을 만든 국가가 누려야 될 영광이니 스타크래프트의 종주국은 당연히 미국이어야 합니다. 그런데 한국인들이 이 게임에 미친 나머지 종주국의 명예마저 갖게 된 것입니다. 그래서 그랬던지 이 게임이 만들어진 초기에는 전 세계의 스타크래프트 게이머 가운데 상위 50~60위가 한국 젊은이들이었던 적도 있었답니다. 앞에 언급한 것처럼 전국에 PC방이 우후죽순처럼 생긴 것도 바로 이 게임을 하기 위해서였답니다.

스타크래프트 게이머 가운데 전설적인 존재들을 보면 한국인이 많습니다. 그중에서도 임요환이라는 선수는 단연 돋보입니다. 이 친구에게는 아예 황제라는 칭호가 붙더군요. 전 세계 대회에서 2년 연속 (2001~2002) 우승을 했고 전성기 때에는 도무지 이 친구를 이길 수 있는 선수가 없었다고 합니다.

한국에 워낙 이 게임의 강자들이 많은지라 한국 대회(스타크래프트2 리그인 GSL 같은 경우)가 세계 대회처럼 되는 적이 많았다고 합니다. 그러니까 한국 대회 우승이 바로 세계 대회 우승으로 연결된다는 것인데 우리는 비보이 경연 대회에서도 같은 현상을 목격할 수 있었습니다. 여자 양궁 국내 대표 선발도 마찬가지라고 하지요? 이게 바로 세계 대회 우승자 선발 대회처럼 된다고 하니 말입니다. 이렇게 한국 최고가 세계 최고가 되는 경우가 적지 않게 생기니 기분 좋은 일이 아닐 수 없습니다(그런데 모두 노는 분야 아닌가요?).

그런가 하면 e게임에 쟁쟁한 강자 가운데에는 안드로 장이라는 이름도 발견됩니다. 이 선수의 본명은 장재호인데 이 친구와 붙으면 안드로메다처럼 먼 곳으로 보내 버린다고 해서 안드로 장이 되었다고 합니다. 그는 워크래프트 계열 게임에서 세계 제일이었다고 합니다. 그런데 장 선수 역시 임요환 선수처럼 전성기는 지났습니다마는 2000년대 중반 e게임계에서는 신화적인 존재였다고 하네요.

워크래프트 게임 역시 블리자드 회사에서 만든 것인데 세부적인 내용이 조금 다르다고 합니다. 그런데 e게임에 까막눈인 저는 설명을 들어 봐도 무엇이 다른지 잘 모르겠습니다. 안드로 장 선수는 특히 중국에서 인기가 높았다고 합니다. 그래서 장 선수는 2008년 베이징 올림픽을 맞아 성화 봉송을 할 때 중국의 하이난(海南) 성에서 주자로도 뛰었다고 하니 그 인기를 알 수 있지 않겠습니까? 외국인임에도 붙여 줬으니 말입니다. 당시 장 선수는 워크래프트 계열 게임에서 세계 3대 지존 중에 하나였다고 합니다(나머지 두 사람은 중국의 리샤오펑과 네덜란드의 마뉴엘 센카이젠). 안드로 장 선수가 중국에서 게임을 할 때면 100만이 훨씬 넘는 중국 게이머들이 각지에서 인터넷 중계를 보는 것은 말할 것도 없고 직접 경기장을 찾아 게임을 관전하는 이들도 많았다고 하더군요.

그래서 중국 게이머들에게 대체 무엇을 보려고 중국 전역에서 왔냐고 물어보니 그들은 '한국 선수들의 현란한 손동작을 보러 왔다'고 대답했답니다. 키보드와 마우스 사이에서 손을 현란하게 움직여 대는 한국 게이머들이 경이롭게 보인 모양입니다. 앞에서 한국인들은 순간순간에 강한 그런 변통성이나 민첩성을 갖고 있다고 했습니다. 게임에서도 그 능력을 발휘한 것입니다. 게다가 한국인들은 뛰어난 감각을 갖고 있다고 했습니다. 한국인들은 논리적인 사고력은 떨어질지 몰라도 직감으로 하는 것은 아주 잘합니다. 예를 들어 병아리 암수 감별사가 그렇습니다. 아주 짧은 시간에 암수 병아리의 몸을 만져 미세한 차이로 그 성별을 가려내는 일은 대단한 감각을 갖고 있는 사람이 아니면 힘들 겁니다. 그런데 앞서 보았듯이 한국 청소년들이 브레이크 댄스를 추기 시작한지 몇 년 안 되어서 전 세계를 석권한 것은 한국인들이 어떤 식으로든 공통으로 신명적인 요소를 갖고 있었기 때문입니다. 게임도 마찬가지입니다. 왜냐하면 스타크래프트 같은 게임이 미국으로부터 소개된 지 얼마 안 되어 한국의 청소년들이 곧 세계적인 강자로 떠올랐으니 말입니다. 이것 역시 한국인들이 공동으로 소지하고 있는 문화적 DNA가 e게임들과 부합되는 부분이 있을 것이라고 생각해 볼 수 있겠습니다.

강의를 할 때 이렇게 설명을 한 다음 저는 청중들에게 이런 한국인의 능력이 어디서 왔는지 아느냐고 물어봅니다. 그러면 거의 대부분의 청중들은 '한국인들은 젓가락을 쓰기 때문'이라고 대답합니다. 그러면 저는 다시 묻습니다. '일본이나 중국서도 젓가락을 쓰지 않느냐'고 말입니다. 그러면 '한국인들만 쇠젓가락을 쓴다'라는 답이 돌아옵니다. 사실 이 답도 틀린 것은 아닙니다. 그러면 저는 좀 더 정확하게 '한국인들은 쇠젓가락으로 콩자반을 들 수 있는 민족'이라고 하면 어떻겠느냐고 다시 묻습니다. 그리고 '그 가운데에 정말 젓가락질을 잘하는 사람은 젓가락으로 묵을 들어서 먹을 수 있는 사람'이라는 반 농담 같은 이야기도 합니다. 사실 쇠젓가락처럼 얇은 기물로 콩자반 같은 작고 미끄러운 것을 집어올리는 일은 쉽지 않을 겁니다. 손 감각이 둔한 서양인들은 생각도 못하는 일이지요. 그런데 거기다가 젓가락으로 그 '미끈덩거리는' 묵을 드는 것은 한국인 중에도 할 수 있는 사람이 많지 않을 겁니다. 이렇게 보나 저렇게 보나 분명 한국인들은 감각적인 면에서 뛰어난 점이 있습니다.

그런데 저는 한국 청소년들의 e게임 성공 요인을 다른 데에서도 찾아보았습니다. 우리는 우리 주위에서 일어나는 일들이 워낙 일상적인 것들이라 그냥 지나치는 경우가 많습니다. 그러나 가만히 보면 다른 나라에서는 발견할 수 없는 아주 특이한 것들이 많습니다. e게임과 관련해서 아주 재미있는 광경이 있습니다. 바로 초등학교 정문 옆에서 벌어지는 일입니다. 우리나라 초등학교 정문 바로 옆에는 보통 '게딱지'만 한 문방구가 있습니다. 사실 그런 문방구가 있는 것도 웃기는 일입니다. 학교에 가져가야 할 준비물을 문방구에서 산다는 것은 말이 되지 않는데 이전에 우리는 그렇게 많이 했습니다. 그런데 그런 문방구 앞에는 항상 초등학교 아이들 키에 맞는 오락 기계가 있습니다.

게임을 좋아하는 아이들은 방과 후에 아예 그 게임기 앞에서 삽니다. 아이들이 작은 게임기 앞에 모여 있는 것을 아무도 이상하게 보지 않습니다. 저는 어느 순간 이 광경을 보고 '바로 여기에 한국이 게임 강국이 된 기본 원인이 있구나'라는 깨달음을 얻을 수 있었습니다.

생각해 보십시오. 스포츠라는 것은 연습이 제일 중요합니다. 그런데 한국인들은 컴퓨터 게임을 아주 어려서부터 (학교 앞에서) 자연발생적으로 시작했을 뿐만 아니라 하루에 몇 시간씩 하드 트레이닝을 했습니다. 그것도 누가 시킨 게 아니라 자발적으로 즐겁게 했습니다. 그러니 능률도 엄청 올라갑니다. 타율적인 훈련과는 비교가 안 됩니다. 그런데 더 놀라운 것은 위에서 본 것처럼 한국인들은 전 세계에서 이런 데에 대한 감각이 가장 훌륭한 민족 중에 하나라고 했습니다. 그런 문화적 유전 인자를 가진 민족이 어려서부터 고강도 훈련을 자율적으로 했으니 어떻게 당해 낼 수 있겠습니까? 오늘날 e게임에 한국인 강자가 많은 것은 분명 이런 요인에 기인하는 바가 있을 것으로 생각됩니다.

한국인의 신기를 보여주는 그 외의 현장들

우리는 이렇게 해서 한국인들의 신기 혹은 신명이 발휘되는 모습을 보았습니다. 이 정도면 한국인들이 얼마나 신명을 중시하는 민족인지 충분히 알 수 있겠지요? 그래서 설명을 여기서 그쳐도 되지만 아무래도 아쉬운 면이 남아 조금만 더 보고 이 글을 마무리하려 합니다. 사실 한국인의 신기 현상은 붉은 악마 신드롬이 워낙 강하고 인상 깊은 터라 그것으로 끝을 내는 것이 제일 좋습니다. 그러나 붉은 악마 현상에 대해서는 이미 졸저 『한국인을 춤추게 하라』에서 충분히 설명했기 때문에 더 할 필요 없을 것입니다. 게다가 그동안 새로운 면이 밝혀진 것도 아니어서 부연 설명할 것도 없습니다. 그러나 한국인의 신기를 설명할 때 붉은 악마를 보지 않을 수 없어 여기서 다른 신기의 현상과 같이 간단하게 볼까 합니다.

붉은 악마가 탄생한 종교적 배경

한국인의 집단적 광기라고도 할 수 있는 한국인의 신기가 광폭하게 터진 가장 극적인 현장은 말할 것도 없이 붉은 악마들의 응원 현장입니다. 상당히 오래전의 일입니다. 이 이야기는 제가 졸저 『한국인에게 문화는 있는가』에서 잠시 거론한 적이 있는데 또 상황이 바뀌었으니 다시 보려고 합니다.

독일이 통일되기 전이었던 당시에 서독 TV 방송국에서 한국의 종교 문화를 취재하러 내한했다고 합니다. 이때 그들은 세 장면을 내리 찍은 모양입니다. 첫 번째 장면이 무엇이었을까요? 당연히 무당이 굿하는 장면입니다. 우리들은 무교를 종교로도 생각하지 않습니다마는 이들이 첫 번째로 선정한 게 무교입니다. 당연한 일이겠지요. 외부에서 보기에 무교는 가장 한국적인 종교이고 한국 전역에 만연해 있어 한국 혹은 한국인을 가장 잘 대표하는 종교로 판단했을 겁니다.

그 다음으로 소개한 것은 개신교의 부흥회 장면입니다. 이것도 탁월한 선택입니다. 한국인들의 눈에는 부흥회가 기독교 집회처럼 보일지 몰라도 기독교 종주국에서 온 그들 눈에는 영락없는 굿판의 연속으로 보일 겁니다. 왜냐하면 그들의 예배는 대단히 '쿨'해 조용하고 이지적인데 한국인들의 그것은 시끄럽기 짝이 없고 격정적이라 도대체가 기독교 행사로 보이지 않았던 겁니다. 실제로 부흥회의 순서를 가만히 보면 이건 완전 굿판입니다. 굿판의 핵심이 무엇입니까? 노래와 춤을 통해 망아경, 즉 엑스터시로 가는 것입니다.

부흥회 역시 똑같은 전철을 밟습니다. 우선 한참 동안 찬송을 하면서 분위기를 띄웁니다. 그 다음은 목사의 짧은 설교가 있고 곧바로 개인의 통성기도를 시작합니다. 사실은 이 기도가 부흥회의 하이라이트입니다. 기도할 때에는 먼저 손을 치켜들고 앞뒤로 서서히 흔듭니다. 처음에는 조용히 시작하지만 점차 목소리가 커집니다. 그러다 눈물을 흘리고 마구 울부짖다 드디어 방언이 터집니다. 바라고 바라던 망아경에 들어간 것입니다. 이게 한 사람만 그러는 게 아닙니다. 곳곳에서 망아경에 들어가 방언을 해 댑니다. 그래서 부흥회가 완전히 난장판이 됩니다. 그렇게 한참을 수많은 사람들이 '쏼랄라' 하다 직성이 풀리면 그제야 예배가 끝납니다. 이런 부흥회에서는 방언이 안 터진 사람들이 소외됩니다. '기돗발'을 제대로 못 받은 탓입니다.

그런데 이 순서를 보십시오. 무당이 공수를 받는 순서와 꼭 같습니다. 무당이 노래와 춤을 통해 망아경 속에 들어가는 것과 그 절차가 똑같다는 것입니다. 그래서 이 부흥회를 신학자들이 '크리스천 푸닥거리'라고 하는 것입니다. 그러니까 우리 한국인들은 서양 종교를 믿어도 결국은 무당 종교화되는 모양입니다.

독일 방송국이 그 다음으로 취재한 것은 김일성 우상 숭배하는 북한 주민들의 모습입니다. 이것도 한국인들의 집단적 광기가 전형적으로 표출된 현상이라고 할 수 있습니다. 이에 대해서는 우리가 잘 알고 있으니 상세하게 말할 필요도 없습니다. 그 현장은 TV로도 많이 봤습니다.

한국인들의 이러한 집단적 신기 혹은 광기의 세계에서는 성찰 같은 냉철한 것이 없습니다. 엄청난 감정의 폭발만 있을 뿐입니다. 프로이트식으로 말하면 이드(id)만이 강할 뿐 에고나 슈퍼에고가 아예 없던지 혹은 있더라도 그 힘이 아주 미약합니다. 그래서 한국인들은 술을 마셔도 극단적으로 마시고 종교 의례를 해도 미친 듯이 하며 정치 지도자도 광적으로 숭배해야 직성이 풀리는 모양입니다. 한 번 신기가 뻗치면 그냥 끝까지 내질러야지 중간에 적당히 그치는 게 없습니다.

여담입니다마는 김대중 전 대통령이 평양을 방문했을 때의 일입니다. 순안 공항에 환영 나온 북한 주부들이 손에 꽃을 들고 두 발을 모아 도약하면서 "김대중, 김대중" 하고 외치더군요. 그런데 그 모습이 영락없이 무당이 춤추는 모습이었습니다. 그 여성들이 자기도 모르는 사이에 한국인의 가장 깊은 심층 코드인 무당의 행동을 재연하고 있었던 것입니다.

어떻든 독일 방송국은 이 세 가지 모습이 한국인들의 광기 어린 성정을 잘 나타낸다고 보았는데 그것은 매우 탁월한 관찰이었다고 할 수 있습니다.

그런데 만일 이들이 다시 한국에 온다면 이 세 가지 영상에 하나를 더 첨가할 것이 분명합니다. 그 네 번째는 바로 붉은 악마의 응원 모습입니다. 전 세계에서 응원을 이렇게 광적으로 하는 민족이 얼마나 될지 생각해 보셨습니까? 월드컵 경기장을 빨갛게 물들이고 박자를 똑같이 맞추어 "대한민국"을 외치면서 박수를 치는 모습에서 우리마저 엄청난 집단적 광기를 느낍니다. 그래서 저는 이 모습을 볼 때마다 북한의 '아리랑 축전'이 생각났습니다. 아리랑 축전에서도 우리는 무시무시한 광기를 느끼지 않습니까? 그래서 붉은 악마들의 응원을 주시한 서방 언론들은 이 응원을 보고 '집단적 조작'이니 '집단적 히스테리'이니 '국가적 마스터베이션'이니 하는 혹평을 한 것입니다. 서구의 개인주의적 시각에서는 충분히 그렇게 보일 수도 있다는 생각이 듭니다. 특히 길거리 응원이 그렇게 보일 겁니다. 경기장에서 열띤 응원을 하는 것은 다른 나라에서도 얼마든지 발견할 수 있습니다. 그러나 길거리에서까지 그렇게 많은 인원이 하나같이 빨간 유니폼을 입고 응원을 해 대는 것은 다른 나라에서는 찾기 힘든 일입니다.

저는 길거리 응원을 굿판에 비유하기도 했습니다. 왜냐하면 응원단들이 하는 짓이 꼭 무당을 닮았기 때문입니다. 우선 모든 이들이 빨간 무복, 즉 무당 옷을 입었습니다. 무당 옷이 꼭 빨간 것만 있는 건 아니지만 빨간색은 자극적인 색이라 무당에게 잘 어울립니다. 그 다음에 구호를 외치고 손동작을 하는데 이것은 무당이 노래하고 춤추는 것과 매우 닮았습니다. 응원단은 이 동작을 계속해서 되풀이합니다. 왜 그럴까요? 아마도 그것은 망아경을 이끌어 내려는 시도일 겁니다.

망아경으로 가는 것은 어찌 보면 매우 쉽습니다. 단순한 동작을 되풀이하면 되기 때문입니다. 그래서 무당도 단순한 동작이라고 할 수 있는 두 발 모아 추는 도약춤의 동작을 계속해서 하는 것입니다. 응원단들도 단순한 동작으로 손뼉을 치고 간단한 멜로디인 "대한민국"을 외칩니다. 그러면서 서서히 집단적 망아경 속으로 빠져듭니다. 이것은 기독교 부흥회 때 집단적으로 망아경 속으로 들어가는 것과 그 유형이 거의 일치합니다. 한국인들의 광적인 모습이 어디로 가겠습니까? 그런데 길거리 응원에는 재미있는 것이 하나 더 있습니다. 전광판이 제상 역할을 하고 있는 것처럼 보이기 때문입니다. 무당도 굿을 할 때면 반드시 제상을 차리지 않습니까? 굿판의 제상과 길거리 응원의 전광판의 모습은 아주 흡사합니다.

이렇게 열띤 응원을 끝낸 붉은 악마들은 경기가 다 끝나면 주변을 말끔하게 청소하고 응원판을 떠납니다. 그런데 이때에도 일사불란하게 집단적으로 청소에 참여합니다. 개중에는 청소에 관심 없는 사람도 있을 터인데 한 번 같이하자고 하면 다 따라 해야 합니다. 이것 역시 무서운 집단성입니다. 개인의 개별적인 행동을 용인하려 들지 않습니다. 한국인들의 이러한 모습은 일상에서 흔하게 발견되기 때문에 다 열거하지 못할 형편입니다. 예를 들어 미국 소고기를 수입한다고 했을 때 광우병 파동이 생겼고 바로 촛불 시위로 이어졌습니다. 그때도 시청 앞에 얼마나 많은 인원이 촛불을 들고 모였습니까? 또 그 시위대를 막겠다고 그 넓은 광화문 거리를 아예 컨테이너로 막아 버리는 어처구니없는 무모함도 보았습니다. 이처럼 우리 한국인들은 냉철하게 잘 따지지 않습니다. 열 받으면 그냥 한쪽으로 확 쏠리고 맙니다. 그게 좋든 싫든 신기가 워낙 강한 민족이라 어쩔 수 없는 모양입니다.

포목점 시장에서 패션 밸리로 — 동대문 시장의 개벽

제가 한국인의 신기에 대해 강의를 할 때 생략하는 게 있습니다. 이른바 '동대문 패션 밸리'가 그것입니다. 그동안 이곳에 있었던 변화를 잘 알지 못했으니까요. 그러나 최근(2011)에 다시 가보니 믿을 수 없을 만큼 엄청나게 변해 있었습니다. 특히 여기에 있던 동대문운동장이 없어지고 '동대문 디자인플라자 & 파크'라는 엄청난 디자인 복합단지가 들어서 있어 그야말로 상전벽해가 따로 없었습니다. 패션몰도 2006년 당시보다 훨씬 많이 늘었습니다. 저는 어린 시절인 1960년대에 이곳 근처에 살았기 때문에 이 지역을 아주 잘 압니다. 당시는 종합운동장으로는 유일하게 있었던 '서울운동장'(나중에 동대문운동장으로 바뀜)이 있었고 그 건너편에는 지금의 밀리오레 자리에 시외버스 터미널이 있었습니다. 이 터미널은 지금으로 치면 현재 지하철 2호선 강변역에 있는 동서울터미널에 해당되는 곳입니다. 이곳은 서울에서 동(남)쪽 지방으로 가는 버스들이 출발하는 곳입니다. 여기에 이런 터미널이 있었다는 것은 당시는 여기가 서울의 동쪽 가장자리였다는 것을 뜻합니다. 그때는 서울이 이렇게 작았습니다(하기야 그때는 한양대를 지나 성동교만 건너면 시골이었습니다). 그리고 그 뒤에는 지금의 두산타워 자리에 덕

수상업고등학교가 있었습니다. 더 들어가면 그 안쪽에 미군 부대까지 있었지요. 그때에 있던 것 중 아직까지 있는 것은 국립의료원뿐입니다. 이랬던 곳이 지금은 패션 밸리가 되었습니다.

이곳이 패션 밸리가 된 데에는 물론 이곳에 있던 포목 시장 때문입니다. 이곳에는 평화시장이니 동화시장이니 광장시장이니 하는 포목 유통업만 전문적으로 하는 시장이 산재되어 있었습니다. 지금도 이 시장에 있던 가게들이 부분적으로 남아 있지만 이전에 이곳은 재래시장과 같은 분위기였습니다. 아니 재래시장 그 자체였죠. 여러 색깔의 천을 팔고 직접 재봉틀로 옷을 만들어 주고 그러던 곳이었습니다. 그랬던 곳이 불과 몇 년 만에 수십 개의 고층 건물이 들어선 첨단 패션 단지로 바뀌었습니다. 시점으로 보면 전근대에서 갑자기 후(post)현대로 건너뛴 느낌입니다. 이곳이 이렇게 빨리 변화할 줄은 어느 누구도 몰랐습니다. 물리적인 시간은 수년밖에 안 흘렀지만 외양은 수십 년이 흘러야 가능한 변화를 만들어 냈습니다. 대상이 어떤 것이든 이렇게 빨리 변화시킬 수 있는 사람이 한국인입니다. 아침에 결정하면 저녁부터 바로 시작하는 한국인이 아니면 이런 일을 하기 힘들 겁니다.

그런데 이 밸리의 참모습을 일상적으로 사는 우리들은 외려 보기가 힘듭니다. 왜냐하면 이곳은 이른 새벽이 되어야 성시를 이루기 때문입니다. 그 많은 건물들이 휘황찬란하게 불을 켜 놓습니다. 그러니 그 일대는 완전 불야성이 되지요. 그런 불야성에 사람들이 바글바글합니다. 그렇게 하다가 늦은 새벽이 되어야 문을 닫습니다. 새벽 내내 엄청난 역동성을 느낄 수 있습니다. 이 때문에 어떤 외국인은 한국을 느껴 보려면 동대문 패션 밸리로 가야 한다고 주장하기도 합니다.

번개 같은 청계천 복원 사업

한국인의 화끈한 신기는 패션 밸리 말고도 그 근처에서 또 발견할 수 있습니다. 예상하셨듯이 청계천이 바로 그것이지요. 청계천의 역사를 모르는 외국인들은 청계천에서 도시 하천 이상의 것을 발견하기 힘들지도 모릅니다. 그래서 외국인들, 그중에서도 특히 서양인들에게 이 청계천을 자랑스럽게 소개하면 대수롭지 않은 표정을 짓는 이들이 있답니다. 그러나 그것은 청계천의 역사를 모르기 때문에 나오는 반응이지 만일 청계천의 옛 모습을 보았다면 그들도 깜짝 놀랄 것입니다. 당시 청계천 복개와 고가도로의 건설은 조국 근대화의 상징이었지만 복개된 도로는 고가도로 때문에 항상 어둡고 우중충했습니다. 그리고 주로 공기구나 전자 제품 같은 것을 파는 가게들이 많아 주변 환경도 그리 깨끗하지 못했습니다. 이렇게 복개된 부분은 차라리 나았습니다. 복개되지 않은 부분은 그대로 개천이 흐르고 그 주변에는 맨 판잣집이었습니다.

청계천에 관한 자료를 조사해 보니 1965년에는 복개 공사가 청계 6가까지밖에 되지 않았습니다. 그리고 이어서 1967년에는 청계 8가까지 복개가 되었습니다. 저는 이 기간 동안 청계 8가에서 그다지 멀지 않은 곳에 살고 있었기 때문에 그곳에 가끔 가곤 했습니다. 그러면 물에서 나는 냄새 때문에 코를 막고 다녔던 기억이 납니다. 그럴 수밖에 없는 것이 천변에는 판잣집이 즐비했는데 그 집들에서 나오는 생활하

수가 다 청계천으로 들어갈 터이니 물이 더럽고 냄새가 나는 것을 피할 수 없었겠지요. 그냥 냄새 나는 것으로 끝나지 않고 여름에는 거기 사는 아이들이 그 물에 들어가 물놀이를 하는 것을 쉽게 볼 수 있었습니다. 그때에도 그런 모습을 보고 "아니, 저 똥물에서 어떻게 놀지?"라고 했던 기억이 납니다. 지금은 가끔 아프리카에 있는 어떤 가난한 나라에서 흑인 아이들이 흙탕물 속에서 노는 모습을 TV 다큐멘터리로 볼 수 있는데 그게 바로 당시 우리의 모습이었습니다. 여기 살던 사람들은 전쟁이 끝난 뒤 서울로 몰려든 피난민들로 집이 없으니 이렇게 천변에 아무렇게나 집을 짓고 살 수밖에 없었던 겁니다. 그런데 지금 당시의 사진을 보면 그야말로 식민지와 독한 전쟁을 겪은 후진국의 참상이 모두 이곳에 모여 있다는 생각이 듭니다.

그런데 밤에는 꽤 괜찮은 풍경이 연출되었던 것이 기억납니다. 당시는 가로등이 별로 없어 거리가 어두웠습니다. 그래서 밤에는 지저분한 판잣집이 잘 보이지 않았고 집에서 나오는 불빛이 청계천 위에 비치면서 나름대로 로맨틱한 분위기가 나곤 했답니다. 그래서 그랬는지 몰라도 솔직히 말하면 그때에는 우리가 그렇게 사는 게 가난한 건지 잘 몰랐습니다. 모두가 다 그렇게 살았기 때문에 다른 사람들도 마찬가지인 줄만 알았기 때문입니다. 그리고 당시에는 주한 미군 당국이 미군들에게 청계천 도로로 다니지 말라는 훈령을 내렸다는 확인되지 않은 풍문도 있었습니다. 복개된 도로 밑에 가스가 가득 차 있어 언제 폭발할지 모르니 그런 길로 다니지 말라는 것이었지요. 당시 한국은 미군에게는 철저한 후진국이었던 겁니다. 그땐 모두가 그렇게 살았습니다.

1960년대 청계천변의 판자촌

어떻든 그랬던 청계천이 복원 사업에 들어갑니다. 2003년 7월에 시작해서 2005년 9월에 끝났으니 그리 오랜 시간이 걸리지 않았습니다. 3년도 안 걸린 것입니다. 그런데 생각해 보십시오. 약 6킬로미터 되는 길에서 고가도로 다 걷어 내고, 복개해 놓은 것 다 해체하는 게 어디 간단한 일이겠습니까? 그 다음에는 다시 물길을 내고 주변은 깨끗한 공원으로 만들었습니다. 이걸 3년도 안 되는 세월에 했다니 참으로 놀라운 일입니다. 물론 이것은 순수 공사 기간이고 사실은 더 많은 시간이 걸렸습니다. 왜냐하면 청계천 거리에는 가게들이 즐비했는데 이 가게들을 정리하는 일이 결코 쉬운 게 아니었겠지요? 가게 이전 문제나 보상 문제 등 엄청난 돈과 시간이 필요했을 겁니다. 이런 것들을 한국인들은 5년 미만의 세월에 다 끝냈습니다. 만일 이런 일이 독일이나 프랑스 같은 유럽 국가들에서 있었다면 이보다 훨씬 많은 세월이 걸릴 것이라는 게 사람들의 중론입니다. 이 책의 맨 앞부분에 언급했지만, 벽지 하나 바르는 데 스웨덴에서 2주 걸리는 것을 한국에서는 5시간 만에 해치우는 데에 놀랐다는 스웨덴 출신의 가수의 간증(?)을 생각해 보면 청계천의 번개 같은 복원 공사가 이해가 됩니다. 신기가 발동해 공기를 대폭 간소화한 것입니다.

화끈한 한국 바둑

이제 한국인들의 신기가 현대에 어찌 발현됐는가에 대한 설명을 마치려 하는데 또 미진한 생각이 듭니다. 다른 현상들이 생각나기 때문입니다. 그중에서도 바둑에 대해서 잠깐 알아봤으면 하는 마음입니다. 바둑을 굳이 보자고 하는 이유는, 한국인들은 바둑에서 자신들의 뛰어난 공간 지각력과 화끈한 신기를 탁월하게 발휘했기 때문입니다. 그래서 그런지 한국은 바둑 인구나 바둑에 대한 지원이 일본이나 중국에 비해 많이 떨어지는데도 결코 우위를 놓치는 일이 없습니다. 아니 여전히 세계 최고입니다. 저는 바둑을 거의 못 두기 때문에 바둑 자체에는 그다지 관심이 없습니다. 대국 하는 것을 보아도 뭐가 뭔지 모릅니다. 하지만 신문에 나오는 바둑 기사는 꼭 봅니다. 선수들이 바둑 시합을 어떻게 했는가를 보는 것이 아니라 한국과 중국을 포함해 세계 바둑계의 동향을 알기 위해서입니다. 제가 바둑 관련 뉴스를 꼭 챙겨 보는 이유는 한국인들이 갖고 있는 가장 기본적인 성향이 가장 잘 드러나는 분야 중에 하나가 바둑이라고 생각하기 때문입니다.

한국 바둑의 혁혁한 성적은 남다른 데가 있습니다. 원래 한국 바둑은 일본에 비해 그 실력이 형편없었습니다. 1980년대까지만 해도 일본이 단연 세계 최고였습니다. 그것도 지난 400년 동안을 계속해서 그랬습니다. 이때까지는 한국 바둑이 일본 바둑 앞에서 꼼짝 못했을 뿐만 아니라 바둑의 종주국인 중국도 일본 앞에서는 속수무책이었습니다. 그랬던 게 1990년대에 들어오면서 일단 한국 바둑이 기지개를 펴 서서히 일본의 영역을 잠식해 들어갑니다. 한국의 기사들이 발전시킨 한국형 바둑에 일본 기사들이 나가떨어지기 시작한 겁니다.

한국형 바둑, 요즘 말로 하면 '한류 바둑'이라고 해야겠는데요, 이 바둑 스타일은 한마디로 정석과 파격을 넘나들며 사납게 몰아치는 바둑이라고 할 수 있습니다. 일본 바둑은 정형에 맞추어 정석만을 고집

한 반면 이 정석을 마스터한 한국 기사들은 파격으로 매우 공격적인 바둑을 둔 것입니다. 이 정석을 깨치지 못했을 때에는 한국 기사들이 일본 바둑에 꼼짝 못했는데 이 매뉴얼을 다 배우자 일본 바둑을 제치기 시작한 겁니다. 일본 바둑은 순풍이 부는 평상시에는 강하지만 역풍이 부는 위기 상황에는 대처하는 순발력이 떨어진다고 합니다. 매뉴얼이 작동 못하는 상황이 닥치면 어쩔 줄 몰라 한다는 것이지요. 또 예의 일본인의 매뉴얼 집착입니다. 1980년대까지 한국은 일본의 매뉴얼 벽을 넘지 못해 그들보다 하수의 자리에 있었는데 그 뒤로 상황이 바뀐 것입니다.

각설하고, 사실 바둑은 한국인과 기질이 잘 맞는 게임 같습니다. 한국인들은 매우 거칠고 호전적일 뿐만 아니라 승부욕이 강해 바둑 같은 게임과 잘 어울립니다. 그런데 세상에 게임은 많고 그 게임들이 다 이기는 것을 목적으로 하는데 한국인들은 다른 게임 다 젖혀 놓고 왜 유독 바둑에서 강세를 보일까요?

바둑은 부분 부분을 분석하면서 하는 게임이 아니라 전체적인 그림 속에서 크게 하는 게임입니다. 그러니까 전체에 대한 감을 갖고 큰 공간 분할로 상대방의 영역을 빼앗아 오는 게임이 바둑이라는 것이지요. 한국인들은 바로 이렇게 공간을 가지고 하는 게임에 강합니다. 왜냐하면 한국인은 공간 지각력이 대단히 뛰어난 사람들이기 때문입니다. 이러한 한국인들의 공간 지각력에 대해서는 앞에서 양궁을 보면서 이미 살펴보았습니다. 사물을 전체적으로 크게 보고 그 관찰에서 감이 생기면 그 감을 따라가는 능력에서 한국인은 출중하다고 했습니다. 바둑은 비록 규모는 작지만 이것도 공간 지각력을 가지고 하는 게임입니다. 그래서 한국인이 난공불락이었던 일본을 제친 겁니다. 그러니까 e게임에서 한국인들이 민첩한 '손'의 감각을 유감없이 이용했다면, 바둑에서는 '머리'의 뛰어난 공간 지각력을 한껏 발휘한 것입니다.

이런 상황에서 한국 바둑에 이창호가 나타나고 이세돌이 등장하면서 한국 바둑은 세계 최강으로 우뚝 섰습니다. 물론 그 이전에는 조훈현 기사가 있었습니다. 이 세 명이 전 세계의 바둑 천하를 호령하고 다녔지요. 그러나 중국이 곧 치고 올라옵니다. 그래서 지금까지 튼실했던 한국 바둑이 중국에 밀리는 형세를 보이기 시작한 것입니다. 이창호나 이세돌을 잡는 구리(古力)나 쿵제(孔杰) 같은 선수들이 나타난 것입니다. 이것은 어쩔 수 없는 일이었습니다. 바둑은 중국이 종주국이라 그런 면도 있겠지만 중국 정부가 조직적으로 지원하기 때문에 중국 바둑이 급부상한 것입니다. 중국은 바둑을 스포츠로 간주해 국가적인 차원에서 선수들을 훈련 캠프에 상주시키면서 연구와 훈련에 몰두하게 한다고 합니다. 그에 비해 우리 선수들은 개인들이 자발적으로 연구회를 만들어 훈련하기 때문에 중국을 능가하기 힘듭니다. 게다가 중국은 13억 인구에서 뽑은 선수들이니 얼마나 출중한 친구들이겠습니까? 중국이 잘하는 게 아니라 인구 5천만 가지고 중국을 견제하는 한국이 선전하는 것으로 보아야 할 것입니다. 그러니까 한국 기사들은 13억과 '맞짱' 뜨는 대단한 사람들인 것입니다.

한국 바둑에 대해 이세돌 기사는 우리 바둑이 중국에 밀리는 것이 아니라 구리와 쿵제, 두 중국 기사들이 워낙 잘해 그렇게 보이는 것이라고 주장합니다. 그에 의하면 현재 한국과 중국은 5 대 5의 형국인데 앞으로 누가 나타날지에 따라 향배가 갈린다는 겁니다. 그런데 이세돌 기사가 이 말을 한 지 1년이 지나서 실제로 이런 일이 벌어졌습니다. 2011년 10월 초에 있었던 삼성화재배 세계바둑대회에서 한국 선수가 중국 최고 고수인 쿵제를 꺾었기 때문입니다. 쿵제는 바로 전 대국에서 한국 최고의 고수인 이세돌을 이기고 올라왔습니다. 그런데 쿵제 선수를 꺾은 게 나이 지긋한 이창호 같은 선수가 아니라 어린 신예였습니다. 어려도 보통 어린 게 아닙니다. 쿵제를 꺾은 한국 선수는 고교 1년 생으로 초단밖에 안 되는 '나현'이라는 학생입니다. 그래서 어처구니가 없습니다. 아니 어떻게 이런 일이 벌어질 수 있을까요? 어떻게 초단이 9단을 이깁니까? 그런데 이게 단발성이라면 그럴 수 있다고 할 텐데 나현 초단은 그전에 또 다른 중국의 강자인 펑리야오(彭立嶢) 5단을 꺾고 올라왔으니 갑자기 일어난 일이 아닌 것입니다.

그뿐만이 아닙니다. 나현 초단이 쿵제를 꺾은 며칠 뒤(정확히 하면 10월 11일) 북경에서 열린 농심 신라면배 세계바둑대회에서 한국 바둑의 비밀 병기라고 하는 안국현 3단이, 쿵제마저 젖히고 제1인자로 올라선 중국의 신예 저우루이양(周睿羊)을 꺾은 데에 이어 일본의 강자인 사카이 히데유키(坂井秀至) 8단을 꺾었습니다. 한국 17위인 안국현 3단이 중국 1위를 꺾은 것입니다. 이 대회에서는 한국의 강자인 이세돌, 이창호, 박정환, 최철한 등 한국 바둑의 랭킹 1~4위가 모두 탈락한 상황에서 이런 일이 벌어졌습니다. 이세돌 9단이 말한 사태는 바로 이런 것이 아닌가 싶습니다. 한국이 바둑에서 쉽사리 중국에 밀리지 않을 것이라는 예상은 이런 사건을 통해 할 수 있습니다. 아마도 바둑과 한국인은 죽이 잘 맞는 콤비라 이런 일이 가능하지 않았나 하는 생각이 듭니다.

이제 여러분들은 한국인들의 화끈한 신기가 어떻게 발현되고 있는지 어느 정도는 보지 않았나 싶습니다. 그러나 아직 못 다룬 다른 예도 많답니다. 이제 한국인들이 빨리빨리 하는 것은 병이 아니라 특장(特長)이 된 느낌입니다. 물론 빨리빨리 문화의 부작용도 만만치 않습니다. 그러나 한국인들은 워낙 이런 문화에 익숙해 있어 어느 정도는 적응한 듯합니다. 이렇게 살다가 외국에 가면 답답해 미칩니다. 한국은 배달 문화, 혹은 택배 문화가 워낙 발달해 있어 편하기가 이를 데 없는데 외국, 특히 유럽에 가면 화가 날 정도로 느려 한심하다는 생각까지 듭니다. 파리에 있던 사람들의 이야기를 들어 보니까, 침대 매트리스 하나를 인터넷으로 주문했더니 도착하는 데 3주나 걸렸다고 하더군요. 한국은 그까짓 매트리스 같은 것은 주문하면 그 다음 날로 바로 오는데 말입니다. 그리고 애프터서비스 신청하면 그것도 다음 날로 바로 해 주고 돌아가서는 서비스에 불만은 없었는지 또 확인합니다(고친 물건이 아무 문제없는지 수리 기사가 한 달 뒤에 또 전화하는 회사도 있습니다!).

지구상에 이런 나라는 다시없을 겁니다. 한국은 이전에는 빨리빨리만 하고 대충해서 문제가 많았는데 이제는 질적인 면에서도 문제가 없습니다. 이런 희유의 일이 벌어지는 곳이 한국입니다. 이런 일은 모두 한국인의 신기가 제대로 작동해서 일어난 일일 겁니다. 한 번 불고 말 그런 바람이 아니라 지속적으로, 그리고 강렬하게 부는 신기의 바람입니다. 이것을 이전 사람들은 풍류라고 부르기도 했습니다.

뒷전 거리

판을 닫으며

이렇게 해서 한국 문화를 '문기'와 '신기'라는 두 원리로 푼 전체 여정이 끝나 갑니다. 요즘 저는 앞으로는 '한국 문화(Korean Culture)'가 아니라 '한국 문명(Korean Civilization)'이라고 부르자고 주장하고 다닙니다. 왜냐하면 한국 문화가 워낙 방대해 어떤 특정한 문화가 아니라 보편적인 데에 가까운 문명으로 보이기 때문입니다. 개념상 문명은 문화보다 범위가 훨씬 넓은 것으로 보입니다(자동차 같은 것을 '문화의 이기'라 하지 않고 '문명의 이기'라 하는 것이 그것입니다). 그래서 우리가 중국 문명을 이야기할 때 4대 문명의 하나로서 '문명'이라고 하지 않습니까? 그것은 중국 문화가 보편성이 강하기 때문일 것입니다.

그런데 일본 문화 역시 문명으로 간주되는 예가 있습니다. 그렇게 말한 이들 중 대표적인 사람이 바로 새뮤얼 헌팅턴(Samuel P. Huntington)입니다. 헌팅턴은 1990년대 초에 『문명의 충돌』이라는 제목의 책을 써서 장안의 지가를 올렸는데, 그는 이 책에서 세계 문명을 나누면서 일본을 중국과 다른 문명으로 분류했습니다. 이에 비해 우리 한국은 중화 문명 속에 들어가 있는 것으로 분류했습니다. 추측건대 그는 한국 문화에서 중국 문화와 비슷한 면만 보았지 다른 점은 보지 못한 것 같습니다. 한국은 중국과 비슷한 점도 많지만 다른 점이 훨씬 더 많습니다. 그 다른 점이 바로 이 신기를 중심으로 요약되어 있습니다.

저는 우리 문화를 '문기'와 '신기'라는 두 원리가 엮인 것이라고 보았습니다. 여기서 문기는 보편성이 강한 면을 대변한다면 신기는 우리만이 독특하게 갖고 있는 특수한 측면을 나타냅니다. 한국 문화는 이렇듯 보편성과 특수성을 다 갖춘 장대한 것이라 하나의 큰 문명이라고 하는 것입니다.

보편적인 측면에서 우리는 조상들의 혁혁한 문기에 힘입어 매우 수준 높은 문(文)의 문화를 만들어 냈습니다. 이것은 유네스코에 등재된 한국의 기록유산만 봐도 알 수 있습니다. 2012년 2월 현재 한국은 유네스코의 세계기록유산에 9개 품목을 등재시켜 놓고 있습니다. 이것은 전 세계적으로 4위이면서 놀랍게도 아시아에서는 1위입니다. 4대 문명국이었던 중국도 제쳤습니다. 그러니 이제는 우리 문화를 '한국문명'이라고 불러야 되는 것 아니냐는 겁니다. 제가 누누이 이야기하는 것이지만 한국이 최빈국에서 선진국에 들어갈 수 있었고, 원조를 받던 나라에서 원조를 주는 나라로 바뀐 유일한 나라가 될 수 있었던 데에는 이런 조상들의 엄청난 문화가 큰 역할을 했을 겁니다.

이에 비해 이번 책에서 본 신기는 아마도 세계에서 한국인들이 가장 많이 갖고 있는 기운일 겁니다. 그래서 특별하다고 했습니다. 한국인들은 이 신기를 더 심화시키고 새로운 해석을 가해 다른 차원에서 한층 더 새로운 모습으로 만들어 내야 할 것입니다. 그 이유는 간단합니다. 신기는 한국인들이 가장 잘 부릴 수 있는 정신이기 때문입니다. 현재 한국은 하드웨어는 아주 좋은데 소프트웨어가 제대로 정비가 안 돼 아직 잘 작동하지 않고 있습니다. 여기서 소프트웨어는 정신이라고 보면 되겠습니다. 이것은 다른 말로 하면 한국은 새로운 정신이 필요하다고 할 수 있습니다.

지금 한국은 안팎으로 거센 도전에 직면해 있습니다. 한국이 여러 분야에서 선전하고 있는데 뭔가 미흡합니다. 지금껏 서양이나 일본을 따라가는 것은 잘해 왔는데 마지막 선을 넘지 못합니다. 세상을 깜짝 놀라게 할 기발한 게 나오지 않습니다. 그래서 삼성전자가 2퍼센트 부족하다는 말이 나오는 것인지도 모르겠습니다. 이게 가능하려면 한국인만의 창조력이 터져야 합니다. 그래야 세계를 놀라게 할 수 있습니다. 제가 보기에 한국인들이 갖고 있는 창조력의 근원은 바로 이 신기입니다. 왜냐하면 누누이 강조한 대로 이 기운이야말로 한국인 특유의 것이라 따라올 자가 없기 때문입니다.

앞에서 우리는 한국인의 이러한 신기가 발휘된 많은 현장을 보았습니다. 그러나 제가 보기에 아직 부족합니다. 한류도 그렇습니다. 우리 가요가 전 세계를 강타하고 있다고 하지만 과연 저 추세가 얼마나 가겠습니까? 추세의 지속성도 문제이지만 또 다른 의구심도 듭니다. 가령 한국의 아이돌들이 부르는 노래가 앞으로 몇 년이나 남아 있을까요? 예를 들어 비틀즈가 미국에 상륙한 것을 가지고 '비틀즈 인베이전'라고 했는데 이들의 노래는 지금까지 전 세계인들이 고전처럼 즐겨 부르고 있습니다. 서양 문화를 아는 사람이라면 나이가 들면 자연히 비틀즈 음악을 좋아하게 되어 있습니다. 1960년대에 우리나라에서 돌풍을 일으켰던 클리프 리처드의 경우에도 아직도 많은 한국인들이 그의 노래를 듣고 있습니다. 이에 비해 볼 때 한국 아이돌의 노래가 비틀즈의 음악처럼 그렇게 오래갈 수 있을까요? 한국에서도 불과 몇 달만 지나면 오래된 노래가 되는데 그게 외국에서 남을 거라는 보장은 없습니다(아니 거의 기억되지 않을 겁니다). 이것은 우리 가요에 무언가 부족한 게 있다는 것 아닐까요? 이런 식으로 현재 한국의 문화적 요소들은 조금 아쉬운 점이 있다는 것입니다.

앞에서 한 차례 언급했습니다만 다시금 강조하고자 중국 문제를 거론해야겠습니다. 앞에서 저는 지금 한국은 대국인 중국을 상대해야 하는 큰 난제가 있다고 했습니다. 지금 벌써 중국은 한국을 얕보기 시작하고 있습니다. 그래서 무례하게 행동할 때가 많습니다. 한국은 지정학적으로 미국과 중국에 꼭 끼여 이러지도 저러지도 못하는 형세에 놓여 있습니다. 미국도 한국을 낮추어 보기는 합니다마는 그들에게 한국은 중국 견제용으로서 반드시 필요한 나라이기 때문에 마음대로 하지 못합니다. 그러나 중국은 한국의 경제까지 손아귀에 넣고 있고 북한이나 통일이라는 카드를 갖고 있어서 한국을 제멋대로 대합니다. 우리가 중국을 견제하려고 미국에 가까이 가면 중국은 우리에게 불평을 털어 놓으면서 압박을 합니다. 이런 중국을 대적하기 위해 우리는 여러 가지 방법을 강구해야 할 것입니다. 우리는 정치, 경제, 군사 면에서 어떻게든 중국을 앞서가려 노력해야 합니다. 그런데 이런 면에서 우리가 중국을 능가하는 것은 쉽지 않은 일입니다. 중국이 워낙 큰 나라라 경제력이나 군사력을 따라갈 재간이 없기 때문입니다. 게다가 그들은 중화의식으로 단단히 무장해 있습니다. 무엇이든지 자신들이 세계 최고입니다. 한국 문화 같은 건 자기네 문화의 아류에 불과하다고 생각하고 있습니다. 그런 한국이 전에는 대대로 자기를 섬겼는데 이제는 미국을 섬기고 있으니 더 밉습니다.

이런 현실에서 우리는 어떻게 해야 중국을 대적할 수 있을까요? 여기서는 문화적인 관점에서만 보겠습니다. 제 생각에 지금 우리에게 가장 시급하고 중요한 것은 새로운 문화를 만들어 내는 것입니다. 그러면 우리는 대체 어떤 문화를 만들어 내야 할까요? 단도직입적으로 말해서 우리가 중국을 대적할 수 있는 문화를 만들어 낼 수 있는 조건은 신기 혹은 신명밖에 없을 것입니다. 이런 신기가 기본이 된 문화가 어떻게 전개될지는 지금으로서는 예측하기 어렵습니다. 그리고 매우 다양하게 전개될 것이기 때문에 무엇이라 말하기도 힘듭니다. 전혀 생각지도 못하는 곳에서 이 기운이 발동해서 아무도 예상 못한 새로운 것이 튀어나올 수도 있기 때문입니다.

신기 혹은 신명의 기운이 어떻게 전개될지 모른다 해도 가장 기본 되는 것은 이 신기의 정신 안에는 '생생함'과 '살아 있음'이 있다는 것입니다. 우리에게 신기 혹은 신명이 올라 충만해질 때 우리는 자신뿐만 아니라 주위가 생생하게 살아 있음을 느낍니다. 이때 우리는 몸이 떨리는데 이 떨림은 바로 생명이 떨리는 것입니다. 살아 있는 모든 것에는 움직임, 즉 진동이 있는데 이것이 극대화되면 떨리게 됩니다. 그래서 떨림을 두고 생명의 현상이라고 하는 것입니다. 이렇게 떨리게 될 때 우리는 동물과도 대화할 수 있을 뿐만 아니라 식물과도 소통하고 더 나아가서는 무생물인 돌과도 통할 수 있는 상태가 됩니다. 그래서 이 떨림 안에서 모든 것이 살아 있다는 생생함을 느낍니다. 이 큰 생명 속에서 우리는 환희를 느끼고 주위에 있는 사람들을 사랑하는 마음을 갖게 됩니다. 마음속에서는 사랑의 마음 혹은 어짊(仁)의 마음이 솟구칩니다. 남을 진정으로 생각하는 마음이 생기는 것입니다. 굳이 '남을 사랑하라'라고 가르칠 것도 없습니다. 생명만 느끼면 남을 어질게 대하는 마음이 저절로 생기기 때문입니다.

세계의 모든 고등 종교는 남을 사랑하라고 가르칩니다만 왜 그래야 하는지는 상세하게 설명하고 있지 않습니다. 그것을 저는 우리 안, 가장 깊은 곳에 있는 신명의 마음에서 찾아보려 합니다. 신명과 신기의 마음에 불이 지펴질 때 생명력이 분출하고 주위를 사랑으로 감싸는 마음이 생기니 어렵게 남을 사랑하려고 노력할 필요가 없다는 것입니다.

우리 한국인이 세계만방에 떨쳐야 할 문화는 이와 같이 신기에 바탕을 둔 문화가 아닐까 합니다. 우리 문화가 다른 나라의 문화보다 더 뛰어나서 그런 것이 아닙니다. 세계의 모든 문화는 다 뛰어납니다. 다만 서로 다를 뿐입니다. 한국인은 아주 강한 신기(의 문화)를 갖고 있는 것이 가장 다른 점이라 했습니다. 방금 전에 말한 것처럼 이 기운에는 생명의 기운을 고양시키는 힘이 있습니다. 그래서 노래를 잘하고 춤을 잘 추고 모든 것을 민첩하게 잘 마무리하는 역동적인 힘이 있습니다. 이렇게 약동적으로 움직이면 자연히 그 힘으로 다른 사람을 도우려고 노력하게 됩니다. 생명의 힘이 넘치면 곧 주변으로 확산되기 때문입니다. 앞으로 한국인들은 이런 문화를 만들어 내야 합니다. 그러면 누구든 한국에 오는 사람들은 떨림 혹은 약동하는 기운을 느끼고 그 속에서 환희하는 기쁜 마음을 체험하게 될 것입니다. 한국은 어딜 가든 그런 힘이 넘치기 때문입니다. 그리고 그런 힘이 있는 한국인들은 다른 사람에게 그 생명의 힘을 나누어 주려고 할 것입니다. 이런 게 남을 위한 배려이고 사랑입니다. 이런 체험을 한 외국인들은 한국을 떠날 때 다시 오고 싶은 마음을 갖게 되리라 확신합니다.

그런 생명의 힘을 체험한 한국인들은 한국보다 조금 뒤늦게 오는 나라들에 대해 관심을 갖게 됩니다. 그런 나라들은 벌써 한국의 도움을 많이 바라고 있습니다. 한국을 친구로 생각하고 싶어 합니다. 왜냐하면 이전에는 한국이 자기네보다 더 못살았기 때문에 한국에 대해 훨씬 더 많은 친근감을 느끼기 때문입니다. 그들이 생각하기에 미국을 위시한 서양은 너무 이질적이라 거리감이 느껴지고, 중국은 프라이드가 쓸데없이 강해 불편하고, 일본은 속을 잘 모르는 이웃일 수 있습니다. 그러나 한국인들은 수준도 자신들과 비슷하면서 화끈하고 남을 배려하는 마음이 남달라 편안한 상대입니다(이건 저의 순진한 바람일 수도 있겠습니다마는). 한국은 바로 이런 나라 사람들과 더 깊은 교류를 해야 지정학적으로 어려운 위치에서 잘 버틸 수 있을 것입니다. 우리의 신기로 훈훈한 문화를 만들어 내 많은 나라, 특히 개도국에 도움을 주어 한국의 친구로 만들어야 합니다. 그러면 중국도 한국을 업신여기지 못할 것입니다. 중국이 한국을 보면서 자기들이 결코 만들 수 없는 상생의 문화를 만들어 낸 것을 목격하게 되면 그들도 더 이상 한국을 무시하지 못할 것입니다. 아니, 외려 동경할 수도 있습니다. 공자가 구이(九夷)의 땅에 가서 살고 싶어 했듯이 말입니다. 우리는 우리 문화를 이렇게 만들어야 합니다. 그렇지 않으면 한국은 중국에 사사건건 밀릴 수밖에 없습니다.

우리가 이처럼 모두를 살리는 문화를 만들어 내면 중국도 덕을 볼 수 있습니다. 중국은 너무 높은 자존감을 갖고 있습니다. 그래서 그들의 예술품들을 보면 무겁고 너무 커서 오만하게 보이는 것들이 많습니다. 그러나 중국처럼 계속해서 뻗대면 부러지기 쉽습니다. 그래서 역대 중국 왕조들이 오래가지 못했는지도 모릅니다. 지금 현대 중국은 비록 초기 단계이지만 그런 방향으로 흘러가는 것처럼 보입니다. 그래서 주변 국가들과 사사건건 부딪히는 것 아닐까요? 이런 추세를 어떤 식으로든 막아야 우리도 살고 중국도 살 수 있을 것입니다.

이제 세계는 아주 작은 마을처럼 되어 있어서 이웃 나라가 잘못되면 곧 우리가 타격을 입습니다. 그래서 우리 모두는 각자의 지분을 갖고 역할 분담을 해서 조화를 유지해야 합니다. 그러면 우리는 중국이나 일본, 그리고 동남아 국가들과 어떤 식으로 역할 분담을 해야 할까요? 제 생각은 앞서 누누이 언급한 대로 우리 한국인은 이 신기로 다른 나라 사람들이 전혀 생각하지 못했던 문화를 만들어 내는 게 전체를 위해서 좋은 일일 것입니다. 이제 이 일은 우리들 손에 달렸습니다. 우리가 지금처럼 별다른 변화나 노력을 추구하지 않는다면 다시 중국의 권세 밑에서 시름시름 댈 것이고, 우리에게 걸맞은 새로운 신명의 문화를 만들어 낸다면 우리 자신과 우리 주변을 모두 살려 낼 것입니다. 이렇게 보면 우리 한국인들의 어깨는 무겁습니다.

그래도 다하지 못한 이야기

이렇게 강의를 끝내고 보니 또 무언가 미진한 것이 남습니다. 가만히 생각해 보니 한국 문화를 원리적으로 보았다고 하는데 그 원리로도 설명이 잘 안 되는 부분이 있어 그런 모양입니다. 아울러 이 두 원리에는 추상적인 면이 있어 단번에 받아들이기가 어려울 수도 있었습니다. 그래서 마지막으로 간단하게 이 두 원리를 재고해 보는 순서를 갖겠습니다.

지금까지 저는 한국 문화를 '문기'와 '신기'라는 두 가지 원리로 바라보자고 했습니다. 그런데 이 단어들은 추상적이라 선뜻 머리에 들어오지 않을 수 있습니다(특히 문기가 그렇지요?). 그래서 이번에는 한국 문화를 다른 핵심 단어, 즉 키워드로 정리해 보려고 합니다. 어떤 주장이 되든 그 내용이 아무리 복잡해도 사실 핵심 용어 두셋이면 그 주된 내용을 다 표현할 수 있는 법입니다. 게다가 그저 표현하는 데 그치는 것이 아니라 새로운 뉘앙스로 더 고급의 이미지를 형성할 수도 있습니다. 그래서 보는 이들에게 아주 강한 인상(impact)을 심어 줄 수 있는 것이지요. 이것은 주로 광고할 때 많이 쓰는 기법일 겁니다. 짧은 시간이나 아주 작은 지면을 가지고 소비자들의 주목을 끌려면 그런 인상적인 용어나 강한 이미지가 필요할 겁니다. 광고계로 갈 것 없이 학계에서도 책을 낼 때 제목이 매우 중요한데 어떤 단어를 집어내는가가 아주 중요한 경우가 많습니다.

지금 우리의 경우와 가장 비슷한 예를 찾아보면, 루스 베네딕트라는 미국의 인류학자가 일본 문화를 연구하고 책을 내면서 단 제목이 그렇다고 할 수 있습니다. 베네딕트는 2차 세계대전이 끝난 뒤 미국 정부로부터 일본 문화를 연구해 달라는 부탁을 받습니다. 미국 정부는 군정으로 일본을 통치할 터이니 일본 문화를 알아야 했던 겁니다. 그런데 베네딕트는 일본을 가보지도 않고 아주 흥미로운 책을 썼는데 그 책의 제목이 바로 『국화와 칼』입니다. 우리는 이 제목을 보는 순간 이 단어들이 아주 간명하고 강렬하게 일본 문화를 멋지게 표현하고 있다는 생각을 갖게 됩니다. 이렇게 핵심적인 단어를 뽑았다는 것은 저자가 콘텐츠를 완전하게 이해했다는 것을 뜻합니다. 그렇지 않고서야 이런 멋진 단어를 뽑아낼 수 없을 것입니다. 이렇게 되면 그 책을 보지 않은 사람도 그 제목만 보고 일본 문화가 어떻다는 것을 아주 대충은 짐작할 수 있을 겁니다. 그래서 이런 작업이 필요한 겁니다.

저도 이 비슷한 일을 해 보려고 한국 문화를 '문기'와 '신기'라는 두 단어로 축약해 보았습니다. 그런데 이 단어들은 앞에서 본 것처럼 너무 추상적이라 파급력이 별로 없었습니다. 그래서 '국화와 칼'처럼 더 서술적인 단어들을 찾고 있는데 아직까지는 '이거다!' 할 정도의 단어들을 선정하지 못했습니다. 그러나 그 일차적인 시도를 여기서 해 보려고 합니다. 지금까지 제가 생각해 본 단어들은 다음과 같습니다. 다음은 한국 문화를 극명하고 극간단하게 대변할 수 있는 단어들을 뽑아 본 것입니다.

문(文)과 신(神)

어짊과 신명

어짊과 흥
선비와 무당
글과 춤
붓과 춤
인(仁)과 무(舞)

다정하고 착한 한국 문화

　이 중에서 처음에 나오는 문과 신은 문기와 신기의 약자이니 다시 거론하지 않아도 됩니다. 단지 더 강렬하게 보이고자 글자를 줄여 본 겁니다. 그 다음으로 나오는 것들은 대체로 유교의 '문'의 정신과 무교의 '신명' 정신을 바탕으로 만들어 본 것입니다.
　그런데 여기에는 '문'이나 '문기' 대신에 '어짊'이라는 단어가 나옵니다. 이것은 우리가 한자를 배울 때 나오는 '어질 인(仁)'에서 그 뜻을 따 온 것입니다. 그러나 중국의 '인'과는 다릅니다. 그래서 '어질다'라는 우리말 표현을 썼습니다. 한국 문화에는 이런 정신이 있습니다. 이 정신을 다르게 표현하면 '착하다'라든가 '다정하다'와 같은 서술형으로 표현할 수 있습니다. 혹은 '인간적이다'라고도 할 수 있겠습니다. 그런데 이 정신은 문기에 포함되기가 힘듭니다. 문기는 차갑고 중립적이며 외부지향적인 기운이라 할 수 있습니다. 문기가 이지적인 기운이라고 한다면 어짊의 정신은 감정적인 기운이라 할 수 있습니다. 제가 보기에 이 기운은 한국인들의 내면에 있는 착한 기운을 말하는데 신기와

는 다른 기운입니다. 신기가 가장 근본적인 힘이라면 이 어짊의 정신
은 그보다는 조금 위에 있는 정신 같습니다. 그에 비하면 문기는 아예
머리에 닿아 있는 매우 지성적인 기운이라 할 수 있습니다.

이 착한 기운의 소재를 알려면 한국인들이 대대로 일군 예술을 보
면 됩니다. 특히 조상들이 남긴 유물이나 유적들을 보면 그렇습니다.
한국의 전통 건물들을 보십시오. 한옥은 어떤 것이든 아주 인본주의
적입니다. 초가집이든 기와집이든 아주 소담하고 겸손합니다. 특히 자
연에 대해 공손하고 자연을 거스르지 않으려고 노력합니다. 고궁에 있
는 궁궐 건물들도 그렇습니다. 예를 들어 경복궁의 근정전은 조선의
건물 가운데 가장 크고 제일 웅장한 건물입니다. 그런데 이런 건물이
라도 절대로 튀지 않습니다. 뒤에 있는 백악산을 으르려고 하지 않기
때문에 산기슭 정 가운데에 건축하지 않고 중심에서 조금 빗겨서 겸
허하게 지어 놓습니다(그런데 청와대 본관은 산의 정 가운데에 지어 놓았지요!!).

이 사정을 알려면 중국 자금성의 정전인 태화전이나 일본 오사카
에 있는 천수각과 비교해 보면 됩니다. 태화전은 중국 황제가 집무를
보던 곳이고 천수각은 도요토미 히데요시가 살던 곳입니다. 이 건물
은 장엄하기가 짝이 없습니다. 하늘을 향해 우뚝 서 있습니다. 물론
다 훌륭한 건물이지만 인간(황제나 장군)이 하늘 아래 제일이라는 그런
정신으로 만들어진 건물입니다. 그래서 오만할 수밖에 없습니다. 어짊
의 정신이 없습니다. 그리고 다정하지도 않고 착하지도 않습니다. 우
리나라를 돌아보면 이렇게 만든 건물은 하나도 없다고 해도 과언이
아닙니다.

한국 건물이 얼마나 자연과 조화를 이루고 있는지 알고 싶으면 멀리 갈 것도 없이 남산에 올라가서 보면 됩니다. 경복궁의 근정전이고 창덕궁의 인정전이고 종묘의 정전이고 숲에 쌓여 있어 잘 안 보입니다. 그래서 한참을 찾아야 합니다. 우리 조상들은 궁궐처럼 장엄한 건축도 자연과 어긋나지 않을 뿐만 아니라 보다 적극적으로 자연에 안길 수 있게끔 건축했던 것입니다.

사실 이런 면모는 전국 곳곳에서 발견되기 때문에 나열하는 것 자체가 번거롭습니다. 부석사가 그렇고 병산서원이 그렇습니다. 이 유적들은 외국의 건축가들이 가면 할 말을 잃는다고 하지요? 옛 한국인들이 자연을 운용하는 모습이 너무나 훌륭해 감탄하는 것이지요. 서양 건축가들은 부석사 같은 건축은 자연을 그대로 놔두고 인간의 건축을 그 위에 살짝 얹어 놓았다는 평을 합니다. 그래서 대단하다는 것입니다. 그러나 그들은 그런 훌륭한 건축관과 자연관을 가진 민족이 수도인 서울은 어떻게 이처럼 형편없이 만들어 놓았냐고 일침을 가하는 것도 잊지 않습니다.

지방 답사를 가보면 어떤 건축이든 이런 원리가 반영되어 있는 것을 알 수 있습니다. 예를 들어 절로 들어가는 길을 만들 때 한국인들은 직선으로 길을 내 모든 것이 다 보이게 해 놓지 않습니다. 절 입구에서 대웅전으로 향하는 길은 항상 에둘러 가게 곡선으로 만들어 놓습니다. 그래서 어디서 봐도 절이 한 번에 들어오지 않고 움직일 때마다 시각이 시시각각 변합니다. 그래서 재미있습니다. 그러다 마지막에 가야 주 건물인 대웅전이 '짠' 하고 나타납니다. 주인공을 끝까지 보여

자연과 적극적으로 소통하려는 한국인의 건축관을 대표하는 부석사.

개심사 가는 길

주지 않는 것입니다. 주인공이라고 해서 뽐내면서 '나 여기 있으니 어서 와서 경배하라' 하는 그런 식이 결코 아닙니다. 조신하게 있다가 공손하게 손님을 맞이합니다. 그래서 한국 예술은 다정하고 착하다는 것입니다.

이것은 제가 지어 내서 하는 이야기가 아니라 외국의 석학들이 이미 지적한 것입니다. 그 대표적인 예가 일본의 야나기 무네요시(柳宗悅)이며 독일의 안드레 에카르트(Andre Eckardt)입니다. 야나기는 많이 알려져 있으니 생략하고, 에카르트의 주장을 잠시 보겠습니다. 이 사람은 독일 신부인데 일제기에 우리나라에 왔다가 1920년대에 『조선미술사』라는 책을 냈습니다. 이 책은 한국 미술사에서는 고전으로 간주되는 책인데 이렇게 이른 시기에 이런 전문서를 냈다는 게 놀랍습니다. 더더욱이 에카르트는 미술사학자가 아니라 천주교 신부입니다. 여러분도 이 책을 보시면 아시겠지만 내용이 상당히 깊고 객관적입니다. 그래서 믿음이 갑니다. 이 사람이 한국 미술을 가지고 중국이나 일본 것과 비교해 평한 것을 보면 아주 재미있습니다. 에카르트에 따르면 중국 예술은 과장되거나 왜곡된 것이 많고 일본 예술은 감정에 차 있거나 형식이 꽉 차 있습니다. 그 예로 그는 중국서는 여성 전족을 이상적인 미로 여겼고, 일본서는 인위적으로 가꾼 분재를 큰 아름다움으로 본 것을 들었습니다.

이것은 제가 내리는 평가와 그리 다르지 않습니다. 이에 비해 한국 예술은 가장 고전적이고 세련되었으며, 한국인들은 아름다움에 대한 자연스러운 감각을 갖고 있다고 에카르트는 주장하고 있습니다. 게다가 한국인들이 지니고 있었던 예술 감각은 인공적으로 만들어진 게 아니라 본래부터 가지고 있던 것이라 한국인들의 심성에 깊이 각인되어 있다고 보았습니다. 그러면서 "조선은 인도와 중국의 영리한 학생이고 일본의 원숙한 스승"이라고 했는데 이것은 참으로 깔끔한 정리라고 생각됩니다. 한국은 중국과 일본 사이에 있으면서 항상 중용을 지킨 것 같습니다. 그래서 한국 예술은 영어로 표현하면 'modest'라고 할 수 있겠습니다.

저는 한국 예술 전체에서 이런 기운이 흐르고 있는 것을 느낍니다. 그래서 어떤 예술품을 보아도 정이 갑니다. 왜냐하면 꽉 짜여 있지도 않고 정교하지도 않기 때문입니다. 전체적으로는 좋은 구도와 틀을 갖고 있는데 세부적인 데로 가면 크게 신경 쓰지 않고 그냥 자연스럽게 놓아둡니다. 그래서 아마 중국인이나 일본인이 보면 한국의 예술품들이 엉성하다고 할 겁니다. 그러나 바로 거기에 한국 예술의 묘미가 있습니다. 정교하지 않아 그 예술품을 대하면 마음이 푹 놓입니다. 그래서 푸근합니다. 분청자가 그렇고 막사발이나 조선 백자가 그렇습니다. 고려청자도 중국 것과 비교해 보면 우리 것이 더 인간적입니다. 소담합니다. 아무리 중국 양식을 따른다 해도 우리 것은 무언가 여유가 있고 파고들어 갈 여지가 있습니다. 그래서 한국 예술품들은 오만한 적이 없습니다. 한국인들은 인간에게 어질고 자연에 어질었습니다.

이에 비해 중국이나 일본 예술품들은 너무 완벽해서 보고 있으면 불안합니다. 너무 인간 중심적입니다. 자연에 대해서도 그리 어질지 않았습니다. 중국처럼 인간이 중심이 되어 자연적인 것을 인간이 창조하려고 했던지, 일본처럼 자연을 축소해서 만들고 거기에 고도의 인위적인 상징을 부여했습니다. 그러나 한국은 그렇게 하지 않았습니다. 한국 예술이나 한국인의 심성에 있는, 중국이나 일본과는 다른 이 기운을 저는 다정하거나 착하다고 한 것입니다. 물론 현대 한국인들에게도 이런 기운이 남아 있긴 합니다. 그러나 아직은 그 기운을 찾아내서 활용하는 그런 수준은 아닙니다. 아니 우리에게 그런 기운이 있는 것조차 아는 한국인도 아주 적습니다.

생각건대 우리가 한국 문화를 이해하려 할 때 문기와 신기 외에도 지금 언급한, 착하거나 다정하다고 표현할 수 있는 기운까지 들어가야 전체적인 이해가 되지 않을까 하는 생각입니다. 따라서 앞으로 여력이 된다면 이 정신에 대해 더 연구하고 글로 풀어냈으면 합니다.

저는 지금까지 문기와 신기로 한국 문화를 총정리했다고 속으로 자부했는데 공부할수록 부족했다는 느낌이 듭니다. 그래서 공부하는 일은 아주 재밌습니다. 갈수록 더 높은 산이 나오는데, 그런 새로운 산을 만나 다시 공부할 때마다 사는 일이 즐겁다는 생각이 절로 듭니다. 한국 문화의 이 어짐의 정신에 대해서는 계속해서 염두에 둘 것입니다. 이 정신을 가지고 독자 여러분들과 다시 만났으면 하는 마음이 간절합니다.